EDAF

MADRID - MÉXICO - BUENOS AIRES - SAN JUAN - SANTIAGO

ANTONIO BENITO MOZAS

GRAMÁTICA PRÁCTICA

AUTOAPRENDIZAJE

Coordinador de la colección AUTOAPRENDIZAJE:
VÍCTOR DE LAMA

© 1992. ANTONIO BENITO MOZAS
© 1992. De esta edición, Editorial EDAF, S. A.,

Editorial EDAF, S. A.
Jorge Juan, 30. 28001 Madrid
http://www.edaf.net
edaf@edaf.net

Edaf y Morales, S. A.
Oriente, 180, n.º 279. Colonia Moctezuma, 2da. Sec.
C.P. 15530 México, D.F.
http://www.edaf-y-morales.com.mx
edafmorales@edaf.net

Edaf del Plata, S. A.
Chile, 2222
1227 Buenos Aires (Argentina)
edafdelplata@edaf.net

Edaf Antillas, Inc.
Av. J. T. Piñero, 1594 - Caparra Terrace (00921-1413)
San Juan, Puerto Rico
edafantillas@edaf.net

Edaf Chile, S. A.
Huérfanos, 1178 - Of. 506
Santiago - Chile
edafchile@edaf.net

8.ª edición, junio 2004

ISBN.: 84-7640-596-0
Depósito Legal: M. 29.792-2004

PRINTED IN SPAIN   IMPRESO EN ESPAÑA

Anzos, S. L. - Fuenlabrada (Madrid)

A Pilar, Pili y Antonio J.,
entre quienes ha visto la luz
este libro.

ÍNDICE

Pág.

PRÓLOGO 17

1. INTRODUCCIÓN AL ESTUDIO GRAMATICAL 19

    1.1. Introducción al estudio gramatical 21
    1.2. La Gramática 22
    1.3. La lengua española. El nombre de nuestro idioma 24
    1.4. La comunicación verbal 26
    1.5. El signo lingüístico 28
    1.6. Lengua común y variedades lingüísticas 32
    1.7. Corrección, incorrección y propiedad lingüística 36
    1.8. Los niveles lingüísticos 38

2. NIVEL FÓNICO 41

    2.1. Nivel fónico 43
    2.2. Nivel fonemático: fonema, sonido y grafía 44
        2.2.1. Fonología y Fonética 45
        2.2.2. El sistema fonológico del español y su representa-
             ción 46
        2.2.3. Subsistema vocálico y subsistema consonántico 47
        2.2.4. Clasificación de los fonemas 48
             2.2.4.1. Clasificación por el modo de articulación . 48
             2.2.4.2. Clasificación por el lugar de articulación .. 49
             2.2.4.3. Clasificación por la acción de las cuerdas
                     vocales 50
        2.2.5. Archifonemas 52

2.2.6. La grafía de los fonemas españoles 52
2.2.7. La sílaba 53
    2.2.7.1. Diptongo, triptongo, hiato 56
    2.2.7.2. La división silábica 57
2.2.8. La Ortografía 58
2.3. Nivel prosodemático: el acento y la entonación 61
    2.3.1. El acento: reglas de acentuación 61
        2.3.1.1. Acentuaciones viciosas y dobles acentuaciones 67
    2.3.2. La entonación 69
        2.3.2.1. El grupo fónico 71
        2.3.2.2. Las pausas 72
        2.3.2.3. El tonema 73
        2.3.2.4. Valores expresivos de la entonación 74
    2.3.3. Los signos de puntuación 75

3. NIVEL MORFOLÓGICO 81

3.1. Nivel morfológico 83
3.2. Clases de palabras 84
3.3. El sustantivo 85
    3.3.1. Forma o composición del sustantivo 85
    3.3.2. El género 87
        3.3.2.1. Particularidades en el uso del género en los sustantivos 90
    3.3.3. El número 92
        3.3.3.1. Reglas de la formación del plural 93
        3.3.3.2. Peculiaridades en el uso del número en los sustantivos 94
    3.3.4. Subcategorización del sustantivo: clasificación significativa 96
    3.3.5. La sustantivación 97
3.4. Los determinantes 98
    3.4.1. El artículo 99
        3.4.1.1. Clasificación del artículo 100
        3.4.1.2. Origen del artículo 101
        3.4.1.3. El artículo contracto 102
        3.4.1.4. Uso del artículo con nombres propios 102
    3.4.2. Los determinantes posesivos 103

3.4.3. Los determinantes demostrativos 105
3.4.4. Los determinantes numerales 106
3.4.5. Los determinantes indefinidos.............................. 107
3.4.6. El orden de colocación de los determinantes............ 108
3.5. El adjetivo 109
3.5.1. Clasificación de los adjetivos 109
3.5.2. La adjetivación analítica: las proposiciones adjetivas o de relativo.. 111
3.5.3. El grado del adjetivo.. 112
3.5.4. La metábasis del adjetivo..................................... 115
3.5.5. Relaciones de concordancia del adjetivo.................. 116
3.6. El pronombre 117
3.6.1. La deixis: anáfora y catáfora................................ 118
3.6.2. Los pronombres personales 118
    3.6.2.1. Uso de los pronombres personales 120
    3.6.2.2. Las fórmulas de tratamiento 122
    3.6.2.3. Fórmulas reverenciales, de cortesía.......... 125
3.6.3. Los pronombres demostrativos.............................. 125
3.6.4. Los pronombres posesivos.................................... 126
3.6.5. Los pronombres relativos 127
3.6.6. Los pronombres interrogativos y exclamativos........ 128
3.6.7. Los pronombres numerales................................... 129
3.6.8. Los pronombres indefinidos 129
3.7. El verbo.. 130
3.7.1. Clasificación 130
    3.7.1.1. Clasificación según el empleo gramatical . 130
    3.7.1.2. Clasificación según el significado verbal .. 133
    3.7.1.3. Clasificación según la modalidad significativa... 133
    3.7.1.4. Clasificación según su formación: verbos regulares, irregulares y defectivos............ 134
        3.7.1.4.1. Irregularidades más frecuentes de los verbos españoles..... 143
        3.7.1.4.2. Verbos defectivos 146
3.7.2. Forma o composición 147
    3.7.2.1. Morfemas dependientes: número y persona 147
    3.7.2..2 Morfemas verbales 149
        3.7.2.2.1. El modo 149

3.7.2.2.2.   El tiempo 150

3.7.2.2.2.1.   Clasificación de los tiempos verbales 152

3.7.2.2.2.2.   El tiempo en el modo subjuntivo 154

3.7.2.2.2.3.   Valores significativos de los tiempos verbales........ 157

3.7.2.3.   El aspecto.................................... 161

3.7.2.4.   La voz 164

3.7.2.4.1.   La voz pasiva........................ 164

3.7.3.   Las formas no flexivas del verbo............................. 166

3.7.3.1.   El infinito.................................... 166

3.7.3.2.   El gerundio 167

3.7.3.2.1.   Errores frecuentes en el uso del gerundio........................... 168

3.7.3.3.   El participio 169

3.7.3.3.1.   Usos y clasificación del participio 170

3.7.3.3.2.   Verbos con dos participios: regular e irregular 172

3.7.4.   Las perífrasis verbales 173

3.7.4.1.   Clasificación de las perífrasis 173

3.7.4.2.   Perífrasis de infinitivo.............................. 174

3.7.4.3.   Perífrasis de gerundio 178

3.7.4.4.   Perífrasis de participio 178

3.8.   El adverbio 179

3.8.1.   Clasificación del adverbio 180

3.8.2.   La adverbialización... 182

3.9.   La preposición 183

3.9.1.   Significado y uso de las preposiciones.................... 184

3.10.   La conjunción... 189

3.11.   La interjección... 190

4.   NIVEL SINTÁCTICO... 193

4.1.   Nivel sintáctico 195

4.2.   La oración 196

4.2.1. Definición de oración 197
4.2.2. Estructura de la oración: sujeto y predicado 197
4.2.3. Relaciones de concordancia entre sujeto y verbo 198
4.2.4. El predicado: predicado nominal y predicado verbal 201
4.2.5. Funciones sintácticas: sujeto y complementos 202
4.2.6. Las funciones sintácticas en la oración 203
    4.2.6.1. La función de sujeto 204
        4.2.6.1.1. Métodos para reconocer la función de sujeto 205
        4.2.6.1.2. Clases de sujeto 206
    4.2.6.2. La función de atributo 208
    4.2.6.3. La función de complemento directo 208
        4.2.6.3.1. Métodos para reconocer el complemento directo 210
    4.2.6.4. La función de complemento indirecto 214
    4.2.6.5. La función de complemento circunstancial 215
    4.2.6.6. La función de complemento del nombre . 215
    4.2.6.7. La función de aposición........................... 216
    4.2.6.8. La función de vocativo 217
    4.2.6.9. Otras funciones sintácticas 217
        4.2.6.9.1. El complemento agente 219
        4.2.6.9.2. El complemento predicativo. 219
    4.2.6.10. Funciones del sintagma preposicional 220
4.2.7. El orden de los elementos en la oración 221
4.3. Clasificación de la oración 224
4.3.1. Clasificación de la oración simple 224
    4.3.1.1. Clasificación según la naturaleza del predicado.. 224
        4.3.1.1.1. La atribución y la predicación 225
        4.3.1.1.2. Oraciones atributivas 227
        4.3.1.1.3. Diferencias entro los verbos atributivos ser y estar.............. 228
        4.3.1.1.4. Oraciones predicativas........... 230
            4.3.1.1.4.1. Oraciones activas 231
            4.3.1.1.4.2. Oraciones pasivas 236
    4.3.1.2. Clasificación según el contenido significativo expresado 237

4.3.1.2.1.   Oraciones enunciativas 238
4.3.1.2.2.   Oraciones interrogativas 239
4.3.1.2.3.   Oraciones exclamativas 241
4.3.1.2.4.   Oraciones imperativas o ex-
              hortativas 242
4.3.1.2.5.   Oraciones desiderativas u op-
              tativas 243
4.3.1.2.6.   Oraciones dubitativas o de
              probabilidad 243
4.4.   La oración compuesta 244
    4.4.1.   Clasificación de la oración compuesta 245
    4.4.2.   Oraciones yuxtapuestas 248
    4.4.3.   Oraciones coordinadas 249
        4.4.3.1.   Coordinadas copulativas 249
        4.4.3.2.   Coordinadas adversativas 250
        4.4.3.3.   Coordinadas disyuntivas 251
        4.4.3.4.   Coordinadas distributivas 252
    4.4.4.   La proposición 253
        4.4.4.1.   Proposiciones inordinadas sustantivas 254
        4.4.4.2.   roposiciones inordinadas adjetivas o de
                   relativo 258
        4.4.4.3.   Proposiciones subordinadas 258

            4.4.4.3.1.   Circunstanciales locales (Sub- 259
                        ordinadas de lugar) ....
            4.4.4.3.2.   Circunstancias temporales 260
                        (Subordinadas de tiempo).......
            4.4.4.3.3.   Circunstancias modales (Sub- 260
                        ordinadas de modo) 261
            4.4.4.3.4.   Subordinadas comparativas 262
            4.4.4.3.5.   Subordinadas consecutivas 264
            4.4.4.3.6.   Subordinadas condicionales ... 267
            4.4.4.3.7.   Subordinadas finales 268
            4.4.4.3.8.   Subordinadas concesivas 268
            4.4.4.3.9.   Subordinadas causales 269
4.5.   Unidades supraoracionales 271
4.6.   Valores de la forma *que* 272
4.7.   Valores de la forma *se* ....

5. NIVEL SEMÁNTICO 272

  5.1. Nivel semántico 279
  5.2. El significado 280
  5.3. La denotación y la connotación 281
  5.4. Monosemia y plurisemia 282
    5.4.1. La sinonimia 282
    5.4.2. La polisemia 183
    5.4.3. La homonimia 285
  5.5. Asociaciones semánticas: campos semánticos 286
  5.6. Hiponimia, hiperonimia, cohiponimia. La antonimia ... 287
    5.6.1. Clases de antonimia 288
  5.7. El cambio semántico 289

6. NIVEL LÉXICO 295

  6.1. Nivel léxico 297
  6.2. La palabra: definición 298
  6.3. Clases de palabras 298
    6.3.1. Clasificación de la palabra según el empleo gramatical: partes de la oración 299
    6.3.2. Clasificación de la palabra por su formación 300
    6.3.3. Clasificación de la palabra por su origen 309
    6.3.4. Clasificación de la palabra por el acento 315
  6.4. Usos léxicos: locuciones 316

BIBLIOGRAFÍA 319
ÍNDICE TEMÁTICO 325

PRÓLOGO

Cuando se nos propuso confeccionar este libro, se nos pidió que elaboráramos un manual de divulgación de la lengua española. Por ello, hemos intentado redactar en las páginas que siguen un estudio de nuestra lengua, de sus unidades y formas de expresión, que pueda ser de fácil comprensión para los lectores no especializados que muestran inquietud e interés por perfeccionar el conocimiento del idioma que utilizan como vehículo de comunicación y como manifestación de cultura.

Hemos prescindido de muchas de las posibilidades de interpretación y análisis que pueden aplicarse al estudio del lenguaje, y, también, hemos renunciado voluntariamente a toda pretensión de erudición —sin menoscabo, creemos, del rigor científico necesario— para hacer una descripción de la lengua española que sea, a la vez que suficiente, elemental y sencilla.

Con todo, es posible que queden aún en nuestro libro algunas formas de interpretación que puedan parecer —por no conocerlas— «raras» al lector no especializado. No obstante, estas anotaciones teóricas aparecen siempre con ejemplos significativos aplicados; lo que permitirá al lector un conocimiento práctico, a la vez que teórico, de las formas de interpretación y expresión lingüística.

Asimismo, hemos prescindido de muchas de las nuevas teorías, enfoques, terminologías y valoraciones lingüísticas novedosas que se dan en los estudios gramaticales actuales, sin que ello suponga, pensamos nosotros, un desfase o limitación interpretativa, sino que esta intención responde al propósito de mantener una coherencia y

*continuidad expositiva en la que el lector no «tenga que soportar»
en exceso la presencia de una vorágine de términos, que no siempre,
por otra parte, favorecen la comprensión y aprendizaje del idioma.*

   *Por criterios pedagógicos —más que por razones de método
científico de estudio lingüístico—, y para presentar un análisis progresivo de las unidades de la lengua, hemos dividido el contenido
del libro en seis capítulos. En el primero, aparece un estudio de
introducción lingüística; y en los siguientes, el estudio por niveles de
las unidades de la lengua.*

   *Además, los lectores encontrarán al final del libro las referen-
cias bibliográficas suficientes para ampliar el conocimiento de
aspectos concretos o generales del español, y un índice temático que
les facilitará el aprendizaje y manejo de nuestro libro.*

   *Agradecemos a los profesores Pilar Merchán y Víctor de Lama
el apoyo y la ayuda inestimable que nos han prestado; ellos ya conocen nuestra gratitud, pero queremos que, como reconocimiento,
quede aquí anotada.*

En Madrid, 1992.

                                                                El autor

1
INTRODUCCIÓN AL ESTUDIO GRAMATICAL

1.1. INTRODUCCIÓN AL ESTUDIO GRAMATICAL

El estudio de la lengua española tiene las limitaciones propias de todo estudio gramatical.

Las lenguas son instrumentos de comunicación que utilizan los hablantes, y presentan una abigarrada manifestación de formas y usos diferentes según sea la relación cultural, social, regional, profesional, temporal, etc., de las personas que las utilizan, y según el uso correcto o incorrecto que de ellas hacen.

Por ello, los gramáticos, aunque conocen estas variedades y las diferentes manifestaciones, deben hacer una reducción de la lengua que pretenden describir, y, a través de un proceso de abstracción, deben elegir una «*lengua común*» como objetivo de estudio.

Esta «*lengua común*» es, casi siempre, una entidad ideal, que no se produce en ninguna parte y hacia la cual se tiende, o debiera tenderse, en todas.

Así, los estudios de Gramática son considerados, al menos por los estudiosos no especializados, como inventos de los gramáticos, ya que se hallan muy lejos de la lengua real que utilizan como instrumento de comunicación, por lo que la consideración, atención y aprecio que generalmente les merece son muy escasos.

A ello ha contribuido, también, el hecho de que, dado el avance de los estudios lingüísticos en la actualidad, y la proliferación de corrientes y escuelas lingüísticas, se han ido introduciendo y generalizando en la enseñanza de las lenguas nuevos conceptos, diferentes términos y complicadas explicaciones, que no siempre favorecen la claridad expositiva, ni la comprensión y aprendizaje.

Con todo, los estudios de Gramática, al margen de éstas o de cualquier otra valoración crítica, han de ocupar un lugar preferente en los planes de estudio y de la formación cultural de la persona. Primero, porque los estudios gramaticales ofrecen un sistema de reglas y normas, referidas como modelo de lengua general, que permiten hablar y escribir el idioma conforme al mejor uso, que se da, generalmente, en la lengua literaria escrita; y, sobre todo, porque el conocimiento gramatical ha de ser elemento básico de cultura, cuya manifestación primera se da en el conocimiento y dominio de la lengua que le sirve al hablante de instrumento de comunicación, y que ha de ajustarse a los usos que se consideran admisibles, rechazando los incorrectos por inadmisibles, en nombre de una norma general, la de la «*lengua común*», a la que ha de llegar la gente culta.

Con ello no afirmamos que la cultura sea sólo producto de formas de corrección, sino que es, sin duda, fruto de manifestaciones en el que caben las realizaciones más variadas posibles; pero que sí exige una selección de formas y una dedicación y superación en la realización de esas manifestaciones, entre las que se encuentra la propia lengua.

1.2. LA GRAMÁTICA

La **Gramática** es la ciencia que se encarga del estudio de la lengua a través del análisis, de la observación y de la experimentación de los usos normales de esa lengua.

Entendida así, la Gramática debería ser una disciplina lingüística de objetivos precisos y de fácil estructuración y organización expositiva. Sin embargo, a lo largo de la historia de la cultura han sido muchos los trabajos gramaticales que han ido apareciendo, y no todos coinciden en el método y objeto de estudio, ni, incluso, en la exposición científica.

La gramática ideal sería la que recogiese y sistematizase las distintas formas y giros de todas las unidades parciales de la lengua; pero ello es casi imposible, por lo que en los manuales aparecen distintas formas de análisis y de estudio gramatical, aunque en la mayor parte de ellos se intente presentar el estudio de una "lengua común", que se considera lengua ideal.

Por otra parte, el término *gramática* ha ido adquiriendo distintas acepciones a lo largo de la historia cultural y así podemos hablar de distintas clases de gramática atendiendo al contenido y métodos gramaticales:

a) Según el contenido:

— *Gramática Normativa*: Se dedica a dar leyes o normas sobre la corrección lingüística.

— *Gramática Descriptiva*: Describe sincrónicamente (en un período cronológico determinado) un estado de lengua.

— *Gramática Diacrónica*: Estudia los cambios que se producen en la lengua a lo largo del tiempo.

— *Gramática Comparada*: Busca las relaciones existentes entre las gramáticas de las lenguas parecidas o del mismo origen.

b) Según el método:

— *Gramática Tradicional*: Cuyo estudio se basa más en el significado de las unidades de la lengua y en su interpretación lógica, que en la forma que presentan y en la función que desempeñan estas unidades. Su objeto de estudio es la lengua escrita, y su método de análisis se basa más en criterios de autoridad que en el uso lingüístico.

— *Gramática Estructural*: Es una gramática descriptiva. Su método de análisis se centra en el estudio de la forma y función de las unidades lingüísticas, con especial atención a la lengua hablada.

— *Gramática Generativa o Transformacional*: Explica los signos y reglas de combinación, y estudia los procesos que se dan en los hablantes y que les permiten «generar» estructuras oracionales.

Podríamos incluir, además, otros tipos de gramática; así, por ejemplo, la *Gramática de los Errores*, como ciencia del buen hablar y escribir; pero una exposición más detallada del tema nos exigiría una extensión mayor que la que se nos pide en este trabajo.

Omitimos, asimismo, cualquier referencia a las diferentes terminologías que se dan en las distintas corrientes lingüísticas.

Con todo, los lectores observarán que con nuestro trabajo hemos intentado contribuir al estudio descriptivo del español actual (sólo de forma aislada aparecen algunas consideraciones históricas), y que nuestra exposición intenta reflejar, al menos en parte, lo que hemos ido aprendiendo en nuestros años de docencia y en el estudio de la *Gramática Castellana* de A. Alonso y P. Henríquez Ureña, que, para nosotros, sigue siendo la cima de la lingüística descriptiva del español.

1.3. LA LENGUA ESPAÑOLA. EL NOMBRE DE NUESTRO IDIOMA

El español es hoy la lengua oficial y de cultura de más de 300 millones de hablantes.

Ocupa el quinto lugar entre las grandes lenguas del mundo; sólo la superan en número de hablantes el chino, el inglés, el indostaní y el ruso; y es la lengua de mayor prestigio e importancia, después del inglés, en las relaciones internacionales, y en las actividades políticas, económicas, sociales y culturales del mundo occidental.

Es, asimismo, el idioma románico (procedente del latín) más difundido en el mundo.

Es la lengua oficial de más de veinte países y/o repúblicas: España, México, Guatemala, Honduras, El Salvador, Nicaragua, Costa Rica, Panamá, Cuba, República Dominicana, Puerto Rico, Venezuela, Colombia, Ecuador, Perú, Bolivia, Paraguay, Uruguay, Chile, Argentina, Filipinas y Guinea Ecuatorial.

Además, se habla en tierras del antiguo Sáhara Español, en el sur y sudeste de los Estados Unidos, en Filipinas y en las comunidades hebreas sefardíes (descendientes de los judíos expulsados de España a finales del siglo XV) de la cuenca del Mediterráneo: Bulgaria, Rumanía, Grecia, Turquía, Yugoslavia, Israel...

El español que hoy hablamos es la lengua que nace en Castilla en la época medieval, hace más de diez siglos, como resultado de la evolución del latín, hablado en España desde la romanización (218 a.C.), a través de un largo proceso de transformación. Por ello, nuestra lengua ha tenido, y tiene todavía hoy, dos nombres: *castellano* (lengua que nace en Castilla) y *español* (lengua de España, y, posteriormente, de otros muchos países, como ya ha quedado anotado) que han alternado en su denominación a lo largo de su historia.

Hay que destacar, aunque sea triste, que esta alternancia de términos para hablar de una misma lengua no se da en ninguna otra lengua de extensión mundial.

Incluso, esta alternancia de los términos *castellano/español* no ha estado ausente casi nunca de interpretaciones polémicas y de otras muchas valoraciones, en las que se mezclan cuestiones históricas y lingüísticas de difícil y complicada interpretación.

En la actualidad, la Real Academia prefiere utilizar el término *español*, que es el nombre que aparece en su *Gramática* a partir de la edición de 1931, aunque hasta la edición de la *Gramática* de 1927 mantenía el término *castellano*.

También hoy en día, los gramáticos y la mayor parte de los estudiosos e intelectuales prefieren utilizar el término *español*; y es que nuestra lengua ya no es el *castellano* de Castilla, sino que, sin dejar de serlo, es una lengua evolucionada: *el español*, en el que participan restos de lenguas de otras muchas regiones de España y América, como también estas regiones participan de la cultura de España.

Pero la alternancia de términos sigue vigente, y, además, como anotábamos, no es ajena a diversidad de intenciones de interpretación, y a polémica.

Los estudiosos que estén interesados, pueden consultar los dos libros fundamentales que citamos:

A. Castro: *Español, palabra extranjera: razones y motivos.*

A. Alonso: *Castellano, español, idioma nacional, historia espiritual de tres nombres.*

Aquí, y de forma abreviada, anotamos algunas de las explicaciones que justifican esta polémica terminológica.

LA POLÉMICA:

En España la gran capacidad de absorción política y cultural de Castilla hace que el término *castellano* referido a la lengua tenga un sabor imperialista poco grato, y esto ha hecho que el término *español* se haya visto más favorecido.

Español es más usado que *castellano* en España, aunque en las autonomías bilingües actuales sean muchos los que utilizan el término *castellano* para referirse a una de las cuatro lenguas (*el español*) de España.

En América, el término *castellano* no ha chocado con la conciencia regional de los hablantes. Por eso, hasta la independencia (siglo XIX), ha podido coexistir el término *castellano* con el de *español*, que ha sido el término que luego se ha sentido como imperialista; por lo que en la actualidad se prefiere, generalmente, el término *castellano*, que se siente como exclusivamente lingüístico.

1.4. LA COMUNICACIÓN VERBAL

Son muchas y diversas las formas posibles de comunicación humana, pero la primera y principal forma de comunicación es la comunicación verbal.

La sociedad actual se ha estructurado, fundamentalmente, en

torno a una cultura lingüística, y la palabra ha adquirido el papel central en la mayoría de las relaciones y manifestaciones humanas.

El hombre, cuando se comunica, transmite intencionadamente una información, y lo hace por medio de un sistema de signos preestablecidos, que son, frecuentemente, las palabras que configuran cada una de las casi tres mil lenguas que se dan en el mundo actual. Así, son las palabras los instrumentos fundamentales en el acto de comunicación, y constituyen uno de los elementos principales en el proceso comunicativo, junto a los otros elementos de la comunicación, que citamos:

ELEMENTOS DE LA COMUNICACIÓN:

emisor	*mensaje*	*receptor*
	código	
	canal	
	contexto	

Emisor: Es aquel de quien parte la información que se transmite.

Receptor: Es el destinatario de la información.

Mensaje: Es lo que se comunica.

Código: Es el conjunto de signos (palabras en la comunicación verbal) que se utilizan para confeccionar el mensaje, y que han de conocer —por eso es código— el emisor y receptor.

Canal: Es el medio físico a través del que se transmite el mensaje (las ondas acústicas y el oído, el papel escrito y la vista…).

Contexto: Es el elemento de conexión interno o externo que permite que la información transmitida se convierta en un hecho de comunicación.

La complejidad del acto de comunicación viene motivada, además de por la presencia necesaria de los elementos señalados, por la realización de los procesos o fases que se dan en todo acto comunicativo, y que, en una exposición simplificada, resumimos en:

a) Fase sígnica.
b) Fase fisiológica.
c) Fase física o de transmisión.

a) *La fase sígnica*: Consiste en la utilización de los signos (palabras, frecuentemente) por parte del emisor y el receptor. El emisor debe elegir las palabras de la lengua que usa como vehículo de comunicación que sean más adecuadas o que mejor se ajusten a la información que quiere transmitir. Es lo que denominamos *proceso onomasiológico* (codificar: poner nombre a lo tratado). El receptor, por el contrario, debe interpretar el contenido comunicativo de las palabras que el emisor le ha transmitido. Es lo que conocemos como *proceso semasiológico* (descodificar: poner significado a lo que le ha sido transmitido).

b) *La fase fisiológica*: Corresponde a las realizaciones articulatorias y auditivas que deben realizar el emisor y receptor, respectivamente.

c) *La fase física o de transmisión*: Es en la que se hace llegar la información del emisor hasta la percepción del receptor.

Por todo ello, y a pesar de la pericia (mayor o menor) que el hombre tiene en la comunicación, no siempre se transmite aquello que queremos comunicar, ni se comunica aquello que queríamos trasmitir.

1.5. EL SIGNO LINGÜÍSTICO

Signo es todo aquello que se utiliza en el acto de comunicación en lugar de algo que se quiere transmitir.

Por tanto, casi todas las cosas, en cuanto formas sensibles del mundo (*el vaho en los cristales, la sonrisa de un niño, las nubes, un semáforo, las palabras...*), son signos, porque pueden aportar significación.

El signo más utilizado en la comunicación humana, el elemento más esencial, es, como decíamos, *el signo lingüístico: las palabras*.

Como todo signo, el signo lingüístico es una entidad biplana: consta de *significante* (o expresión) y de *significado* (o contenido).

El *significante* del signo lingüístico es la suma de los elementos fónicos que lo forman; por ejemplo, el significante del signo lingüístico *mesa* sería: $(m+e+s+a)$

El *significado* del signo lingüístico es la idea o el concepto que los hablantes tienen de lo que el signo comunica: la idea de «*mesa*».

Aunque el estudio del signo lingüístico, de los elementos que lo forman y las relaciones que entre los elementos se establecen, exige un análisis más detallado, y la incorporación de las nuevas aportaciones de la lingüística moderna (triángulo semiótico, etc.), en nuestro trabajo, nos limitamos a anotar solamente, y de forma elemental, las principales características del signo lingüístico:

a) EL SIGNO LINGÜÍSTICO ES ARBITRARIO

La relación entre el significante y el significado es *inmotivada* o *arbitraria*. Así, por ejemplo, al concepto *«árbol»*, lo expresamos en español mediante el significante *árbol*, pero en otras lenguas, para el mismo concepto, aparecen significantes distintos: *arbre* en francés, *tree* en inglés, *baum* en alemán, etc.

Por ello, los hablantes deben conocer los signos que forman el código de la lengua que utilicen como vehículo de comunicación. Sólo un número reducido de palabras, las *onomatopeyas* (palabras cuyo sonido recuerda la realidad a la que se refieren): *guaguau, sisear, pum, gas...* presentan alguna razón de motivación.

Pero las onomatopeyas son muy escasas en las lenguas, y, además, no son elementos orgánicos del sistema lingüístico propio; por lo que no son objeción suficiente para no mantener la teoría de la arbitrariedad del signo lingüístico.

b) EL SIGNO LINGÜÍSTICO ES, POR DEFINICIÓN, MONOSÉMICO

La mayor parte de los signos lingüísticos son *monosémicos:* para un solo significante tenemos un solo significado: *tiza, casa, tierra, agua...*

Pero es frecuente, también, encontrar signos entre los que se establece una relación plural: a un solo significante le corresponden varios significados, o a la inversa, a un solo significado le corresponden varios significantes.

Este fenómeno lingüístico queda explicado más atrás, al estudiar los conceptos de sinonimia (*burro, asno, pollino*) y polisemia (*pluma*: pluma de ave/de escribir) y/o homonimia (*vaca, baca*)[1].

---

[1] Véase *Monosemia y plurisemia* (apartado 5.4).

c) EL SIGNO LINGÜÍSTICO PERTENECE A UN SISTEMA DE RELACIONES

Los signos de una lengua se encuentran en interrelación o dependencia. Sólo adquieren valor en cuanto que se relacionan con otros signos de la lengua. Así, por ejemplo, *blanco*, adquiere significado junto a los signos, *negro, rojo, verde…*, a los que se opone.

No existiría en la conciencia de los hablantes el blanco, si no existiera el rojo, el verde… como realidades distintas. De igual modo, no existiría *blanco* como singular, si no existiese *blancos* con significado gramatical de plural.

Las relaciones que se establecen entre los signos de una lengua pueden ser: *paradigmáticas* y *sintagmáticas*.

• *Relaciones paradigmáticas:* Son las relaciones que presenta un signo con los demás signos de la lengua que podrían aparecer en un contexto dado, y que no aparecen, porque se oponen. Así, en la frase *la casa blanca tiene ventanas*, el signo *casa* se opone a los signos *palacio, chabola*, etc., porque tienen valores significativos diferenciados; de igual forma que se opone a *casas* por su significado gramatical (singular/plural).

Cuando las oposiciones son binarias, de dos términos, a uno de ellos se le denomina *término no marcado*, y al otro, *término marcado*.

El *término no marcado* es el más amplio, el que comprende al *término marcado*, que está incluido en el otro. Así, por ejemplo, en la oposición masculino/femenino, el término no marcado es el masculino, y el marcado, el femenino; por ello, en la frase *el niño es alegre por naturaleza*, están incluidos niños y niñas.

• *Relaciones sintagmáticas*: Son las relaciones que presenta un signo con los otros signos que aparecen en un contexto determinado. Así, en la frase *la casa blanca tiene ventanas*, hay varias relaciones sintagmáticas; por ejemplo, las que se dan entre *casa/blanca* (femenino, singular) y entre *casa/tiene* (tercera persona, singular).

No incluimos aquí un análisis más detallado, y con un mayor muestrario de ejemplos de las relaciones paradigmáticas y sintagmáticas (denominadas, también, estas últimas *relaciones de asociación o de concordancia*), porque al darse estas relaciones entre las unidades que forman los distintos niveles de la lengua, su estudio se completa en los capítulos siguientes del libro.

d) EL SIGNO LINGÜÍSTICO ES UN SIGNO ARTICULADO

El signo lingüístico puede dividirse en unidades más pequeñas; es lo que conocemos con el nombre de la *doble articulación* (llamada, también, la *doble articulación del lenguaje humano*).

Para su estudio (y seguimos a A. Martinet, *La doble articulación del lenguaje humano*) las dividimos en unidades de la *primera articulación* y en unidades de la *segunda articulación*:

• Las unidades de la *primera articulación*: Son las unidades más pequeñas con significado en que puede dividirse un signo:

cas/a: **cas-**: lugar donde se habita (significado conceptual).
  -a: femenino/singular (significado gramatical).

cas/it/a: **cas-**: lugar donde se habita (significado conceptual).
  -it: noción afectiva (significado apreciativo).
  -a: femenino/singular (significado gramatical).

Estas unidades de la *primera articulación* son los *monemas*, que a su vez, se clasifican en *lexemas* y *morfemas*.

Los **lexemas**: Son los monemas que aportan el significado conceptual: *cas-* (a) , *libr-* (o).

Los **morfemas:** Son los monemas que aportan el significado gramatical: (cas) *-a,* (libr) *-o.*

• Las unidades de la *segunda articulación*: Son las unidades más pequeñas sin significado en que puede dividirse un signo: /c/ /a/ /s/ /a/, /l/ /i/ /b/ /r/ /o/.

Estas unidades de la segunda articulación son los *fonemas*, que se estudian en el capítulo de nivel fónico.

Esta característica del signo lingüístico, la *doble articulación*, hace que la comunicación verbal sea la forma más productiva y más fácil (sólo con un número reducido de unidades combinadas (veinticuatro fonemas) se puede transmitir cualquier tipo de mensaje) de comunicación humana.

1.6. LENGUA COMÚN Y VARIEDADES LINGÜÍSTICAS

La lengua, como vehículo de comunicación, es usada por un gran número de hablantes, que forman un grupo muy heterogéneo, con variedades culturales y sociales muy diferenciadas. Además, el acto de comunicación se realiza en situaciones muy diversas, y con intencionalidad comunicativa diferenciada. Por ello, la lengua (así, la lengua española) presenta múltiples variedades en las realizaciones que materializan los hablantes.

Con todo, los hispanohablantes se comunican mediante el mismo código lingüístico, ya que, aunque presenta diferencias, son más numerosos los rasgos comunes que lo configuran, y que, además, constituyen lo que conocemos como *español general* o *lengua común*, cuyo modelo coincide, generalmente, con la lengua escrita, con la lengua literaria, de cuyo cuidado y gobierno se encargan las Academias de la Lengua, junto a la colaboración directa que ejerce el conjunto de escritores.

Esta *lengua común* coincide, asimismo, con la lengua culta, modelo ideal de lengua al que deben llegar los hablantes, ya que la lengua, además de vehículo de comunicación, es también un rasgo de cultura.

Con ello no queremos decir que debe utilizarse un solo uso idiomático; eso sería inmovilismo, y, sin embargo, con las variedades se enriquecen las lenguas, aunque en su vasta variedad, el uso cuidado que hacen las gentes cultas y universitarias actúe siempre como modelo de prestigio social y de cultura.

Para su estudio, agrupamos las principales variedades lingüísticas en cuatro apartados:

a) Variedades sociales o diastráticas.
b) Variedades geográficas o diatópicas.
c) Variedades históricas o diacrónicas.
d) Variedades de situación o diafásicas.

a) *Variedades sociales o diastráticas*

Se refieren a las diferencias de expresión observadas en los individuos pertenecientes a las distintas clases sociales. El dominio del idioma es distinto en los individuos según el nivel de educación selecto o primario que hayan recibido. Así, podemos distinguir tres niveles de uso, atendiendo a las diferencias culturales de los hablantes:

> Nivel culto.
> Nivel familiar o coloquial.
> Nivel vulgar.

• *Nivel culto*:

Los hablantes que han recibido una educación superior, utilizan una forma de expresión elaborada y elegante. Seleccionan y combinan los signos lingüísticos con esmero, y se expresan con la corrección sintáctica y propiedad léxica acordes a la norma culta. Buscan la originalidad y huyen de las frases estereotipadas.

• *Nivel familiar o coloquial*:

Cualquier hablante, con independencia del nivel cultural que posea, tiene como modo de expresión habitual un uso relajado cuando habla con familiares y amigos.

Son rasgos propios de la lengua familiar:

— El uso frecuente de interrogaciones y exclamaciones.
— El uso de un vocabulario restringido, de palabras comodines (*cosa, tema, dicho, hecho...*) y de verbos plurisignificativos (*hacer, tener...*).
— El uso de frases hechas y frases proverbiales, y el empleo de un lenguaje figurado y de usos metafóricos.

• *Nivel vulgar*:

Los hablantes que no han recibido una educación suficiente utilizan un código restringido y deficiente, y, como están poco familiarizados con el lenguaje escrito, cometen abundantes incorrecciones, que denominamos *vulgarismos*.

Entre las incorrecciones más frecuentes destacamos:

a) Incorrecciones fónicas:

— Ceceo: [*cáza*] (*por casa*);
— Metátesis o cambios de posición de los fonemas: *Grabriel, dentrífico...* (por *Gabriel, dentífrico*);
— Cambios de acento: [*máestro*], [*sútil*] (por *maestro, sutil*).
— Cambios de fonemas: *agüelo, azaite, midicina...* (por *abuelo, aceite, medicina*).

b) Incorrecciones morfológicas:

— Usos incorrectos del género: *la alambre, la enjambre, las alfileres...* (por *el alambre, el enjambre, los alfileres*);
— Usos incorrectos de formas pronominales: *sientensen* (por *siéntense*)...
— Distorsiones de las formas verbales: *andé, haiga, bendiciera, satisfacerá...* (por *anduve, haya, bendijera, satisfará*)

c) Incorrecciones sintácticas:

— Concordancias incorrectas: *no habían más sillas* (por *no había más sillas*)...
— Usos sintácticos incorrectos: laísmo (*a mi hija la di un beso*), loísmo (*lo di cebada al burro*)...

d) Incorrecciones léxico-semánticas:

— Usos inapropiados de las preposiciones: *pensado de que...* (por *pensando que...*) (dequeísmo); *ir en casa de...* (por *ir a casa de...*); *contra más lo digo...* (por *cuanto más lo digo*)...
— Empleo de palabras con significado impropio: *coger* (por *caber*)...

— Empleo de palabras malsonantes, que, aunque no sean incorrectas, las consideramos vulgarismos léxicos.

b) *Variedades geográficas o diatópicas*

El español se habla en regiones muy extensas y, asimismo, distanciadas; por ello, nuestra lengua presenta múltiples variedades diatópicas, geográficas o dialectales.

El estudio de las variedades geográficas que presenta el español hablado exigiría una exposición mucho más extensa que la que se nos permite en este trabajo. Para su conocimiento, los estudiantes interesados deberán acudir a los estudios de Dialectología que se citan en los notas bibliográficas.

Nosotros sólo anotamos aquí, como referencia, el nombre de las principales variedades dialectales que se dan en el español de España: *andaluz, canario, extremeño y murciano.*

c) *Variedades históricas o diacrónicas*

Son las variedades que presenta la lengua a lo largo de su historia. En los capítulos que siguen, los estudiosos encontrarán algunas referencias puntuales que recogen fenómenos lingüísticos que se daban en el pasado. Así, el origen del *voseo,* el uso de la forma *el/un* del artículo con nombres femeninos, etc.

Con todo, se podrá observar que en nuestro trabajo no nos proponemos analizar la evolución de nuestra lengua, cuyo estudio corresponde a la Gramática Histórica o Diacrónica.

d) *Variedades de situación o diafásicas*

Son las variedades que presenta la lengua según la selección de modalidad de expresión que se escoja, en función de la situación comunicativa, de la intencionalidad del emisor o de la naturaleza del receptor.

Así, una mujer habla de sexualidad de forma distinta según que el interlocutor sea, por ejemplo, su hija o una amiga.

También, es distinta, por ejemplo, la forma de expresión utilizada en un tema de comunicación tópico (el tiempo, la política...) que en un tema específico o trascendente (el terrorismo, la vida de ultratumba…). Además, los distintos grupos sociales presentan hábitos lingüísticos diferenciados según modos, conductas y usos sociales, y según los trabajos o profesiones que desempeñan; usando, incluso, lenguas especiales, que constituyen subcódigos diferenciados, con formas léxicas propias, que denominamos *lenguas profesionales o jergas*.

1.7. CORRECCIÓN, INCORRECCIÓN Y PROPIEDAD LINGÜÍSTICA

Todo el que habla una lengua posee de ella un conocimiento práctico: la conoce de oírla y de usarla como vehículo de comunicación.

Con todo, ese conocimiento práctico de la lengua que tienen los hablantes no siempre se corresponde con el conocimiento teórico de la propia lengua.

La mayor parte de los hablantes utilizamos unos pocos centenares de construcciones en nuestras comunicaciones, y entendemos otros pocos miles de palabras y construcciones. Por ello, en el uso se observan diferencias y variantes de expresión que reflejan, generalmente, el mayor o menor dominio de la lengua que poseen los interlocutores.

Así, en un mismo hecho de comunicación pueden aparecer expresiones como: **Juan andó ayer mucho/Juan anduvo mucho ayer/*Juan ha andado mucho ayer/Juan caminó mucho ayer/Juan pateó mucho ayer…*

Cada uno de los hablantes que utiliza estas expresiones las considera «correctas» , porque le sirven como instrumento de comunicación, y porque las entienden los interlocutores a quienes van dirigidas («Cuando uno se hace entender, habla siempre bien», decía la criada en la obra de Molière: *Les femmes sauvantes*). Pero los gramáticos y estudiosos, cuando analizan estas formas de expresión, las consideran correctas, incorrectas(*) o impropias.

La lengua, como sistema, es correcta por naturaleza; la corrección/incorrección está en el uso que de ella hacen los hablantes, y que puede «acomodarse» o no al modelo de corrección lingüística que imponen los hablantes cultos y los gramáticos. Así, **haiga,* *conoció, *me se cayo, *habían muchas personas, *andó, *melicina...*, se consideran expresiones inadmisibles, no por los que las usan, sino por los otros hablantes, en nombre de una norma externa, la de la gente culta, que, además de utilizar la lengua como vehículo de expresión, la consideran producto y expresión de una cultura manifestada de forma correcta o incorrecta.

Por todo ello, creemos que los conceptos de corrección/incorrección hemos de medirlos y valorarlos de forma flexible, al margen de los criterios rigurosos de los gramáticos academicistas, que, de forma casi absoluta, califan como correctas o incorrectas las expresiones lingüísticas.

Entendemos por *corrección* la adecuación externa de la expresión lingüística a las formas admitidas socialmente como las mejores; y por *incorrección*, la mala adecuación externa de las formas de expresión.

Así, si decimos *haiga* por *haya, andó* por *anduvo, trempano* por *temprano*, etc., expresamos, quizá, el pensamiento con propiedad, pero la forma es incorrecta.

Con todo, los criterios de corrección/incorrección responden muchas veces más a criterios culturales, políticos y sociales, que a criterios estrictamente lingüísticos. Así, tan correcto sería lingüísticamente *se me cayó* como *me se cayó*, aunque la sociedad no admita la segunda forma por no reflejar un comportamiento de conducta social propio.

Además, los conceptos de corrección/incorrección han cambiado a lo largo de la historia de la lengua; lo que hoy es incorrecto (por ejemplo, *el arena*) antes (siglo XVII) podía ser correcto.

Incluso hoy, la movilidad de la lengua hace que los conceptos de corrección/incorrección no sean fijos. Así, se prefieren, por ejemplo, expresiones como *los Machado, los Quintero*, etc., a las formas que respetan la concordancia: *los Machados, los Quinteros*, que son más propias.

Asimismo, es frecuente encontrar expresiones lingüísticas que son aceptadas como correctas en España, y, sin embargo, son rechazadas en Hispanoamérica; por ejemplo, en España son cultas las acentuaciones: [*cardíaco*], [*amoníaco*], [*periódo*]…, pero no lo son en Hispanoamérica.

Todo ello ocurre porque la lengua es un sistema multiforme, y porque el dominio cultural de los hablantes, y el conocimiento que tienen de la lengua, es muy diverso.

Aun así, creemos que la corrección lingüística es necesaria, y que los hablantes deben ajustarse en sus expresiones al modelo de corrección que se establece en la comunidad lingüística de la que forman parte, y en la que el dominio de la expresión se considera motivo de prestigio y de cultura.

Por otra parte, hablar bien no consiste sólo en utilizar una forma de expresión correcta; los hablantes deben hablar, además, con propiedad.

Entendemos por *propiedad lingüística* la adecuación interna de la frase al pensamiento que se ha querido expresar. Así, es impropio decir *le pegó a Juan sendas bofetadas* (por *grandes bofetadas*); *los alumnos no cogen aquí* (por *no caben aquí*), etc.

Es, asimismo, necesario que los hablantes se expresen y escriban con desenvoltura, esto es, con posibilidad de elegir las formas lingüísticas apropiadas en cada hecho de comunicación.

No habla mejor el que siempre utiliza una forma de expresión culta, sino el que sabe elegir la forma adecuada según el tipo de comunicación que realiza. Así, por ejemplo, nos parece improcedente que un familiar se dirija a sus interlocutores y les exprese que *el infante está inapetente* (por *el niño no tiene apetito*), cuando tiene la posibilidad de utilizar otras muchas formas más coloquiales y propias.

1.8.　LOS NIVELES LINGÜÍSTICOS

La lengua es un conjunto de signos que forman un sistema en que se dan una serie de reglas que relacionan todos y cada uno de los elementos del conjunto.

Las relaciones que presentan las unidades lingüísticas son múltiples y diversas; y por ello, en los estudios gramaticales se analizan las unidades de la lengua por niveles.

Los niveles de estudio lingüístico son:

— *Nivel fónico*: Se estudian las unidades de expresión.
— *Nivel morfológico*: Se estudia la forma de las palabras y su significado gramatical.

— *Nivel sintáctico*: Se estudian las relaciones que se establecen entre las distintas unidades que forman el enunciado oracional.

— *Nivel semántico*: Se estudia el significado de las unidades lingüísticas.

— *Nivel léxico*: Se estudia el origen y formación de las palabras.

Las unidades de la lengua que se integran en cada uno de los niveles de estudio no constituyen apartados lingüísticos autónomos e independientes, sino que las unidades de un nivel lingüístico presentan distintos tipos de relación e interdependencia con las unidades de los otros niveles. A veces, ni siquiera es fácil delimitar las unidades que se agrupan en cada uno de los niveles lingüísticos arriba anotados.

En la introducción que aparece en cada uno de los capítulos que siguen, se encontrará un estudio más amplio de las unidades que se agrupan en cada uno de los niveles; asimismo, podrá observarse que el grueso de nuestro trabajo está dedicado al estudio de las unidades del nivel morfológico y sintáctico.

2
NIVEL FÓNICO

2.1. NIVEL FÓNICO

En el nivel fónico se estudian las unidades de la expresión lingüística: sonido, fonema, acento y entonación.

En los manuales tradicionales de Gramática, el estudio de estas unidades ha quedado siempre en un segundo plano, y se ha dedicado mayor atención al análisis de la palabra como unidad de contenido gramatical y semántico, y como unidad de relación sintáctica.

Pero las palabras que forman el código lingüístico son tanto unidades de expresión, como de contenido; y así las sienten los hablantes en el acto de comunicación.

Por ello, y aunque no sea de forma extensa, anotamos el estudio de estas unidades de la expresión lingüística.

En la exposición del análisis fónico distinguimos dos subapartados:

— *El nivel fonemático*, en el que estudiamos las unidades articuladas de la expresión lingüística: fonema, sonido y grafía, y las formas agrupadas: diptongo, triptongo, hiato y sílaba.

— *El nivel prosodemático*, en el que estudiamos los prosodemas o suprasegmentos: el acento y la entonación.

2.2. NIVEL FONEMÁTICO: FONEMA, SONIDO Y GRAFÍA

El signo lingüístico es articulado y puede dividirse en unidades más pequeñas con significado: las unidades de la segunda articulación: *b-o-t-e*. Estas unidades son los fonemas.

La lengua es un fenómeno sonoro: oímos las palabras de los hablantes, que están compuestas por *sonidos*. Estos sonidos que percibimos son muy variados, pero el hablante asocia esa multitud de sonidos que se dan en la realidad a unas unidades lingüísticas que ha aprendido: *Los fonemas*.

Así, por ejemplo, oímos muchos sonidos que se relacionan con el fonema /b/[1]; en las secuencias «*un bote*», «*el bote*» el sonido [b] es oclusivo en la primera, y fricativo en la segunda. Pero el hablante prescinde de esas diferencias acústicas e identifica los dos sonidos con la idea abstracta de /b/.

Por tanto, podemos definir *los fonemas* como las imágenes acústicas que han adquirido los hablantes de una lengua; mientras que *los sonidos,* son las realizaciones de los fonemas en la cadena hablada.

Los *fonemas* son unidades de la lengua; por tanto, son colectivos (los han adquirido todos los hablantes de esa lengua), abstractos y mentales (los utiliza tanto el que habla, que los piensa para, luego, realizarlos, como el que escucha, que los piensa para, luego, interpretarlos).

Los *sonidos* son unidades del habla; por tanto, individuales (cada uno de los hablantes realiza de forma particular los fonemas), concretos y físicos (son vibraciones que se propagan por el espacio (materia acústica) como resultado de una operación articulatoria que se produce en los órganos de fonación).

Cuando la comunicación lingüística se realiza por escrito, utilizamos las grafías para la representación de los fonemas: *b o t e.*

La *grafía* es la letra o letras con que se representan los fonemas en la escritura. Así, por ejemplo, el fonema /b/ en español se repre-

---

[1] Utilizamos el signo / / para indicar fonema: /b/; el signo [ ] para sonido: [b]; el signo _ para grafía: _b_

senta con las grafías *b* y *v*: *bote, vaso* y el fonema /ĉ/ con la grafía *ch*: *choza*.

2.2.1. FONOLOGÍA Y FONÉTICA

La *Fonología* y la *Fonética* son disciplinas lingüísticas que se ocupan del estudio de unidades de expresión, de sus características y de las combinaciones en que intervienen en la lengua.

La *Fonología* estudia los fonemas, sus características definitorias y las combinaciones que presentan.

La *Fonética* estudia los sonidos como unidades físicas (acústicas) y fisiológicas (se producen en el aparato fonador del cuerpo humano). Ambas son disciplinas lingüísticas, aunque el objeto de estudio de la Fonética, los sonidos, interese también a otras disciplinas científicas como la Acústica y la Foniatría (Medicina).

La *Fónetica* estudia los fenómenos físicos perceptibles en el acto del habla, y la *Fonología* las reglas que ordenan el aspecto fónico del acto del habla. Por ello, son ciencias interdependientes que no pueden darse por separado, de igual forma que no existe un acto de habla sin lengua, o de lengua sin habla.

En el acto de comunicación emitimos sonidos, que son realidades concretas y materializables, pero esos sonidos responden a clases de realidades concretas que pensamos los hablantes, y que son los *fonemas*. Es por ello por lo que en algunos manuales de Gramática se utiliza el término de *Fonética Funcional* para englobar los estudios de Fonética y Fonología.

En nuestro trabajo sólo vamos a estudiar los fonemas como unidades de expresión. Creemos que el análisis de los sonidos exige una dedicación mayor y una exposición más especializada y técnica que la que se nos exige aquí.

Con todo, los que estén interesados pueden acudir a muchos de los trabajos de Fonética que en nuestros días se han realizado; asimismo, podrán observar que, para el análisis y clasificación de los

.fonemas, nosotros también nos servimos de los sonidos como realidades físicas que tienen formas y modos de articulación.

2.2.2. EL SISTEMA FONOLÓGICO (DEL) ESPAÑOL
   Y SU REPRESENTACION

En el español moderno existen veinticuatro fonemas: cinco vocálicos y diecinueve consonánticos.

Los estudiosos saben que algunos fonemas tienen más de una
representación gráfica (así, /b/: b/v) y que algunas de las grafías que
se incluyen en los diccionarios no son grafías españolas propias.

Por ello, no coincide el número de fonemas (veinticuatro), con el
número de letras de nuestro alfabeto tradicional, que consta de vein-
tinueve letras o grafías. (En algunos diccionarios aparecen sólo vein-
tiocho letras, ya que la *ch* se considera como consonante doble: *c* +
h, licencia que admite, también, la Real Academia.)

Para que pueda entenderse con facilidad el estudio de los fonemas, anotamos primero los signos (letras) tradicionales del alfabeto, y
luego los signos que representan los veinticuatro fonemas del español:

— Alfabeto: *a, b, c, ch, d , e, f, g, h, i, j, k, l, ll, m, n, ñ, o, p, q,
          r, s, t, u, v, w, x, y, z.*

— Sistema fonológico: /a, b, θ, ĉ, d, e, f, g, i, x, k, l, ḷ, m, n, ṇ,
          o, p, r, r̄, s, t, u, y/.

Como observamos, no todos los signos gráficos equivalen a signos fonológicos españoles. Así:

— La *h* no es más que un signo de escritura que no corresponde
   a ninguna unidad fonológica.

— La *w* no pertenece propiamente a la escritura española; sólo
   se conserva en extranjerismos procedentes del inglés o del
   alemán.

— La letra *x* no representa a ningún fonema, sino que equivale
   al grupo fonemático doble /ks/ o /gs/.

— La *v* no es más que una variante gráfica del fonema /b/

— La *qu* no es más que una de las variantes gráficas del fonema /k/

— La *z* no es más que una de las variantes gráficas del fonema /θ/

— El signo alfabético *r* puede referirse a dos unidades fonéticas diferenciadas: /r/ simple y /r̄/ doble.

— Los signos de los fonemas que se representan con las letras *ch*, *ll*, *ñ*, no se corresponden con las representaciones gráficas, sino que aparecen diferenciados: /ĉ/ (*ch*), /ļ/, (*ll*), /n̦/ (*ñ*).

— Los fonemas /θ/ y /x/ tienen signos propios, ya que pueden tener más de una representación gráfica: /θ/: *c*, *z*, /x/: *j*, *g*.

2.2.3. SUBSISTEMA VOCÁLICO Y SUBSISTEMA CONSONÁNTICO

El sistema fonológico español está formado por cinco vocales: /a, e, i, o, u/ y diecinueve consonantes: /b, θ, ĉ, d, f, g, x, k, l, ļ, m, n, n̦, p, r, r̄, s, t, y/.

La distinción entre fonemas vocálicos y consonánticos no es tan clara en un análisis científico como lo está en la conciencia de los hablantes. A continuación señalamos algunas diferencias fundamentales entre las vocales y consonantes, aunque el estudiante podrá completar las diferencias después de conocer otros rasgos y las clasificaciones que más atrás se anotan:

a) *La vocales*:

— Pueden formar sílabas por sí solas: *á-re-a.*

— Se pronuncian sin interrupción (al salir el aire, la cavidad bucal fonadora queda libre de obstáculos).

— En la emisión de las vocales actúan los músculos depresores de las cuerdas vocales.

— Las vocales son todas fonemas sonoros (las cuerdas vocales vibran).

b)   *Las consonantes*:

— No pueden formar sílabas por sí solas.

— Se pronuncian con interrupción.

— En la emisión de las consonantes actúan los músculos elevadores.

— Las consonantes pueden ser fonemas sonoros y sordos
(si no vibran las cuerdas vocales).

Las consonantes líquidas (lateral y vibrante): *l/r* tienen también
características de vocales; por ello, son las únicas consonantes agrupadas que aparecen en las palabras patrimoniales del español, lengua
fundamentalmente sonora; *prado, plato...*

2.2.4.   CLASIFICACIÓN DE LOS FONEMAS

Los rasgos fónicos que se tienen en cuenta para la clasificación
de los fonemas no son los mismos en todas las lenguas, ni tampoco
coinciden siempre en todos los manuales del español.

En nuestro estudio seguimos los tres criterios más elementales de
clasificación, que son, asimismo, los más utilizados en los análisis
fónicos:

a)   *Clasificación según el modo de articulación*: Por la manera que
tiene de salir el aire que sirve de medio conductor de la onda sonora.

b)   *Clasificación según el lugar de articulación*: Por el lugar de
la cavidad bucal donde se modulan los sonidos.

c)   *Clasificación según la acción de las cuerdas vocales*: Si las
cuerdas vocales vibran, los fonemas son sonoros: si no vibran, sordos.

2.2.4.1.   Clasificación por el modo de articulación

a)   *Vocales*: El aire sale sin interrupción, con mayor o menor
estrechez, por lo que se dividen en:

— cerradas: /i/, /u/
— medias: /e/, /o/
— abierta: /a/

b)   *Consonantes*: El aire sale con interrupción, aunque a veces el obstáculo sea una simple estrechez del canal de salida. Se dividen en:

— *Oclusivas*: En algún momento se obstruye la salida del aire, que luego sale, tras una separación repentina: /p/, /t/, /k/, /b/, /d/, /g/.

— *Fricativas*: En la salida del aire no se cierra totalmente el canal de salida, aunque puede estrecharse sensible-mente: /f/, /θ/, /x/, /s/, /y/.

— *Africadas*: Tiene dos momentos de realización: primero, uno oclusivo y luego, otro fricativo: /c̆/.

— *Laterales*: La zona central de la cavidad bucal queda obstruida y el aire sale por un lado de la boca o por los dos: /l/, /ḷ/.

— *Vibrantes:* El paso del aire se interrumpe momentánea-mente, y la lengua vibra una o varias veces: /r/, /r̄/.

— *Nasales*: El aire sale continuamente por la cavidad nasal, aunque su articulación oral sea oclusiva: /m/ /n/ /ṇ/.

2.2.4.2.   Clasificación por el lugar de articulación

a)   *Vocales*: Según donde se produce la articulación en la cavi-dad bucal pueden ser:

— anteriores: /e̲/ /i̲/,
— posteriores: /o̲/, /u̲/,
— central: /a̲/.

Anotamos a continuación el triángulo de Hellwag, que indica la distribución gráfica de los fonemas vocálicos según las dos clasifica-ciones que hemos expuesto por separado:

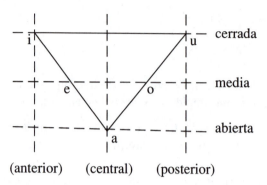

(anterior)   (central)   (posterior)

b) *Consonantes*: Según los órganos articulatorios que intervie-nen en la realización de los fonemas consonánticos, pueden ser:

— *Bilabiales*: Se articulan juntando los dos labios: /b/, /p/, /m/.

— *Labiodentales*: Los incisivos superiores se apoyan en el labio inferior: /f/.

— *Interdentales*: La lengua pasa por en medio de las dos filas de dientes: /θ/.

— *Dentales*: La lengua entra en contacto con la cara inter-na de los dientes superiores: /d/, /t/.

— *Alveolares*: La lengua toca los alvéolos dentarios: /n/, /l/, /r/, /r̄/, /s/.

— *Palatales*: La lengua se acerca al paladar: /ĉ/, /y/, /ḷ/, /ṇ/.

— *Velares*: La parte posterior de la lengua se acerca al velo del paladar: /k/, /g/. También se incluye entre las velares el fonema /x/, aunque generalmente su articulación es uvular (la lengua se aproxima a la úvula o campanilla), especialmente si está en contacto con las vocales *o*, *u*.

2.2.4.3. Clasificación por la acción de las cuerdas vocales

a) Vocales: Son todas sonoras (vibran las cuerdas vocales): /a/, /e/, /i/, /o/, /u/.

b) Consonantes: Pueden ser sordas y sonoras: .

— Sordas: /p/, /t/, /k/, /f/, /θ/, /x/, /s/, /ĉ/.

— Sonoras: /b/, /d/, /g/, /l/, /ḽ/, /r/, /r̄/, /m/, /n/, /ṇ/, /y/.

Considerando conjuntamente los tres criterios de clasificación que se han tenido en cuenta, podemos distribuir los fonemas (consonánticos) españoles según el gráfico que sigue:

	BILABIALES	LABIO-DENTALES	INTER-DENTALES	DENTALES	ALVEO-LARES	PALATALES	VELARES
	Sonoros | Sordos	Sonoros	Sonoros	Sonoros | Sordos	Sonoros | Sordos	Sonoros | Sordos	Sonoros | Sordos
Oclusivos	/b/ | /p/			/d/ | /t/			/g/ | /k/
Fricativos		/f/	/Ø/		/s/ | /y/		/x/
Africados						/ĉ/	
Laterales					/l/	/ḽ/	
Vibrantes					/r/ /r̄/		
Nasales	/m/				/n/	/ṇ/	

2.2.5. ARCHIFONEMAS

Los veinticuatro fonemas que componen el sistema fonológico del español actual adquieren el valor de unidades lingüísticas en cuanto que se oponen a los fonemas del sistema fonológico al que pertenecen. Así, diferenciamos las palabras *pero* y *beso* porque el fonema /p/ (bilabial, oclusivo, sordo) se opone al fonema /b/ (bilabial, oclusivo, sonoro). Lo mismo ocurre, por ejemplo, en: *mesa/ pesa, pesa/peca, pera/ para, pera/pura...*

Pero, a veces, esas oposiciones se neutralizan; ello ocurre cuando algunos fonemas pierden parte de sus características propias y llegan a confundirse con otros fonemas que han perdido, también, parte de sus características definitorias en la realización lingüística.

Este fenómeno de neutralización entre fonemas se denomina *archifonema*. Así, el fonema /b/ se opone a /p/ en *bata/pata* (/b/ es sonoro y /p/ es sordo), pero esa característica definitoria, cuando van colocados en posición final de sílaba, se pierde; por lo que *p/b* se neutralizan; las realizaciones de los fonemas *b/p* coinciden: *opta/objeto.*

También se produce la neutralización entre otros pares de fonemas cuando van en posición final de sílaba o de palabra: *m/n*: *canto, campo, r/r*: *cartón, t/d*: *atlas, adjunto...*

2.2.6. LA GRAFÍA DE LOS FONEMAS ESPAÑOLES

El español, a diferencia de otras lenguas modernas, como el inglés o al francés, por ejemplo, es una lengua en la que existe una notable correspondencia entre los fonemas y la forma de su representación gráfica: grafías o letras.

La mayoría de los fonemas castellanos tienen una sola representación gráfica en la escritura; pero la correspondencia no es total, y algunos de los fonemas españoles tienen más de una representación. Así:

— El fonema /*b*/ (bilabial, oclusivo, sonoro) se representa con dos grafías distintas: *b* y *v*: *beso, vaso*. No hay ninguna distinción entre lo que se escribe *b* y lo que se escribe *v*: son las dos representaciones gráficas del único fonema /*b*/, aunque cada vez sea más frecuente la pronunciación, inadmisible, de la *v* española como la francesa.

— El fonema /θ/ (interdental, fricativo, sordo) se representa con dos grafías distintas: *z*, ante *a, o, u*: *zapato, zorro, zueco*, y *c*, ante *e, i*: *cera, cielo*.

— El fonema /*k*/ (velar, oclusivo, sordo) se representa con tres grafías distintas: *c*, ante *a, o, u*: *casa, cosa, cuchara*, y *qu*, *k* ante *e, i*: *queso, quiero, kilogramo*.

— El fonema /*g*/ (velar, oclusivo, sonoro) se representa con dos grafías distintas: *g* ante *a, o, u*: *gato, gorro, gusano*, *gu*, ante *e, i,*: *guerra, guinda*.

— El fonema /*x*/ (velar-uvular, fricativo, sordo) se representa con dos grafías distintas: *j*, ante *a, e, i, o, u*: *jarra, jefe, jirafa, jota, jueves*, *g*, ante *e, i*: *general, gitano*.

— El fonema /$\bar{r}$/ (vibrante múltiple, alveolar, sonoro) se representa con dos grafías distintas: *rr*, cuando se encuentra en posición intervocálica en el interior de una palabra: *parra*; *r*, al comienzo de palabra: *razón*, y en medio de la palabra cuando va precedido de las consonantes *l, n, s*: *alrededor, honra, Israel*.

— El fonema vocálico /*i*/ (anterior, cerrado, sonoro) tiene dos representaciones gráficas, con la *i* latina y con la *y* griega: *caída, doy*. La y griega es también la grafía del fonema consonántico /*y*/ (palatal, fricativo/sonoro): *cayado*.

La grafía *y* representa al fonema vocálico /*i*/ cuando es conjunción copulativa: *Juan vino y se fue*; y cuando va al final de palabra precedida de vocal, y no va acentuada: *doy, estoy, voy...*

Correspondencia entre fonemas y grafías o letras

Correspondencia	Fonemas	Grafías	Ejemplos
NO FONEMA-GRAFÍA		h	haber
UN FONEMA= UNA ÚNICA GRAFÍA	/a/	a	antes
	/d/	d	dado, verdad
	/e/	e	ella
	/f/	f	fama
	/l/	l	loma
	/m/	m	mamá
	/n/	n	nulo
	/ɲ/	ñ	maña
	/o/	o	cosa
	/p/	p	papá
	/s/	s	salisteis
	/t/	t	total
	/u/	u	humo
UN FONEMA= VARIAS GRAFÍAS/ VARIOS FONEMAS= UNA GRAFÍA	/b/	b	barba
		v	ventana
	/θ/	c (+e,i)	cereza, cima
		z(+a,o,u)	zapato, zona, cazurro
	/k/	c (+a,o,u)	carraca, comer, cuna
		qu (+e,i)	querer, adquirir
		k	km, kg.
	/g/	g (+a,o,u)	gato, gota, agua
		gu (+e,i)	ceguera, guijarro
	/x/	g (+e,i)	gente, cogí
		j (+vocal)	jabón, Jerez, jirafa, jota, juerga
	/i/	i	mirar
		y	largo y ancho, jersey
	/y/		yegua
	/r/	r	cara
	/ɾ/	r	rama, Israel, Enrique, alrededor
		rr	carro
UN FONEMA-GRAFÍA DOBLE	/ʎ/	ll	llama
	/ĉ/	ch	chino
DOS FONEMAS-UNA GRAFÍA	/k/ - /s/	x	éxito

2.2.7. LA SÍLABA

Los sonidos del lenguaje se presentan unidos en la cadena habla-da, y no resulta fácil precisar dónde acaba un sonido y empieza otro, por lo que la segmentación no es siempre fiable.

Con todo, los hablantes reconocen gracias a su competencia lingüística una serie de unidades de pronunciación formadas por soni-dos agrupados: entre ellos, la palabra y la sílaba.

Del estudio de la palabra nos ocuparemos en el capítulo corres-pondiente al nivel léxico; de la definición, estructura y clasificación de la sílaba, nos ocupamos ahora.

La existencia de la sílaba como unidad superior al fonema queda fuera de toda duda, y así se constata en todos los estudios lingüísticos sobre el tema. Sin embargo, a la hora de precisar científicamente la definición y naturaleza de la sílaba, los estudiosos no se ponen de acuerdo, y no es fácil encontrar en los trabajos de investigación foné-tica puntos de vista coincidentes al respecto.

De entre las muchas definiciones de sílaba que existen, recoge-mos la de A. Alonso y H. Ureña [1]: «Es la menor unidad de impulso (espiratorio y muscular) en que se divide el habla real.»

Aun así, la precisión terminológica no siempre resulta fácil, por-que la naturaleza y composición de las sílabas no es uniforme, sino múltiple y compleja, y debemos recurrir, como apuntábamos arriba, al hecho de que son unidades de lengua reconocidas en la competen-cia lingüística de los hablantes; y es que, incluso, los individuos sin conocimientos lingüísticos específicos reconocen estas unidades y han aprendido a silabear las palabras: *ca-sa, hués-ped...*

En la estructura de la sílaba podemos diferenciar dos tipos de elementos: el núcleo y los márgenes anterior y posterior.

• *El núcleo silábico*, llamado también *centro silábico o cima*, está integrado por uno o más sonidos vocálicos, y es un elemento constitutivo de la sílaba: siempre tiene que aparecer: *cien* (núcleo: *ie*).

---

[1] A. Alonso y P. Henríquez Ureña (1971), *Gramática Castellana*, Losada, Bue-nos Aires.

Si el núcleo está integrado por un solo sonido, se denomina núcleo simple: *ca-sa*; si está integrado por varios, núcleo complejo o compuesto: *cien, pies.*

• *Los márgenes silábicos* son facultativos, puede haber sílabas sin margen: *a-re-nal.* Por el lugar que ocupan, los márgenes pueden ser: *anterior* y *posterior.*

El margen silábico anterior, también denominado *ataque o parte explosiva*, es el elemento que va colocado delante del núcleo. Puede ser simple (formado por una sola consonante): *ca-sa* o compuesto (formado por más de una consonante): *fre-sa*, o puede no existir: *al-ma.*

Los mismo sucede con respecto *al margen posterior*, llamado, también, *coda silábica o parte implosiva.* Puede ser simple: *in-dio*, complejo: *trans-por-te,* o puede no existir: *ca-lle.*

El tipo de sílaba que predomina en español es el formado por consonante más vocal: *cv: ca-ra*, pero pueden darse otras agrupaciones: *cvc: por-tal, ccv: pla-za, v: a-gua...*

Podemos distinguir dos tipos de sílabas según los elementos que las formen: sílaba abierta y sílaba cerrada.

— *Las sílabas abiertas o libres* son las que no presentan margen silábico posterior (acaban en vocal), y son las más frecuentes en nuestra lengua: *ca-be-za.*

— *La sílabas cerradas o trabadas* son las que presentan margen silábico posterior (acaban en consonante): *can-tor.*

En español predominan las palabras bisílabas sobre las trisílabas y monosílabas; pero esta tendencia se invierte cuando se trata de palabras de nueva creación o de préstamos de otras lenguas, que son, como regla general, de tres o cuatro sílabas.

2.2.7.1. **Diptongo, triptongo, hiato**

Como ya hemos anotado, en español no podemos formar ninguna sílaba que no tenga, por lo menos, una vocal: *a-e-ro-pla-no.*
Según sea la distribución silábica de las vocales podemos encon-

trar agrupaciones vocálicas tautosilábicas (cuando pertenecen a una sola sílaba): *diptongos* y *triptongos*, o agrupaciones heterosilábicas (cuando forman parte de dos sílabas diferentes): *hiato*.

a) *Diptongo:* Es el grupo vocálico formado por dos vocales que pertenecen a una misma sílaba: *cien-cia, bai-láis.*

Sólo puede constituirse diptongo si una de las vocales es cerrada, o si lo son las dos: *cie-lo, cuer-da, viu-do...*

Así, los diptongos pueden estar formados por dos vocales cerradas: *iu/ui: cui-da-do, ciu-dad,* o por una vocal cerrada y una vocal media o abierta, en cuyo caso podemos distinguir dos tipos de diptongos: crecientes y decrecientes.

— *Los diptongos crecientes* están formados por vocal cerrada más vocal abierta o media: *ia, ie, io, ua, ue, uo: via-je, vie-jo, es-tu-dio, cua-tro, cuen-to, e-va-cuó.*

— *Los diptongos decrecientes* están formados por vocal abierta o media más vocal cerrada: *ai, ei, oi, au, eu, ou: bai-le, pei-ne, sois, au-to-mó-vil, pau-sa, deu-da, bou.*

b) *Triptongo*: Es el grupo vocálico formado por la asociación de tres vocales que pertenecen a una misma sílaba.

El triptongo siempre está constituido por una vocal no cerrada entre dos vocales cerradas: *iai, iei, uai, uei...: lim-piáis, san-ti-guáis, a-ver-ri-güéis...*

c) *Hiato*: Es el grupo asilábico formado por dos vocales que no están separadas por un sonido consonántico: *co-á-gu-lo.*

Así, todas las vocales que van juntas y pertenecen a sílabas distintas forman hiato: *dí-a, son-re-ír, re-u-nir, ba-úl, flú-or, bú-ho, o-í-do, ca-í-da...*

2.2.7.2. La división silábica

Las sílabas son agrupaciones de fonemas que obedecen a determinadas reglas, que suelen ser diferentes según los idiomas.

La lengua española agrupa los sonidos por sílabas con arreglo a una serie de reglas básicas:

a)   Una consonante entre dos vocales siempre forma sílaba con la vocal que la sigue: *a-re-na, ta-za.*

b)   Los grupos *pr, br, tr, dr, cr, gr, pl, bl, cl, gl* y *fl* forman sílaba con la vocal que les sigue: *flor, ca-bra, a-cla-mar, ha-bla, glo-tón, a-gra-vio, po-dremos...*

c)   En cualquier otra combinación de dos consonantes, la primera forma sílaba con la vocal anterior, y la segunda con la vocal siguiente. Si hay tres, las dos primeras forman parte de la sílaba anterior, y la tercera, de la sílaba siguiente, excepto si las dos últimas constituyen uno de los grupos mencionados en el apartado *b*), en cuyo caso se unen a la vocal siguiente: *res-pi-rar, in-mue-ble, con-na-tu-ral, cons-pi-rar, pers-pi-caz, obs-tá-cu-lo, em-pla-zar, es-cla-vo, obs-truc-ción...*

d)   Dos o más vocales contiguas pueden formar o no sílaba según que exista diptongo, triptongo o hiato: *mue-ble, dien-te, a-ve-ri-guéis, ra-íz, co-á-gu-lo.*

Con todo, la fijación de los límites silábicos no siempre es exacta y presenta algunos problemas. Así, por ejemplo, es frecuente la tendencia de los hablantes cultos, especialmente en la pronunciación enfática, a marcar y separar por influencia de la etimología los prefijos que conservan su significado original: *sub-ra-yar, des-ar-ti-cu-lar, in-o-pe-ran-te...*, aunque van en contra de las reglas de delimitación silábica anotadas. Sin embargo, en la pronunciación más relajada, se prescinde de consideraciones etimológicas y se respetan las normas establecidas.

2.2.8.   LA ORTOGRAFÍA

La Ortografía se encarga del estudio de las formas de representación por medio de letras que corresponden a las unidades fónicas de la lengua.

El español, como ya hemos anotado más arriba, es una lengua esencialmente fonética, ya que se da una notable correspondencia entre los fonemas y la forma de representación gráfica: la mayoría de los fonemas españoles tienen una sola representación gráfica en la escritura. Pero, con todo, la correspondencia no es total, y ello hace que sean necesarias una serie de reglas que regulen las formas de representación gráfica: *las reglas ortográficas.*

La tradición de la lengua escrita ha establecido para cada una de las palabras del idioma una forma gráfica considerada correcta y excluye como incorrectas todas las demás formas posibles.

Así, podemos decir que las reglas ortográficas responden al más elemental principio de convención social, y que han sido formuladas, como todas las reglas *a posteriori*, tras la observación de los hechos lingüísticos.

Aun así, la mayoría de los hablantes echan en falta en el conjunto de reglas ortográficas esa tendencia a la simplicidad que se manifiesta siempre en cualquier hecho que surge de una convención social; y han sido algunos gramáticos, incluso, los primeros que han criticado las indecisiones que presenta la Ortografía española, y la existencia de «letras superfluas», que no representan ningún fonema o son variantes gráficas innecesarias de un mismo fonema en español, por lo que, así, las reglas ortográficas dificultan de forma notable el ejercicio de la escritura y, sobre todo, su aprendizaje.

Esta existencia de ambigüedades e indecisiones en nuestra Ortografía es un hecho constatado; veamos algunos ejemplos:

— El uso de la <u>h</u> muda, que subsiste en la escritura a pesar de que sólo tiene valor etimológico, y no representa aislada ningún fonema: *harina, había.*

— El uso de más de un signo para el mismo fonema:

- <u>g</u> y <u>j</u> para el fonema /x/: *general, jirafa*
- <u>g̅u̅</u> y <u>g̅</u> para el fonema /g/: *gato, guerra*
- <u>c̅,</u> <u>k̅,</u> y <u>q̅u̅</u> para el fonema /k/: *folklore, eclosión, queso*
- <u>b</u> y <u>v̅</u> para el fonema /b/: *beso, veo*
- Etcétera.

Sin duda, la corrección de estas «imperfecciones» que presenta la Ortografía sería provechosa, y los hablantes podríamos disfrutar del uso y aplicación de unas reglas ortográficas más cómodas. Pero todo ello no ha de suponer, en modo alguno, menosprecio o desinterés en la valoración y aplicación de nuestra Ortografía, que, por otra parte, ha establecido unas reglas ortográficas que presentan mayor simplicidad y correspondencia fonética que las de otras muchas lenguas modernas.

Además, las Academias de la Lengua han dedicado y dedican gran parte de su atención y esfuerzo a esta tarea de simplificación ortográfica. Así, no en vano, la Real Academia Española ha ido estableciendo numerosas reformas, cuidadosamente medidas, desde la publicación del primer volumen del *Diccionario de Autoridades* (1726) hasta la aparición de la *Ortografía de 1969*, y ha logrado establecer un sistema más sencillo y adecuado.

Por otra parte, la constatación de imperfecciones ortográficas no implica siempre la aceptación por parte de los hablantes de los cambios necesarios para corregirlas. Así, por ejemplo, la Real Academia ha ido introduciendo entre nuestras reglas algunas posibilidades de uso más adecuadas a la fonética actual del español, y no siempre han sido aceptadas por los hablantes. Por ejemplo: se admite la reducción de los grupos consonánticos *bs, ns, ps, pt*, etc., que no se pronuncian, a no ser en una lectura especialmente forzada: *oscuro, costruir, sicología, setiembre...* (junto a *obscuro, construir, psicología, septiembre*); pero, sin embargo, el uso de estas formas con las consonantes agrupadas, sigue siendo todavía muy frecuente: *septiembre, pneumotórax, mnemotécnia...*

Asimismo, podemos poner como ejemplo el fracaso de nuestra Academia en su intento, no muy revolucionario, por otra parte, de imponer las grafías *Jibraltar* y *Aljeciras*, que casi nunca aparecen en la escritura.

Ello se debe al hecho de que toda reforma es, naturalmente, una manifestación cultural; y no todas las manifestaciones culturales novedosas son aceptadas por la sociedad en que se desarrollan, y, mucho menos, si la reforma es lingüística, materia en la que el gran público es sumamente conservador.

Esto ocurre, quizá, porque las palabras acuden a nuestra mente como imágenes visuales, que quedarían trastornadas si se introduce una reforma ortográfica profunda. Además, no escapa a los hablantes el hecho de que es prácticamente imposible establecer una ortografía fonética en términos absolutos: si cada uno escribiese según su propia pronunciación, llevaríamos la lengua escrita a una situación caótica, y ello, además, aceleraría la multiplicidad de diferencias fonéticas que presentan entre sí las diversas regiones de los países que hablan español, y haría que cada región, y aun cada ciudad y cada grupo social, tuviera sus sistema gráfico propio, acarreando inevitablemente la rápida fragmentación del idioma en muchos dialectos, o su desaparición.

No anotamos las reglas ortográficas porque creemos, en primer lugar, que su utilidad es relativa, y, además, porque los estudiosos pueden encontrarlas en numerosos trabajos específicos, que ya han sido publicados.

Con todo, concluimos este apartado reconociendo que para los hablantes el conocimiento y el uso de una escritura correcta son necesarios, ante todo, como una base física material y estable que le represente la forma de las palabras de su lengua, y, también, porque la *Ortografía* es un rasgo de cultura, y porque la convivencia social exige, entre otras muchas disposiciones, esta uniformidad en la escritura de las lenguas, que son patrimonios culturales esenciales.

2.3. NIVEL PROSODEMÁTICO: EL ACENTO Y LA ENTONACIÓN

En el nivel prosodemático se estudian los rasgos suprasegmentales: *el acento* y *la entonación*.

Estas unidades lingüísticas están en dependencia con los elementos segmentales: fonemas y sonidos, por lo que no pueden aparecer aislados, sino que se superponen a los anteriores (por ello, *suprasegmentos*).

2.3.1. EL ACENTO. REGLAS DE ACENTUACIÓN

El acento es el elemento articulatorio mediante el cual se destaca en el seno de cada palabra una sílaba que se pronuncia con mayor intensidad.

El acento español es un acento de intensidad: la sílaba acentuada se realiza con mayor esfuerzo espiratorio: *árbol, camión, lámpara.*

En nuestra exposición, y por criterios fundamentalmente pedagógicos, distinguimos tres clases de acentos: *acento prosódico, acento gráfico* (o *tilde*) y *acento diacrítico* (*o distinguidor*).

a) *Acento prosódico*: Es el acento de pronunciación: la mayor intensidad de voz con que se pronuncia una de las sílabas de la palabra. Así, *pared, camión, raíz, casa, árbol, lámpara...* tienen acento prosódico (aunque no todas lleven acento gráfico) que recae en la sílaba que se pronuncia con más intensidad.

La mayor parte de las palabras españolas son acentuadas, tienen acento prosódico; sólo un número reducido de palabras son inacentuadas[1].

El acento prosódico tiene valor distintivo: por el acento podemos distinguir el valor significativo de algunas palabras que tienen una forma de expresión parecida: *célebre, celebre, celebré/canto, cantó...*

Por el lugar que ocupa la sílaba acentuada, las palabras se clasifican en: agudas, llanas, esdrújulas y sobreesdrújulas:

— *Las palabras agudas* son aquellas en las que recae el acento prosódico en la última sílaba: *pared, cartón, reloj, sol, luz, café, papel, país...*

— *Las palabras llanas o graves* llevan el acento prosódico en la penúltima sílaba: *literatura, casa, mesa, árbol, cárcel...*

— *Las palabras esdrújulas* llevan el acento prosódico en la antepenúltima sílaba: *sílaba, lámpara, médico, díselo, término, léxico...*

— *Las palabras sobreesdrújulas* son las que llevan el acento prosódico antes de la antepenúltima sílaba. Son muy pocas las palabras sobreesdrújulas, y sólo existen en español por la adición de pronombres enclíticos: *dígaselo, entendiéndoselo, castíguesemele...*

En español, lengua en que predomina la acentuación llana, la mayor parte de las palabras llevan acento en la penúltima sílaba.

---

[1] Véase *Clasificación de la palabra* (apartado 6.3.4).

Se utilizan también los términos técnicos de origen griego: *oxítona, paroxítona* y *proparoxítona*, en lugar de los ya tradicionales: palabra aguda, llana y esdrújula. Pero, a pesar de su uso reiterado en los manuales de Gramática, creemos que estos términos no se ajustan a las características propias del acento español, que es un acento de intensidad, no de tono, como lo es en griego.

b) *Acento ortográfico o tilde* (´): Es el acento que aparece en la lengua escrita, y sólo aparece en algunas palabras en español: *árbol, lámpara, café*, llevan acento gráfico, pero no lo llevan *reloj, tapiz...*

El acento ortográfico es una representación gráfica del acento prosódico, que lo escribimos en las palabras esdrújulas y sobreesdrújulas, y sólo en algunas palabras agudas y llanas.

El sistema español de acentuación gráfica es práctico (nos permite leer sin vacilaciones acentuales) y sencillo (se ajusta a una serie de reglas de acentuación elementales).

Sin embargo, es frecuente por desidia y abandono, más que por desconocimiento de las reglas de acentuación, encontrar formas escritas con acentuaciones incorrectas, incluso, entre estudiantes y hablantes cultos.

Anotamos, para su reconocimiento y aplicación, las reglas de acentuación, aunque sea de forma elemental:

1ª regla: reglas generales: Se acentúan gráficamente:

a) Las palabras agudas cuando acaban en vocal y en consonante -*n* o -*s*; así, llevan acento gráfico: *sofá, café, país, camión...*, pero no lo llevan: *pared, reloj, papel.*

b) Las palabras llanas que no acaban en vocal ni en consonante que sea -*n* o -*s*; así, llevan acento gráfico: *cárcel, árbol, carácter, césped, azúcar, alcázar...*, pero no lo llevan: *casa, mesas, cantan.*

c) Todas las palabras esdrújulas y sobreesdrújulas se escriben, sin excepción, con acento gráfico: *música, héroe, trabajábamos, apóstoles, díganselo...*

2ª regla: acentuación de las palabras con diptongo o triptongo.

En principio, siguen las reglas generales de acentuación: *santi-güéis, huésped, tenéis, cuerda, hayáis, cuenta, cuéntalo, núcleo*..., y como el núcleo de la sílaba acentuada está formado por dos o más vocales, el acento ortográfico se coloca siempre sobre la vocal más abierta: *tenéis, seáis, camión, después.*

Si el diptongo lo forman dos vocales cerradas, el acento ortográfico se escribe sobre la última vocal: *benjuí, cuídate, casuística.*

3ª regla: acentuación de las palabras con vocales en hiato:

Siguen, en principio, las reglas generales de acentuación: *coágulo, huí, Páez, país, poeta, saeta...* pero, además, siguen unas reglas específicas:

a) Si el hiato está formado, además de por una vocal abierta o media (*a, e, o*), por una vocal cerrada (*i, u*) y éstas son acentuadas (recae sobre ellas el acento prosódico), se acentúan gráficamente, aunque no corresponda según las reglas generales: *púa, baúl, raíz, sonreír, capicúa, acentúa, día, había, podía, búho, prohíbe, rehúso...*

b) Si el hiato está formado por la combinación de las dos vocales cerradas: *u, i,* excepcionalmente, no llevan acento ortográfico, aunque una de las dos vocales lleve el acento prosódico, a no ser que les corresponda llevarlo según las reglas generales: *huí, fluí*; así, no se acentúan: *jesuita, huido, construido, fluido, huir, construir, concluir, retribuir...*

4ª regla: las palabras monosílabas no llevan acento gráfico.

En este tipo de palabras, el acento pierde su valor distintivo al no ser preciso señalar en cuál de las sílabas es más intensa la articulación.

Esta regla corresponde a uno de los ejemplos de reforma ortográfica llevados a cabo por la Real Academia a principios del siglo XX. Por ello, no es raro encontrar monosílabos con acento gráfico en textos escritos antes del siglo XX.

Según esta regla, se escriben sin acento palabras monosílabas como: *pan, vas, fe, pie, fue, vio, dio, fui, can, son...*

Sin embargo, hay una serie de palabras monosílabas que llevan otro tipo de acento: *el acento diacrítico o distinguidor*, que se expresa con el mismo signo gráfico (´), pero que responde a razones lingüísticas distintas, que quedan anotadas más abajo, en el apartado del acento diacrítico.

5ª regla: acentuación de las palabras compuestas:

Las palabras compuestas sólo llevan acento en el segundo elemento, si le corresponde llevarlo según las reglas generales. El primer elemento no lleva acento gráfico, y lo pierde al formar parte de la palabra compuesta, si lo llevaba por separado, como palabra simple; así, por ejemplo, decimos *décimo, séptimo, así...*, pero en las formas compuestas sólo lleva acento ortográfico, si le corresponde llevarlo, el segundo elemento: *decimoséptimo, asimismo, teoricopráctico, sabelotodo...* Si los elementos que forman la palabra compuesta se escriben con un guión intermedio, cada uno de los elementos lleva el acento ortográfico que, como palabra simple, le pueda corresponder: *teórico-práctico, cántabro-astur, histórico-crítico...*

6ª regla: acentuación de los adverbios terminados en -mente:

Los adverbios en -*mente*, como formas compuestas (adjetivo+sustantivo) que son, se exceptúan de la regla anterior.

Llevan acento ortográfico en el elemento que está representado por el adjetivo, si éste por separado lo llevaba: *fácilmente, buenamente, cortésmente, ciertamente, ágilmente, solamente, últimamente...*

Además de las reglas ya anotadas, señalamos algunas peculiaridades:

— Los verbos que llevan pronombres enclíticos, suelen conservar el acento, si antes lo tenían: *escuchóle, llevóme...*

— Llevan, también, acento las formas verbales con pronombres enclíticos agrupados, si el conjunto resulta una palabra esdrújula o sobreesdrújula: *búscalo, habiéndosenos, déjele...*

— En las palabras extranjeras, la colocación del acento ortográfico presenta, por lo general, vacilaciones. Si las palabras extranjeras están ya incorporadas a nuestra lengua, y están adaptadas a la fonética española, siguen las reglas generales de acentuación: *fútbol, restaurante*...; pero si, por el contrario, son extranjerismos, se escriben, en general, sin ponerles ningún acento que no tengan en el idioma al que pertenecen: *Newton, Valèry, Müller*; a no ser que sean palabras procedentes del latín, que se acentúan con arreglo a las normas prescritas para las palabras españolas: *accésit, memorándum, exequátor*...

c) *Acento diacrítico o distinguidor:* Es el acento que llevan algunas palabras, fundamentalmente, monosílabas, al margen de las reglas habituales de acentuación, para diferenciarlas de otras de igual forma, que tienen distinto significado o función gramatical.

Así, llevan acento diacrítico, aunque no les corresponda llevar acento ortográfico según las reglas, las palabras que pueden desempeñar diferentes funciones.

Anotamos los casos más frecuentes:

a) Palabras monosílabas con/sin acento diacrítico:

tú (pronombre personal),   *tu* (determinante posesivo).
mí (pronombre personal),   *mi* (determinante posesivo).
él (pronombre personal),   *el* (artículo).
dé (forma verbal),   *de* (preposición).
más (adverbio),   *mas* (conjunción).
sé (forma verbal),   *se* (forma pronominal).
sí (pro. pers. y adv.),   *si* (conjunción).
té (sustantivo),   *te* (pronombre personal).

b) Palabras bisílabas con/sin acento diacrítico:

sólo (adverbio), *solo* (adjetivo)
cuándo, dónde, cómo (part. interrogativas/ *cuando, donde, como* (adverbios o nexos).

éste, ése, aquél (pron. demostrativos), *este, ese, aquel...*
(determinantes demostrativos), aunque la Real Academia considera lícito escribir los pronombres demostrativos sin acento diacrítico, cuando no existe riesgo
de anfibología.

2.3.1.1. Acentuaciones viciosas y dobles acentuaciones

En el uso lingüístico se utilizan muchas palabras con acentuaciones falsas, equivocadas o erróneas.

Esto se debe, en la mayoría de los casos, a que son usadas por hablantes de cultura vacilante o deficiente, y, en otras ocasiones, a que son utilizadas de forma descuidada, y a que muchos hablantes, incluso cultos, no
se preocupan de la acentuación en sus expresiones. Además, existen otras
falsas acentuaciones, o acentuaciones viciosas, que se han originado por
semejanzas lingüísticas con otras formas parecidas, pero con distinta
acentuación: se dice *táctil, fútil...*, pero se dice *sutil* y no *sútil*.

Como son muchos los ejemplos de acentuaciones falsas y viciosas, y muchas, también, las causas que las motivan: desconocimiento, desinterés, descuido, confusión..., su estudio exige una exposición
amplia y detallada, que no se corresponde con las exigencias de este
libro. Por ello, sólo anotamos, para que sirvan de ejemplo, algunas
acentuaciones viciosas y las formas acentuadas correctas:

Se dice:

erudito	*no erúdito*	*intervalo*	*no intervalo*
consola	*no cónsola*	*omoplato*	*no omóplato*
mampara	*no mámpara*	*diploma*	*no díploma*
diatriba	*no diátriba*	*cuadrumano*	*no cuadrúmano*
papiro	*no pápiro*	*decano*	*no décano*
sincero	*no síncero*	*kilogramo*	*no kilógramo*
telegrama	*no telégrama*	*pentagrama*	*no pentágrama*
hipogrifo	*no hipógrifo*	*tifoidea*	*no tifóidea*
epigrama	*no epígrama*	*peritoneo*	*no peritóneo*
policromo	*no polícromo*	*paralelogramo*	*no paralelógramo*

maestro	no máestro	baúl	no bául
país	no páis	faena	no fáena
raíz	no ráiz	retahíla	no retáhila
aguja	no águja	Valparaíso	no Valparáiso
maíz	no máiz	vizcaíno	no vizcáino
caída	no cáida	reímos	no réimos
ahora	no áhora	leía	no léia
caer	no cáer	veía	no véia
caído	no cáido	traía	no tráia
leído	no léido	freír	no fréir
creído	no créido	desahucia	no desáhucia
distraído	no distráido	Eloísa	no Elóisa
huía	no húia	saúco	no sáuco
colega	no cólega	Catulo	no Cátulo
cofrade	no cófrade	Tibulo	no Tíbulo
mendigo	no méndigo	rapsoda o rapsodo	no rápsoda
auriga	no áuriga	opimo	no ópimo
cuadriga	no cuádriga	zafiro	no záfiro
expedito	no expédito	poliglota	no políglota
perito	no périto	clorofila	no clorófila

Se dice:

lámpara	pero *mampara*
cómoda	pero *consola*
cuadrúpedo	pero *cuadrumano*
diálogo, diácono	pero *diatriba*
párvulo, rótulo, título	pero *Tibulo, Catulo, Luculo*
sábana (ropa de cama)	pero *sabana (llanura)*
kilómetro	pero *kilogramo*
telégrafo	pero *telegrama*
hipócrita, hipódromo	pero *hipogrifo*
óptimo	pero *opimo*
céfiro	pero *zafiro*
código, pródigo, pértiga	pero *auriga, cuadriga, colega mendigo*
sátiro	pero *vampiro, papiro*

cándido, rápido, sórdido	pero *bandido*
carácter	pero *caracteres*
domínico (señorial)	pero *dominico (fraile)*
explícito, solícito	pero *expedito, erudito, perito*
epíteto, epítome	pero *epigrama*

Por otra parte, hay ciertas palabras que generalmente se han utilizado en la lengua hablada y escrita con doble acentuación, por lo que la Real Academia admite las dos formas. Ello ocurre, por ejemplo, con:

parásito y *parasito*
fárrago y *farrago*
cónclave y *conclave*
período y *periodo*
pelícano y *pelicano*
utopía y *utopia*
pábilo y *pabilo*
cíclope y *ciclope*
dínamo y *dinamo*…, etc.

Con todo, aunque las dos formas de acentuación son correctas, en el uso actual, siempre es una de las dos formas de acentuación la preferida: *parásito, fárrago, pelícano, utopía, pabilo, cíclope, dinamo…*

2.3.2. LA ENTONACIÓN

La entonación es la línea melódica con que pronunciamos las unidades de un mensaje:

Juan ha venido.

La unidad de entonación es el *tono*, que es la altura musical de cada uno de los sonidos que emitimos.

Aunque los sonidos de la lengua no tienen la precisión y fijeza de los tonos musicales, podemos anotar, como criterios orientadores y pedagógicos, más que científicos, que los distintos sonidos de la lengua presentan una graduación melódica semejante a la que se da en la escala musical.

Así, entre los sonidos agudos y graves se da una amplitud melódica semejante a la que hay entre el *do* agudo y el *do* grave de la escala musical.

Pero, con todo, el análisis de los sonidos de la lengua, y la fijación de los tonos con que pronunciamos las sílabas y palabras sucesivas que forman las unidades significativas que denominamos frases u oraciones, son de difícil sistematización.

Los tonos son inseguros, fluctuantes, y cambiantes. Cada hablante tiene su propio tono: la pronunciación es un ejercicio individual y particular; incluso, las características de pronunciación de cada individuo son cambiantes: varían según el estado de ánimo, hábitos de pronunciación, etcétera.

El oído de las gentes es muy sensible a estas características tonales; con facilidad, identificamos a las personas que están hablando, y llegamos a formular juicios de valor y apreciaciones de identificación personal, según las características de las pronunciaciones que escuchamos.

También es posible identificar rasgos supraindividuales; la entonación tiene en cada región, a veces en cada localidad, cierta fisonomía propia. Se dan hábitos de pronunciación peculiares, que suelen llamarse *acento* o *tonada*; así, distinguimos un *acento castellano*, un *acento porteño*, un *acento andaluz*, un *acento cordobés*..., que nos permite, generalmente, localizar la procedencia de las personas.

El conjunto de tonos que forman la línea melódica o entonación, adquiere valores lingüísticos significativos. Por ello, la entonación es una de las principales características lingüísticas de la oración: hace posible que la serie de palabras que forman la oración adquieran valor como unidad de sentido expresivo.

Además, la entonación tiene *valor distintivo*: el valor significativo de una expresión oracional varía según la línea de entonación con que la pronunciamos. Así, son significativamente distintas las oraciones:

Ha venido Juan (afirmativa)
*¿Ha venido Juan? (*interrogativa)
*¡Ha venido Juan! (*exclamativa)

Además de esta función significativa, la entonación adquiere en el uso lingüístico valores expresivos distintos; de esta forma, sirve de vehículo de expresión de los sentimientos que acompañan a la enunciación de un significado, de tal manera que matices tan modificadores del sentido como la ira, la ironía, la duda, la sorpresa, etc., quedarían fuera de la percepción del oyente, si la frase careciese de entonación.

Para completar el análisis de la entonación, anotamos por separado el estudio de las «unidades menores» de entonación: *grupo fónico, pausas* y *tonema,* y sus valores expresivos.

2.3.2.1. El grupo fónico

Es el trozo de discurso que pronunciamos entre dos pausas:

/Juan ha venido/, /pero se ha ido ya/.

La extensión del grupo fónico es variable; puede haber grupos fónicos de una sílaba: */sí/, /ha venido Juan/,* y grupos fónicos de veinte sílabas, que es el fragmento de cadena fónica que se considera como límite máximo en una pronunciación normal, que no sea forzada.

Cada lengua tiene características particulares y propias de entonación, y presenta hábitos de pronunciación diferenciados. Mientras que en el francés o el italiano los grupos fónicos más usados son los de nueve y once sílabas, respectivamente, en español, el *grupo fónico medio* es el de ocho sílabas. Por ello, el octosílabo es el verso más importante y el más antiguo de la poesía española; y es, además, el verso por excelencia de nuestra poesía popular, de nuestros romances e, incluso, de nuestro teatro clásico.

Asimismo, es frecuente que el grupo fónico que forman el nombre y los apellidos castellanos sea de ocho sílabas: *Pilar García Fernández, Teresa Benito Mozas.*

2.3.2.2. Las pausas

Son las interrupciones que hacemos, cuando hablamos o leemos, al final de la emisión de cada grupo fónico. Las pausas están motivadas por:

— *Razones fisiológicas*: Necesitamos respirar y recuperar el aire para la fonación (no hay voz sin aire).

— *Razones lingüísticas*: Las pausas son unidades significativas, ya que marcan el final de una expresión con significación.

Podemos distinguir cuatro tipos de pausas lingüísticas:

• *Pausa final o pausa absoluta*: Es la que hacemos después de un enunciado con significado completo; se señala en la escritura con el punto (punto y aparte, punto seguido) y punto y coma:

Juan ha llegado hoy a Madrid.

• *Pausa enumerativa*: Se hace en la enumeración de elementos; se señala en la escritura con la coma:

En clase hay mesas, libros, cuadernos…

• *Pausa explicativa*: Se hace cuando introducimos una explicación; se señala en la escritura con coma, paréntesis, raya o guión:

Mi hermano, el pequeño, es futbolista.

• *Pausa potencial*: La hace libremente el hablante cuando quiere destacar alguno de los elementos del enunciado expresado; no se señala, generalmente, en la escritura. Así, podemos observar la existencia o no de pausas potenciales en los enunciados que siguen:

/Mañana a las diez examen de matemáticas/.
/Mañana /a las diez/ examen de matemáticas/.

/Mañana a las diez/ examen de matemáticas/.
/Os ruego a todos atención/.
/Os ruego/ a todos/atención/.
/Os ruego a todos/ atención/.

2.3.2.3. El tonema

Se entiende por tonema la altura musical correspondiente al final de cada uno de los grupos fónicos en que se divide el discurso. El tonema es la parte más significativa de la entonación; es, en realidad, lo distintivo de la entonación; y se da, normalmente, a partir de la última sílaba acentuada.

Así, en las oraciones que siguen, el valor significativo diferente viene marcado, fundamentalmente, por la última parte de la línea de entonación; o sea, por los tonemas, que se realizan de forma diferente:

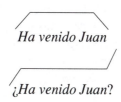

Ha venido Juan

¿Ha venido Juan?

En general, podemos distinguir tres tipos de tonemas en español (aunque sabemos que el estudio de las variedades suprasegmentales es mucho más complejo y de difícil sistematización): *descendente, horizontal* y *ascendente.*

a) El tonema descendente presenta dos formas de realización: en *cadencia* y *semicadencia*:

— El *tonema descendente de cadencia* se realiza cuando al final de la línea melódica se produce un descenso rápido. Se da, fundamentalmente, en las frases u oraciones enunciativas: *Juan ha venido.*

— El *tonema descendente de semicadencia* se realiza cuando al final de la línea melódica se produce un descenso suave. Se da, fundamentalmente, en las frases u oraciones dubitativas: *quizá venga Juan.*

b)   El tonema horizontal sólo tiene una forma de realización: en *suspensión.*

Se da en las frases u oraciones entrecortadas e inacabadas: *dos y dos...; año de nieves...*

c)   El tonema ascendente presenta dos formas de realización: en *anticadencia* y *antisemicadencia:*

— El *tonema ascendente de anticadencia* se realiza cuando al final de la línea melódica se produce una subida rápida. Se da, fundamentalmente, en las oraciones interrogativas absolutas: *¿ha venido Juan?*

— El *tonema ascendente de antisemicadencia* se realiza cuando al final de la línea melódica se produce una subida suave. Se da, fundamentalmente, en las frases u oraciones interrogativas parciales, o entre las oraciones que indican oposición o contraste: *¿quién ha venido?*; *unos ríen, otros lloran.*

2.3.2.4.   Valores expresivos de la entonación

Aunque la entonación, como elemento lingüístico que es, nos permite determinar y caracterizar los distintos tipos de textos y de unidades lingüísticas que se dan en la comunicación: textos enunciativos, interrogativos, exclamativos.../ modalidades oracionales/ matices significativos de ironía, ira, enfado, etc., aquí anotamos sólo, a modo de resumen, tres funciones fundamentales de la entonación:

a)   *Función distintiva*: La entonación nos permite distinguir el significado oracional: *viene/ ¿viene?/ ¡viene!*

b) *Función integradora*: La entonación integra las palabras que forman la oración en una unidad significativa: *la casa tiene ventanas* (no leemos las palabras por separado, sino en un mismo todo enunciativo).

c) *Función delimitadora*: Aunque la línea de entonación forma una curva melódica continua (función integradora), podemos, además, agrupar las palabras en unidades oracionales menores de significación o de relación sintáctica: [*La casa de Juan*] [*tiene*] [*balcones grandes*].

A veces, la función delimitadora, según las unidades o segmentos que se creen, puede tener, además valor distintivo:

Oro parece plata no es/ oro parece plátano es.

Por lo que es uno de los recursos más usados en las adivinanzas y en otras expresiones lúdicas.

2.3.3. LOS SIGNOS DE PUNTUACIÓN

Los signos de puntuación sirven para marcar las pausas, aclarar el sentido de lo escrito e indicar algunos matices de la expresión.
Los signos más utilizados son:

coma:	[,]
punto y coma:	[;]
dos puntos:	[:]
punto:	[.]
puntos suspensivos:	[...]
interrogación:	[¿ ?]
exclamación:	[¡ !]
paréntesis:	[( )]
diéresis o crema:	[¨]
comillas:	[« »]
guión:	[-]
raya:	[—]

El uso de los signos de puntuación en la lengua escrita no está sometido a reglas fijas. La puntuación varía según sea el estilo personal de expresión de los hablantes, las técnicas o estilos literarios, las características y contenidos significativos de los textos escritos, el sentido y la intención comunicativa, etcétera.

Por ello, en nuestra exposición nos limitamos a anotar sólo algunas normas generales de aplicación de los signos de puntuación:

a)   *La coma*: Se utiliza para indicar las pausas menores que deben hacerse en la lectura.

Se emplea, principalmente, en los siguientes casos:

— En las enumeraciones, para separar dos o más partes de la oración seguidas y de la misma clase gramatical: *los niños, las niñas, los hombres y las mujeres se agolparon allí.*

   Cuando el último elemento de la enumeración va unido al anterior por medio de los nexos *y, o ni*, se suprime entre ellos la coma: *Juan o Pedro harán el trabajo*:

— Entre oraciones yuxtapuestas: *llegué, vi, vencí.*

— En los vocativos, que van siempre entre comas: *Dime, Juan, la verdad.*

— Cuando se altera el orden lógico de la oración: *en su casa, Juan se sentía feliz.*

— Cuando se suprime el verbo: *Juan tiene peras, y Pedro, manzanas.*

— Cuando intercalamos formas explicativas: *más vale, pienso yo, así*; *Juan, mi hermano, está en Madrid.*

— Antes y después de algunas expresiones léxicas: sin embargo, es decir, en efecto, por ejemplo…: *tales incidentes, sin embargo, no se repitieron más.*

— En las expresiones en estilo indirecto [1]: *no iré, dijo Antonio.*

— … *etcétera.*

---

[1] Véase *Proposiciones inordinadas sustantivas en función de complemento directo* (apartado 4.4.4.1).

b) *El punto y coma*: Se utiliza para marcar una pausa un poco más larga que la de la coma.

Se usa, principalmente, en los siguientes casos:

— Para dividir las oraciones de un período oracional largo que ya lleve comas: *si los estudiantes atienden diariamente, aprobarán; si se vuelven perezosos, no aprobarán.*

— Si el período oracional es muy extenso, antes de la conjunción adversativa: *el enfermo creía que podría curarse con los medicamentos que le habían suministrado; pero no tenía salvación.*

c) *Los dos puntos:* Marcan una pausa larga que se hace antes de una aclaración que se da a continuación.

Se emplean, principalmente:

— Después de las expresiones de saludo o cortesía:

Muy señor mío:

— Cuando se citan palabras textuales: *Sócrates dictó una famosa sentencia: conócete a ti mismo.*

— Entre la enumeración y la proposición que lo indica: *los enemigos del alma son: el mundo, el demonio y la carne.*

— En las expresiones en estilo directo: *Juan dijo: iré contigo.*

— En el lenguaje administrativo: documentos notariales, títulos, solicitudes, etc., y después de las expresiones que introducen los distintos apartados:

Expongo:
Solicito:

Después de los dos puntos se puede escribir indistintamente con mayúscula o minúscula.

d) *El punto*: Se utiliza para marcar la pausa que hacemos después del período oracional con sentido completo.

Hay tres clases de punto:

- *Punto y seguido*: Cuando el período oracional que sigue se escribe en el mismo renglón.

- *Punto y aparte*: Se usa al final del párrafo, que es la unidad de contenido [1].

- *Punto y final*: Se usa para señalar el final de un escrito o de una división importante de un texto: parte, capítulo...

Empleamos también el punto detrás de las abreviaturas: Vd., ptas., kms.

e) *Los puntos suspensivos*: Se usan cuando queremos dejar incompleto el sentido de lo que decimos: *dos y dos...*

A veces, los puntos suspensivos producen, por contraste entre lo que precede y lo que les sigue, diversos matices expresivos: ironía, burla, etc.: *tiene Vd. razón, pero...*

También se utilizan cuando se quiere interrumpir un período por creer innecesaria su continuación, o cuando copiamos citas de forma incompleta. Equivalen, en estos casos, a las expresiones *etcétera, y así sucesivamente*, y otras.

f) *Los signos de interrogación y exclamación*: Se utilizan al principio (¿, ¡) y al fina (?, !) de las oraciones interrogativas y exclamativas, respectivamente:

¿Cuántos años tienes?
¡Qué bonito es mirar al sol!

g) *El paréntesis*: Se utiliza para encerrar cualquier aclaración oportuna o necesaria que se introduce en el escrito, e incluso cuando se expresa un resumen: *el signo lingüístico es arbitrario (exceptuando las onomatopeyas).*

Con frecuencia, se sustituye el paréntesis por la raya para ence-

---

[1] Véase *Unidades supraoracionales* (§ 4.5).

rrar las frases intercaladas: *la dificultad estaba —y no era floja— en que teníamos poco dinero.*

h) *La diéresis o crema*: Se emplea sobre la vocal *u* de las sílabas *güe, güi,* cuando la *u* debe pronunciarse con su sonido propio (cuando es fonema vocálico): *cigüeña, lingüístico.*

i) *Las comillas*: Se utilizan cuando escribimos una frase que hemos tomado literalmente de algún otro autor o texto: *«Yo soy yo y mis circunstancias»* (J. Ortega y Gasset).

Asimismo, se usan para enmarcar palabras y frases que se utilizan con valores significativos especiales, o que se desvían del uso normal por su significado o por su forma: *«Sus narices» (su valor) hicieron temblar al adversario.*

j) *El guión*: Se utiliza para señalar la división de las palabras en la escritura cuando al final del renglón no caben enteras y debemos indicar que continúan en el renglón siguiente.

También se utiliza el guión para señalar la unión de dos palabras en una sola forma compuesta que es ocasional, o que no se ha consolidado como compuesta en el uso general: *tratado teórico-práctico*; *convenio postal hispano-luso-americano.*

k) *La raya*: Se emplea en los diálogos para indicar el cambio de interlocutor:

— *¿Vas a venir?*
— *No, no iré.*

Con frecuencia, la raya sustituye al paréntesis, y también a la coma en las expresiones en estilo directo, cuando la proposición se coloca delante de la oración de la que depende: *no iré mañana —dijo Antonio.*

3
NIVEL MORFOLÓGICO

3.1. NIVEL MORFOLÓGICO

En el nivel morfológico se estudian las palabras como categorías gramaticales: partes de la oración (nombre, adjetivo, verbo...), y se analizan las distintas formas: accidentes gramaticales o variaciones, que éstas pueden presentar; así, en el sustantivo, el género y el número; en el verbo, el modo, tiempo, aspecto, etcétera.

Del estudio de la forma gramatical de las palabras, y de las variaciones que presentan, se encarga la Morfología, que es una ciencia auxiliar de la Gramática que guarda relación directa con las otras ciencias auxiliares: Fonología, Sintaxis, Semántica y Lexicología, que estudian, asimismo, las otras unidades lingüísticas.

Así, por ejemplo, la Morfología se encarga del estudio de la palabra *perro*, como categoría gramatical (sustantivo) y como unidad formal (masculino singular), pero, a su vez, la palabra *perro* es objeto de estudio de la Fonología (está constituida por unidades fónicas), de la Semántica (es unidad de contenido significativo), de la Lexicología (es una unidad léxica de la lengua) y de la Sintaxis (puede representar una función oracional).

Por ello, no siempre hay coincidencia entre los estudiosos a la hora de delimitar el contenido y objeto de estudio de los distintos niveles de la lengua; y, así , es frecuente entre los gramáticos el estudio conjunto de las unidades lingüísticas como categorías gramaticales (Morfología) y como categorías de función (Sintaxis) en un solo apartado morfosintáctico.

Con todo, nosotros mantenemos por separado el estudio de las distintas unidades de la lengua por razones pedagógicas, y para facilitar a los estudiosos el aprendizaje progresivo de las unidades del lenguaje.

3.2. CLASES DE PALABRAS

El estudio de la palabra como unidad léxica corresponde al nivel léxico de la lengua; aquí, la incluimos como unidad diferenciada de uso por los hablantes en cuanto unidad lingüística con distintos significados gramaticales: sustantivos, determinantes, adjetivos, pronombres, verbos, adverbios, preposiciones, conjunciones e interjecciones.

• *Los sustantivos*: Son las palabras que utilizamos para expresar objetos; y entendemos por objetos tanto aquellos seres que tienen existencia independiente y real: *tiza, lápiz*, como aquellos otros que se refieren a cualquier otro aspecto de la realidad, aunque sólo tengan existencia mental o conceptual: *bondad, belleza, amor.*

• *Los determinantes*: Son las palabras que utilizamos para precisar la significación de los sustantivos: *la casa, esta casa, aquella casa, mi casa.*

• *Los adjetivos*: Son las palabras que utilizamos para indicar las cualidades del sustantivo: *casa grande, mesa pesada, cielo azul.*

• *Los pronombres*: Son las palabras que utilizamos en lugar del sustantivo: *vi a Juan y le (a Juan) di un abrazo.*

• *Los verbos*: Son las palabras que utilizamos para expresar acciones: *Juan corre; Antonio canta.*

• *Los adverbios*: Son las palabras que utilizamos para modificar la acción expresada por los verbos: *como mucho, trabajo poco.*

• *Las preposiciones y las conjunciones*: Son las palabras que utilizamos como relacionantes: las preposiciones, para relacionar palabras: *libro de lengua, voy a casa*; las conjunciones, para relacionar oraciones: *Juan trabaja y estudia, pero no lo hace con interés.*

• *Las interjecciones*: No son propiamente palabras, sino formas abreviadas de expresiones oracionales exclamativas más amplias: *¡Ay!* equivale, por ejemplo, a *¡cómo me duele la muela!*

3.3. EL SUSTANTIVO

La gramática tradicional clásica hacía distinción entre el *nombre sustantivo* y el *nombre adjetivo*; nombre sustantivo: *casa*; nombre-adjetivo: *blanca*.

Pero tal distinción terminológica ha quedado en desuso, por lo que indistintamente utilizamos el término de *sustantivo* o *nombre* para referirnos al estudio de esta unidad lingüística.

Los sustantivos son las palabras que utilizamos para designar los objetos que pensamos como seres independientes, con existencia real o conceptual: *amor, niño, árbol, ratón, luz, montón*.

Los sustantivos son los términos lingüísticos primarios; en torno al sustantivo el hablante construye los discursos lingüísticos.

Son los seres que observamos o entendemos los que actúan y se comportan en unas circunstancias cambiantes, y a ellos podemos atribuirles cualidades. Los verbos, adverbios, adjetivos, determinantes y pronombres son términos lingüísticos secundarios: dependen significativa y/o formalmente (relaciones de concordancia) de los sustantivos: *los **hombres** sinceros no nos engañan, pero también se equivocan*.

3.3.1. FORMA O COMPOSICIÓN DEL SUSTANTIVO

El sustantivo consta de: *lexema* y *formantes*.

El lexema es la parte significativa de la palabra; es la parte que expresa el significado real o conceptual: ***cas**-a*, ***niñ**-o*. (*cas*: «lugar donde se habita»/*niñ*: persona de corta edad.)

Los formantes son la parte marginal del sustantivo, la parte que expresa el significado gramatical: *cas-**a***, *niñ-**o*** (-*a*: femenino, singular, -*o*: masculino, singular).

Los formantes pueden ser:

— *Constitutivos*: Son obligatorios, siempre deben aparecer; son los llamados *morfemas*, y en el sustantivo son el *género* y el *número*: *árbol-**es*** (masculino, plural), *gat-**o*** (masculino, singular).

— *Facultativos*: Son opcionales, pueden aparecer o no; son *los afijos*: **des**-*amor*, *libr*-**it**-*o*.

Los afijos según su colocación pueden ser [1]:

— *Prefijos*: Van colocados delante del lexema: **des**-*amor*, **a**-*normal*, **re**-*visión*.

— *Interfijos*: Van colocados entre el lexema y el sufijo: *pan*-**ad**-*ero*, *polv*-**ar**-*eda*.

— *Sufijos*: Van colocados detrás del lexema: *libr*-**ero**, *cas*-**ita**.

Los sufijos son los formantes facultativos más utilizados en el uso lingüístico, y, aunque su significación es marginal, añaden al sustantivo matices significativos y valores estilísticos importantes en el acto de comunicación: *cas*-<u>*ita*</u> (*ita*, además de idea de tamaño, puede expresar afecto positivo en la conciencia del hablante).

Los sufijos pueden ser:

— *Derivativos*: Los que utilizamos para formar palabras derivadas: *botic*-**ario**, *pian*-**ista**, *churr*-**ero**, *ubet*-**í**.

— *Apreciativos*: Los que utiliza el hablante para expresar la idea de tamaño, o para indicar la carga de afecto positiva o negativa respecto a lo nombrado: *libr*-**azo**, *libr*-**ucho** *libr*-**ito**.

Hay tres tipos de sufijos apreciativos: *aumentativos*, *despectivos* y *diminutivos*.

• *Los aumentativos*: Además de indicar idea de tamaño grande, los utiliza el hablante para expresar aprecio negativo, generalmente: Los más utilizados en castellano son: *-ON, -AZO, -OTE: hombrón, perrazo, librote*.

Excepcionalmente, y en contextos lingüísticos o situaciones puntuales, adquieren para el hablante valor de aprecio positivo: *¡es un padrazo!*

---

[1] En el apartado 6.3.2. aparece un estudio más amplio y con ejemplos de los principales afijos.

• *Los despectivos*: Son formas utilizadas en referencias significativas de carácter negativo. Los más utilizados son: *-ACHO, -UCHO, -ORRIO, -ASTRO*: *perracho, librucho, villorrio, camastro*.

• *Los diminutivos*: Los utiliza el hablante para expresar su valoración de aprecio positivo; no en vano, el hablante asocia con frecuencia el tamaño pequeño a sensaciones de ternura y delicadeza. Los más utilizados, y de uso general, son: *-ITO, -ILLO, -UELO*: *librito, chiquillo, pañuelo*.

Existen otros sufijos diminutivos de uso local o regional, y que son en las regiones particulares en que se utilizan, también de uso generalizado:

— *IÑO/A*, en Galicia: *Alvariño*.
— *ÍN/ÍNA*, en Asturias: *guapín*.
— *UCO/UCA*, en Cantabria: *nenuco*.
— *ICO/ICA*, en Aragón: *mañico*.
— *ET/ETA*, en Valencia y Cataluña: *chiqueta*.

3.3.2. EL GÉNERO

El género es uno de los formantes constitutivos y obligatorios del sustantivo.

El género en el sustantivo no responde a razones biológicas o sexuales, aunque a veces coincida (*vaca*, es femenino y biológicamente se refiere a un animal hembra; pero que *mesa* sea femenino no responde, obviamente, a este tipo de razones biológicas).

El género responde a razones lingüísticas, heredadas en muchos casos de la lengua latina, y, en otros usos, de difícil sistematización.

En nuestra lengua sólo hay dos géneros: *masculino* y *femenino*: no hay *sustantivos neutros*; sólo quedan algunos restos de palabras neutras en formas pronominales, referenciales o deícticas: *ello, lo, esto, eso, aquello*, etc. Sí existe el género neutro (*neutro* = ni uno ni otro) como término de referencia a nivel conceptual o de frase, y como indicador de que no es ni masculino ni femenino el término o concepto de referencia; así en: *me gusta la mesa, me gusta el libro,* la sustitución pronominal la expresamos en femenino o en masculino: *me gusta ésta/éste,* pero en *me gusta que os ayudéis,* la sustitución pronominal la expresamos en género neutro, ya que no es ni masculino ni femenino: *me gusta esto.*

Así, a diferencia de lo que ocurre en latín y en otras lenguas en que si existe el género neutro, en castellano la oposición a nivel de género es una oposición binaria: *masculino/femenino: niño/niña.* El género femenino es el *término marcado,* el término incluido.

Así, en la frase *el niño tiene derechos inalienables,* quedan incluidos tanto niños como niñas; pero en la frase *las niñas tienen derechos inalienables,* la marca de género sólo hace referencia al femenino.

Por ser el género masculino el más amplio (es el término no marcado), es el género utilizado en las relaciones de concordancia múltiples: *los árboles y las rocas son bonitos* (sustantivos masculinos y femeninos = adjetivos en género masculino). Asimismo, el masculino es el género que han adquirido la mayoría de las palabras de creación reciente en castellano: *el champán, el coñac, el cava.*

No hay una sistematización de reglas fijas sobre el género de los sustantivos, pero sí podemos establecer una normativa de uso, que si bien con excepciones, nos parece, incluso, elemental y sencilla:

— Si los sustantivos acaban en *-o,* tienen género masculino: *libro.*

— Si los sustantivos acaban en *-a,* tienen género femenino: *mesa.*

— Si los sustantivos no acaban ni en *-o,* ni en *-a,* pueden tener indistintamente género masculino o femenino: *árbol* (masc.), *cárcel* (fem.), aunque predominan los sustantivos masculinos, porque es el género más amplio, y porque las palabras que en su lengua de procedencia tenían género neutro, al desaparecer en castellano el género neutro, han pasado en nuestra lengua a tener género masculino.

Excepciones:

a) Masculinos acabados en -*a*:

— Hay una serie de sustantivos que aunque acaban en -a, forma propia del género femenino, se utilizan como masculinos: *día, mapa, planeta, profeta, maná,* etcétera.

— Acaban en -*a* y son masculinos una serie de sustantivos que indican profesión de varón (señalan profesiones que secularmente han venido ejerciéndolas —por razones sociológicas e históricas— los hombres): *violinista, electricista, dentista, ebanista, pianista, oculista,* etcétera.

— Muchos de los sustantivos acabados en -*MA*. Son cultismos de origen griego; en griego eran sustantivos neutros, y al pasar al castellano han adoptado el género más amplio, el masculino; así: *emblema, poema, problema, dilema, diagrama, programa, diafragma, epigrama, síntoma, diploma, sistema, sofisma, clima, telegrama, drama, melodrama, idioma, panorama, epifonema, fantasma, reúma, tema, axioma, pentagrama, edema, enigma, dracma,* etcétera.

En los Siglos de Oro no regía esta regla, sino que por su terminación en -*a*, se utilizaban como femeninos: *la fantasma, la reúma, la anatema*; incluso, algunos se siguen utilizando todavía hoy como sustantivos femeninos: *la diadema, la estratagema, la flema, la broma,* etcétera.

b) Femeninos acabados en -*o*:

Son pocos los sustantivos femeninos acabados en -*o*; entre ellos: *mano, dinamo (dínamo), nao, seo,* etcétera.

Podríamos hablar de otras reglas secundarias sobre la formación del género en los sustantivos; así: que son femeninos los nombres terminados en -*dad*: *bondad, caridad,* en -*ción*: *canción,* en -*xión*: *reflexión,* en -*sión*: *síntesis, tesis, antítesis, sintaxis, dosis, esclerosis,* etcétera.

Pero estas reglas no son lo suficientemente significativas como para anotarlas como normas de uso; no son más que fruto de un recuento que nunca debe establecerse como regla.

La mayoría de los sustantivos no han seguido regla alguna al adoptar uno u otro género, sino que ha sido su etimología, su uso y ciertas agrupaciones mentales y combinaciones en la utilización por los hablantes lo que ha determinado su uso como sustantivos masculinos o sustantivos femeninos.

3.3.2.1. Particularidades en el uso del género en los sustantivos

Como no existen reglas fijas, son muchas las peculiaridades y vacilaciones, incluso, en el género de los sustantivos:

— Sustantivos que adquieren género masculino o femenino según sean de uso popular o culto; así: *reúma* y *crisma*.

Reúma se utiliza como masculino, que es el uso normativo, en el uso culto de la lengua: *el reúma* (sustantivo masculino acabado en -*a* de origen griego).

Reúma se utiliza como femenino en el uso popular o coloquial: *la reúma* (por asociación de la terminación -*a* al femenino).

Crisma se utiliza como masculino (masculino acabado en -*ma* de origen griego) con su significado denotativo: *el crisma sagrado* (ungüento).

[*Crisma* se utiliza como femenino en el uso popular o coloquial con significado (uso metafórico) de cabeza].

— En el uso vulgar, las palabras abreviadas *moto (motocicleta)* y *radio (radiofonía)* se utilizan como masculinas y adquieren formas especiales por analogías fonéticas incorrectas: **el amoto, *el arradio.*

— Sustantivos que son masculinos o femeninos indistintamente; son los llamados *sustantivos ambiguos* (Nebrija los llama *dudosos*), que vacilan en el uso corriente de la lengua entre los dos géneros: *el mar/la mar* (*el mar Mediterráneo/la mar brava*) *el dote/la dote*... y otros sustantivos como: *azúcar, énfasis, color, calor, puente, margen, prez. linde*, etcétera. Pero el uso de estas formas va haciendo que desaparezca la ambigüedad, y quedan asociados, generalmente, a uno de los dos géneros. Así, *calor, color, puente*, se utilizan, generalmente, como masculinos, y se va desechando el uso femenino; *dote* ha adquirido casi exclusivamente género femenino; *margen* tiende a diferenciar el significado según su uso: como masculino significa 'el espacio blanco de un papel', como femenino, 'los bordes del cauce del río'; *mar* se utiliza como femenino en el lenguaje proverbial y castizo entre las gentes marineras, y en uso culto es, casi generalmente, masculino.

— Existe un buen número de sustantivos que conservan las dos formas de género, pero con significado diferenciado:

el armazón / *la* armazón	*el* frente / *la* frente
el arte / *la* arte	*el* guía / *la* guía
el atalaya / *la* atalaya	*el* guardia / *la* guardia
el batería / *la* batería	*el* levita / *la* levita
el canal / *la* canal	*el* orden / *la* orden
el capital / *la* capital	*el* ordenanza / *la* ordenanza
el clave / *la* clave	*el* parte / *la* parte
el cólera / *la* cólera	*el* pendiente / *la* pendiente
el cometa / *la* cometa	*el* pez / *la* pez
el corte / *la* corte	*el* radio / *la* radio
el crisma / *la* crisma	*el* sota / *la* sota
el cura / *la* cura	*el* tema / *la* tema
el doblez / *la* doblez	*el* trompeta / *la* trampeta
el espada / *la* espada	*el* vista / *la* vista

— Hay otros sustantivos que cambian de forma según sean masculinos o femeninos: son los llamados *palabras heterónimas: caballo/yegua, hombre/mujer, padre/madre, yerno/nuera, toro/vaca, carnero/oveja*, etcétera.

— Hay una serie de sustantivos referidos a animales que no cambian de forma; son los llamados tradicionalmente *sustantivos epicenos*: *jirafa, liebre, cebra*, etcétera.

— Otros muchos sustantivos referidos a profesiones, están en un proceso de adaptación y presentan en el uso lingüístico vacilaciones: *el médico / la médico, la médica*.

Ya hemos comentado que muchos de los sustantivos acabados en -a que indican profesiones de varón, son masculinos: *ebanista, tractorista*, etc. Hoy, el acceso de la mujer a la casi totalidad de puestos de trabajo hace que estos sustantivos hayan adquirido, también, el género femenino: en muchos casos, sin cambio de forma, pero asimilando al femenino las formas lingüísticas en asociaciones y concordancias: *la ebanista, la electricista*, etc. En otros muchos casos, coinciden en el uso la forma invariable y la forma asociada al género femenino con la terminación en -*a*, aunque no sea un proceso acabado para la mayoría de los hablantes; así son frecuentes los usos de:

> *la catedrático/la catedrática*
> *la médico/la médica*
> *la juez/la jueza*
> *la jefe/la jefa*
> *la estudiante/la estudianta...*

Por razones sociales y de apego a los usos y costumbres tradicionales, en muchos ambientes todavía se utilizan en tono irónico, y con gran carga de subjetivismo significativo, algunos de estos femeninos adaptados a la terminación propia en -*a: la jueza, la jefa, la abogada...*

3.3.3. EL NÚMERO

El número en el sustantivo indica si se hace referencia a uno o más ejemplares de la especie: *árbol/árboles*.

En español sólo hay dos números: *el singular*, que indica un sólo ejemplar: *casa*, y el *plural*, más de un ejemplar: *casas*. En otras lenguas existen además de singular y plural otros números; así, en griego, *el dual*, que indica siempre dos ejemplares; en las lenguas asiáticas, *el trial*, que indica tres ejemplares, etcétera. En español quedan sólo algunos restos del dual griego; es el caso de las formas *ambos* y *sendos*, aunque se derivan del latín.

El singular es el *término no marcado*, y el plural, el *término marcado*; así, en la frase *el león es un animal salvaje*, se incluye a todos los leones de la especie.

3.3.3.1. Reglas de la formación del plural

En español, el plural se forma añadiendo al singular *-s* o *-es*. El uso normativo de la formación del plural establece las reglas que siguen:

a) Se añade *-s* al singular de los sustantivos acabados en vocal átona y en vocal tónica que sea *é*: *casa, café / casas, cafés*.

b) Se añade *-es* al singular de los sustantivos acabados en consonante y en vocal tónica que no sea *é*: *árbol, tabú/árboles, tabúes*.

Pero hay excepciones a estas reglas; así, las palabras *papá, mamá, ley, rey, ay* —entre otras—, han adquirido formas especiales de plural: *papás, mamás, leyes, reyes, sofás, ayes*.

Hay, por otra parte, una tendencia, cada vez con mayor frecuencia de uso en la lengua, a simplificar la regla de la formación del plural, y así, se tiende a formar en *-s* todos los nombres acabados en vocal, y en *-es* el plural de todos los acabados en consonante. El uso normativo es *jabalíes*, pero hoy la forma preferida dice *jabalís*; del mismo modo, encontramos usos como *alhelís, /as,/is,/os,/us,/ rubís,/tisús, bisturís, manís*, etcétera.

A veces, en el habla popular se forman plurales en *-ses*: *cafeses, manises, sofases*; pero la lengua culta los rechaza como incorrectos, aunque los gramáticos admitan plurales como *maravedises* junto a *maravedíes* y *maravedís*.

Hay una serie de sustantivos que son invariables en cuanto al número: tienen la misma forma en singular que en plural; son los sustantivos no agudos acabados en:

— *s*: *crisis, lunes...* (*la crisis, las crisis*)
— *x*: *tórax, clímax...* (*el tórax, los tórax*)
— *z*:, sólo para nombres de persona: se dice los *Fernández*, no los **Fernandeces*, pero se dice *cálices*.

3.3.3.2. Peculiaridades en el uso del número en los sustantivos

a)   Usos erróneos en la formación del plural de muchos préstamos léxicos (barbarismos):

Hay una tendencia casi generalizada, al menos en España (en Hispanoamérica se suele respetar el uso normativo), a mantener el plural de los barbarismos según la forma que presentan en la lengua de la que proceden. Así ocurre con una gran cantidad de anglicismos, sobre todo, introducidos en los últimos tiempos, que se utilizan en plural con -*s*, aunque terminen en consonante; así: *los clubs* (en Hispanoamérica, los clubes), *complots, albums*, etcétera.

Estos plurales, que son frecuentes en español: *albums, hipérbatons, accéssits, déficits...*, se dan por lo raro que resulta al hablante adaptar al español la terminación -*es* ante consonantes finales que son ajenas a la lengua (las consonantes finales españolas son: -*r*, -*s*, -*l*, -*n*, -*d*, -*z*). Por ello, a veces, resulta forzado y pedante el uso de formas como *clubes, hiperbatones*, etcétera.

Las soluciones de uso son, por ello, diferentes. La Real Academia Española admite plurales como: *los álbums, los álbumes*, y en otros casos admite la forma invariable: *los accésit*, junto al uso del plural con -*s*: los *accéssits*.

Por otra parte, es cada vez más frecuente el intento de adaptación a la forma española la formación de estos plurales, con menoscabo, incluso, de otras unidades lingüísticas; es lo que ocurre con plurales como: *hipérbatos, clúes, álbunes, carnés, accesis, memo-*

randos, referendos, etc. En cambio, según el Diccionario de la Real Academia, el plural de *esquí* es *esquís: esquíes* sería una ultracorrección.

b) Hay una serie de sustantivos que en el uso normativo carecen de forma de singular, aunque significativamente se refieran a un solo ejemplar u objeto: son los que designan objetos formados por partes simétricas: *narices, pantalones, tijeras, alicates, gafas, pinzas, tenazas*, etcétera.

Con todo, en el uso actual muchos de estos sustantivos tienden a asimilarse al comportamiento general de los nombres y aparecen frecuentemente en singular: *la nariz, el calzón, el pantalón.*

c) Algunos sustantivos, y por razones diversas, han fijado su forma de plural como única, o de uso casi exclusivo.

absolvederas	*albricias*
anales	*ambages*
antiparras	*andaderas*
arras	*añicos*
bártulos	*asentaderas*
calendas	*comicios*
cosquillas	*creces*
despabiladeras	*desposorios*
efemérides	*enaguas*
enseres	*entendederas*
esponsales	*esposas (para aprisionar)*
exequias	*expensas*
extramuros	*fauces*
funerales	*idus*
grillos (para aprisionar)	*intramuros*
ínfulas	*laudes*
maitines	*nupcias*
mientes	*pertrechos*
penates	*preces*
posaderas	*testimoniales*
termas	*veras*

tinieblas   *zarandajas*
víveres

Algunos de los anteriores suelen usarse, a veces, también en singular: *desposorio, funeral, tiniebla, enagua, braga, prez.*

3.3.4. SUBCATEGORIZACIÓN DEL SUSTANTIVO: CLASIFICACIÓN SIGNIFICATIVA

Por su significado los sustantivos pueden ser:

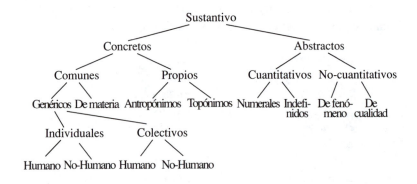

- *Sustantivos concretos*: Se refieren a objetos con independencia real, o que los pensamos como independientes: *árbol, tiza.*

- *Sustantivos comunes*: Son los que no expresan rasgos diferenciadores de los objetos que denominan, sino que los agrupan por sus características no distintivas: *casa, libro.*

- *Sustantivos propios*: Son los sustantivos individualizadores, distinguidores: *Juan* (habrá muchos Juanes, pero si utilizo *Juan,* me refiero a uno en particular): *Felisa, Leonardo.*

- *Antropónimos*: Nombres propios de persona: *Pilar, Antonio.*

- *Topónimos*: Nombres propios de lugares: *Soria, Pisuerga.*

- *Sustantivos genéricos*: Expresan limitación de forma o extensión y se pueden contar: *silla, niña*.

- *Sustantivos de materia*: No expresan limitación de forma o extensión, y no son numerables, aunque sí mensurables: *oro, agua*.

- *Individuales*: Expresan una sola cosa en singular: *hoja, libro*.

- *Colectivos*: Expresan un conjunto de seres semejantes, o considerados semejantes, en singular: *enjambre, rebaño*.

- *Animados*: Que tienen vida: *niño, perro*.

- *Inanimados*: Que no tienen vida: *mesa, cristal*.

- *Sustantivos abstractos*: Son los que no tienen existencia real, sino sólo mental: *bondad, decena*.

- *Sustantivos cuantitativos*: Indican cantidad: *montón, docena*.

- *Sustantivos no-cuantitativos*: No indican cantidad: *belleza, amor*.

- *Numerales*: Indican cantidad precisa: *millar, par*.

- *Indefinidos*: Indican cantidad imprecisa: *montón, puñado*.

- *De fenómeno*: Son los que proceden de verbos, e indican acciones: *vagancia, existencia*.

- *De cualidad*: Proceden de adjetivos, e indican cualidades: *belleza, dulzura*.

Con todo, las clasificaciones que se hacen según criterios de significado, suponen siempre una parcelación subjetiva de una realidad compleja: la significación. En nuestra exposición no hemos apuntado más que una de las muchas clasificaciones posibles, y responde más a criterios de simplificación y pedagógicos que a criterios puramente lingüísticos.

3.3.5. LA SUSTANTIVACIÓN

Existen otras clases de palabras y otras unidades lingüísticas que pueden aparecer en el uso de la lengua en lugar, u ocupando el lugar, que corresponde al sustantivo: a este hecho lingüístico lo denominamos *sustantivación.*

Aunque este fenómeno aparecerá explicado con mayor amplitud a lo largo de los capítulos siguientes, anotamos aquí las palabras o formas lingüísticas que, generalmente, ocupan el lugar del sustantivo:

— El pronombre: *Juan es bueno/**él** es bueno.*

— El adjetivo sustantivado: *la bondad de Juan/**lo bueno** de Juan.*

— El infinitivo: *el trabajo dignifica/**trabajar** dignifica.*

— Las proposiciones sustantivas: *me alegra tu venida/me alegra **que vengas**.*

— Cualquier forma léxica expresada en metalenguaje: ***a** es una preposición*; ***dio** es un verbo.*

3.4. LOS DETERMINANTES

Al incluir los *determinantes* como una más de las clases de palabras, tradicionalmente «*partes de la oración*», nos apartamos de la terminología tradicional [1].

Con todo, ya es habitual encontrar entre los gramáticos estos términos: *determinantes* o *actualizadores* para referirse al artículo y a los llamados adjetivos determinativos, que son las palabras que se incluyen en esta categoría gramatical.

Los determinantes son las palabras que utilizamos para precisar la significación de los sustantivos: *el niño, **aquella** casa.*

Los sustantivos, según lleven o no determinante, pueden ser *actuales* y *virtuales.*

• *Los sustantivos actuales* son los que llevan determinante, y, así, tienen una significación concreta, precisa y existente: *los delincuentes critican la justicia.*

• *Los sustantivos virtuales* carecen de actualizador, y tienen una

---

[1] Véase. Los determinantes posesivos.

significación imprecisa, genérica y conceptual: *deseo justicia*; no *hay educación.*

El sustantivo virtual es propiamente el que va en singular, pues si se utiliza en plural, de alguna forma ya está cuantitativamente determinado: así: no podemos criticar *educación* (virtual), pero sí podemos decir: *hay educaciones criticables* (actual).

Los determinantes pueden ser: llenos y vacíos.

— *Llenos*: Con significado propio: los determinantes posesivos, demostrativos, numerales e indefinidos: *su casa, esa casa, dos casas, alguna casa.*

— *Vacíos*: Sin significado propio: artículo determinado e indeterminado: *la casa, una casa.*

La determinación del sustantivo puede ser: definida e indefinida.

— *Definida*, cuando se hace referencia precisa del significado del sustantivo. Es la determinación que expresamos con el artículo determinado y los determinantes posesivos, demostrativos y numerales: *la casa, tu casa, esa casa, dos casas.*

— *Indefinida*, cuando se hace una referencia imprecisa del significado del sustantivo. Es la determinación que expresamos con el artículo indeterminado y los determinantes indefinidos: *una casa, algunas casas.*

3.4.1. EL ARTÍCULO

Es el principal, porque es el más utilizado, actualizador o determinante del sustantivo.

El artículo español presenta varias formas:

— *el,* para sustantivos masculinos en singular, y sustantivos femeninos en singular que empiecen por [*á*] tónica: *el libro, el agua.*

— *la,* para femenino singular: *la casa, la mesa.*

— *lo,* se utiliza para formas neutras: *lo bueno, lo sabio.*

— *los,* para masculino plural: *los libros, los niños.*

— *las,* para femenino plural: *las sillas, las casas.*

— *un,* para masculino singular, y sustantivos femeninos en singular que empiecen por [*á*] tónica: *un libro, un alma.*

— *una,* para femenino singular: *una caja, una niña.*

— *unos,* para masculino plural: *unos ojos, unos pinos.*

— *unas,* para femenino plural: *unas madres, unas ovejas.*

Está generalizado desde antiguo el uso de la forma *el/un* para sustantivos femeninos que empiezan por [*á*] tónica. La razón del uso de la forma *el/un* (que no es propiamente masculina, sino que procede de la forma antigua femenina *ela/una*) se debe al hecho de evitar la pronunciación forzada de las dos aes, la última de ellas tónica: **la hacha = el hacha.*

Esta «aparente anomalía» provoca muchas vacilaciones y errores en el uso de la lengua; así, por falsa analogía con la forma *el/un,* no es raro encontrar concordancias erróneas como: **el hacha nuevo,* por la forma correcta, *el hacha nueva.*

Por otra parte, aunque es menos frecuente, no es raro encontrar ultracorrecciones (correcciones exageradas y por tanto erróneas) del tipo: **el arena blanca* (uso desterrado desde el siglo XVII por los gramáticos, y que no es normativo, ya que el sustantivo no empieza por *a* tónica), u otros como: **este agua, este águila, aquel aula,* que son, asimismo, erróneas, puesto que la norma de uso a la que hacemos referencia sólo afecta a las formas del artículo *el/un.*

3.4.1.1. Clasificación del artículo

Es ya tradicional la distinción entre *artículo determinado*: *el, la, lo, los* y *las,* y *artículo indeterminado*: *un, una, unos* y *unas.*

• *El artículo determinado* hace una referencia concreta y precisa de la significación del sustantivo: *se ha caído la casa; tráeme el libro.*

• *El artículo indeterminado* hace una referencia imprecisa de la significación del sustantivo: *se ha caído una casa: tráeme un libro.*

Pero esta clasificación, que se basa en criterios de significación, aunque la aceptamos como expresión metodológica, no siempre es válida. Así, en la frase *la tarde es más propicia para el paseo*, y en la frase *un veinticuatro de febrero murió Antonio Machado*; el artículo que hace una referencia precisa es *un*, '24-II-1939', y el artículo *el*, hace una referencia imprecisa o indeterminada ('cualquier tarde'). Por ello, anotamos una nueva clasificación, que es más precisa: *artículo reconocedor* y *artículo presentador*.

— *El artículo reconocedor* está representado por las formas *el, la, lo, los, las*, y es el que utilizamos cuando el sustantivo al que actualiza es conocido o está en la conciencia de los hablantes: *se ha caído el libro*.

— *El artículo presentador* está representado por las formas *un, una, unos, unas*, y es el que utilizamos para actualizar a sustantivos que son nuevos o desconocidos entre los hablantes: *se ha caído un libro*.

Así, en las frases *hay un perro en el jardín* (no nos es conocido *el perro*, pero sí, *el jardín*); *está el perro en un jardín* (sí conocemos *el perro*, pero no, *el jardín*).

3.4.1.2. Origen del artículo

En latín no existía el artículo, que es una forma de creación románica, de las lenguas derivadas del latín. Procede de las formas pronominales latinas *ILLE, ILLA, ILLUD*, y *UNUS, UNA, UNUM*, que sufrieron en el uso vulgar de la lengua latina una transformación.

Las formas del artículo determinado: *el, la...*, han sufrido ya la transformación completa; por eso son formas átonas y sin contenido significativo.

Las formas del artículo indeterminado: *un, una...*, han sufrido una transformación incompleta; siguen siendo formas tónicas y en su uso pueden confundirse: en singular, con el determinante numeral *(un libro*, frente *a dos/tres libros)* y en plural, con el determinante indefinido *(unos hombres*, frente a *algunos hombres)*.

3.4.1.3. El artículo contracto

Es el resultado de la reducción o contracción del artículo *el* y de las preposiciones *a* y *de* cuando van colocadas delante del artículo: *a* + *el* = *al*/ *de* + *el* = *del*; así: **libro de el profesor = libro del profesor*; **voy a el colegio = voy al colegio.*

La reducción se da porque se juntan dos formas átonas (artículo determinado y preposición) que para su pronunciación necesitan apoyarse en la palabra siguiente. Por ello, no es normativo utilizar la contracción cuando la forma *el* forma parte del nombre propio; así, son normativos los usos: *San Lorenzo de El Escorial* y *Juan ha viajado a El Burgo de Osma*, y están rechazados por los gramáticos los usos: *San Lorenzo del Escorial*, *al Burgo de Osma.*

3.4.1.4. Uso del artículo con nombres propios

Es muy frecuente el uso del artículo con nombres propios, pero, con todo, este uso es rechazado por los gramáticos, y su utilización queda reducida a los usos vulgares de la lengua, o a expresiones informales o de carácter coloquial.

La utilización del artículo con nombres propios es una redundancia innecesaria (los nombres propios no necesitan actualización, ya están determinados; por su significación son singulares y distinguidores); y como tampoco responde a otras razones de estilo, si no es por un propósito de «coloquialización intencionada» del uso lingüístico, su uso no debe darse en las expresiones que las valoremos como normativas o correctas. Por ello, siguen siendo rechazadas expresiones como: *el Ignacio, la María, el Juan, el Santiago…*

Pero, con todo, sí es normativo el uso del artículo con nombres propios en algunos usos, que citamos a continuación, y en lo que sigue conservando su valor lingüístico de actualizador o determinante. Así, es correcto el uso del artículo con nombres propios:

— Cuando utilizamos los nombres propios en plural: *en clase predominan los Antonios, los Santiagos* y *las Pilares.*

— Cuando utilizamos los nombres propios metafóricamente: *entre esta gente no abundan los Cervantes (escritores).*

— Cuando utilizamos el artículo con apellidos de mujer: *La Pardo Bazán (Emilia Pardo Bazán)*

— En el lenguaje burocrático y judicial, por reducción de algunas expresiones formulísticas: *el Juan Pérez dijo... (el susodicho, reo... Juan Pérez).*

— En Chile, es normativo el uso del artículo con nombres de pila de mujer: *la Carmen.*

— En los siglos XVI y XVII era frecuente el uso de artículo con apellidos de famosos, por influencia de la lengua italiana, en la que es normativo este uso cuando se hace referencia a hombres célebres: *el Petrarca, el Bocaccio.*

— Es frecuente el uso del artículo con nombres geográficos (topónimos) de ríos, montes, etc.: *el Duero, el Everest.* Pero no es normativo el uso del artículo con nombres de naciones o de ciudades, a no ser que el artículo forme parte del nombre propio: *El Burgo de Osma, El Escorial, La Habana, La Argentina...*

Es un galicismo innecesario el uso del artículo con nombres de ciudades o naciones: *la España*; pero sí está permitido cuando estos nombres propios llevan un complemento determinativo: *el Madrid de los Austrias, la España del* Siglo XX...

3.4.2. LOS DETERMINANTES POSESIVOS

Los determinantes posesivos sustituyen al giro *de + persona gramatical*, utilizado en la lengua escrita (*casa de él = su casa*), y, además, indican a qué persona del coloquio se refiere o pertenece lo nombrado por el sustantivo, y señalan, a la vez, si es uno o varios los poseedores del objeto de referencia: *mi libro, nuestro libro.*

Algunos gramáticos incluyen a los determinantes posesivos, así como a los demostrativos, numerales e indefinidos, entre los adjetivos. Sin embargo, para nosotros, *los adjetivos* son las palabras que utilizamos para expresar las cualidades del sustantivo (*casa blanca*), y los determinantes, no indican cualidad, sino determinación o referencia: *mi casa, esta casa, dos casas, algunas casas.*

Otros gramáticos incluyen, por otra parte, a los determinantes entre los pronombres; si bien luego, hacen una diferenciación entre pronombres adjetivos y pronombres sustantivos, que no siempre es clara ni, mucho menos, metodológica[1].

La forma que presentan los determinantes posesivos es:

			Ante-puesto	Pos-puesto	Ante-puesto	Pos-puesto	Ante-puesto	Pos-puesto
Relación con un solo poseedor	sg	m	**mi**	**mío**	**tu**	**tuyo**	**su**	**suyo**
		f		**mía**		**tuya**		**suya**
	pl	m	**mis**	**míos**	**tus**	**tuyos**	**su**	**suyos**
		f		**mías**		**tuyas**		**suyas**
Relación con varios poseedores	sg	m	**nuestro**		**vuestro**		**su**	**suyo**
		f	**nuestra**		**vuestra**			**suya**
	pl	m	**nuestros**		**vuestros**		**sus**	**suyos**
		f	**nuestras**		**vuestras**			**suyas**
			1ª persona		**2ª persona**		**3ª persona**	

Aunque en español el uso de los determinantes posesivos es menos frecuente que en otras lenguas, en algunos usos lingüísticos, incluso, resultan redundantes (si bien esta «redundancia» aporta, en muchos otros casos, valores estilísticos y significativos); así ocurre en usos como:

Nos metimos nuestras manos en nuestros bolsillos.
Juan se quitó su sombrero.

---

[1] Nosotros mantenemos el término *determinante* (o *actualizador*) para referirnos a los artículos (determinado/indeterminado) y a los tradicionalmente llamados «adjetivos determinados» (posesivos, demostrativos, numerales e indefinidos).

Tenía sus ojos negros.
Ya se tomó Pilar su café (el de costumbre), etcétera.

Las formas de los determinantes posesivos antepuestos de un solo poseedor (para los de tercera persona, también de varios poseedores) han sufrido un proceso de simplificación fonética y se han apocopado, y, además, han perdido su acento de entonación y han pasado a ser formas átonas: [*mi líbro, su pádre*], aunque es frecuente la pronunciación acentuada en buena parte de Castilla [*mí líbro, sú pádre*], pronunciación que resulta forzada para el resto de los hablantes.

3.4.3. LOS DETERMINANTES DEMOSTRATIVOS

Los determinantes demostrativos actualizan al sustantivo y establecen una relación de referencia entre la persona o personas gramaticales y el espacio y el tiempo.
La forma de los determinantes demostrativos es:

	Ante- puesto	Pos- puesto	Ante- puesto	Pos- puesto	Ante- puesto	Pos- puesto
Singular:	**este, esta**		**ese, esa**		**aquel, aquella**	
Plural:	**estos, estas**		**esos, esas**		**aquellos, aquellas**	
	1ª persona		2ª persona		3ª persona	

Este, se utiliza para expresar la cercanía espacial o temporal a la primera persona del objeto al que se refiere el sustantivo: *este libro, este año.*

Ese, expresa un grado medio entre cercanía y lejanía con respecto a la primera persona: *ese libro, ese año.*

Aquel, expresa lejanía espacial o temporal respecto a la primera persona: *aquel libro, aquel año.*

La lengua antigua ofrecía una serie de formas alargadas: *aqueste, aquese*, pero hoy sólo se usan en la lengua escrita y, casi siempre, como recurso arcaizante o burlesco.

3.4.4. LOS DETERMINANTES NUMERALES

Los determinantes numerales actualizan al sustantivo y delimitan cuantitativamente su extensión significativa: *dos libros, tres mesas.* Los determinantes numerales, según su valor significativo, pueden ser: *cardinales, ordinales, partitivos, múltiplos,* y *distributivos.*

* *Los numerales cardinales* forman el núcleo fundamental de los numerales, y son los que se refieren a la serie natural de los números: *uno, dos, tres cuatro,* etcétera.

* *Los numerales ordinales* expresan la idea de disposición sucesiva o de orden: *libro quinto.* Son poco utilizados en la lengua común, y, por ser formas complejas y cultas, se utilizan con mucha menor frecuencia que los numerales cardinales.

A continuación, anotamos una lista de los principales numerales ordinales:

primero	*decimonoveno*
segundo	*vigésimo*
tercero	*vigesimoprimero o vigesimoprimo*
cuarto	*vigésimo segundo,* etc.
quinto	*trigésimo,* etc.
sexto	*cuadragésimo,* etc.
séptimo (o *sétimo*)	*quincuagésimo,* etc.
octavo	*sexagésimo,* etc.
noveno (o *nono*)	*septuagésimo,* etc.
décimo	*octogésimo,* etc.
undécimo	*nonagésimo,* etc.
duodécimo	*centésimo*
decimotercero (o *décimotercio*)	*centésimo primero,* etc.
decimocuarto	*ducentésimo,* etc.
decimoquinto	*tricentésimo,* etc.
decimosexto	*quingentésimo,* etc.
decimoséptimo	*milésimo,* etc.
decimoctavo	

- *Los numerales partitivos* expresan división. Son: *medio, tercio, cuarto, quinto,* etcétera.

En aritmética se utiliza -*avo* a partir de once, añadido a los numerales cardinales, para indicar parte o fracción: *onceavo, doceavo, treinta y dosavo,* etcétera.

Es frecuente, pero erróneo, el uso de estos numerales partitivos en lugar de los numerales ordinales; así, *quinceavo ministro.*

- *Los numerales múltiplos* expresan multiplicación por la serie natural de los números: *doble, triple, cuádruple, quíntuple,* etcétera.

- *Los numerales distributivos* expresan la separación de los sustantivos en elementos, y la designación de alguno de ellos en relación con los demás. Son: *cada* (invariable), *sendos/as, ambos/as:*

    cada mesa (una, con exclusión en turno de las demás)
    ambas manos (una y otra)
    sendos caramelos (uno para cada uno)

El uso de *sendos/as* es casi exclusivo de la lengua escrita, y cuando se utiliza en la lengua común, adquiere, frecuentemente, significados equivocados e impropios con valor de «grandes», «importantes» o «fuertes»: *les pegó sendas bofetadas* (una a cada uno, pero no grandes).

3.4.5. LOS DETERMINANTES INDEFINIDOS

Los determinantes indefinidos actualizan al sustantivo e indican una cuantificación imprecisa de su significación.

Son varias las formas de los determinantes indefinidos; los más utilizados son:

    — **algún/a, -os/as:** *algunas casas*

    — **ningún/a, -os/as:** *ninguna cosa*

— **todo/a, -os/as:** *todos los hombres*

— **cierto/a, -os/as:** *ciertos hechos*

— **otro/a, -os/as:** *otras casas*

— **unos/as:** *unas personas*

— **cualquier/a:** *cualquier niño* (la forma de plural *cualesquie-ra* está, prácticamente, fuera de uso)

3.4.6. EL ORDEN DE COLOCACIÓN DE LOS DETERMINANTES

Aunque el orden en español es libre, a excepción del orden impuesto por razones de estilo, y el de algunas formas léxicas como los artículos y los relacionantes, la mayor parte de los determinantes van colocados, generalmente, delante del sustantivo: *mi libro, algún libro*.

• *Los artículos* van obligatoriamente delante del sustantivo: *el niño, una casa*.

• *Los determinantes posesivos* pueden ir delante o detrás del sustantivo: *mi libro, libro mío* (si son formas apocopadas van siempre delante); cuando van pospuestos, suelen aportar valores o cargas significativas especiales.

• *Los determinantes demostrativos* van, frecuentemente, antepuestos: *este libro*. Si van detrás de los sustantivos expresan, generalmente, un valor significativo despectivo: *el libro ese*.

• *Los determinantes numerales* se utilizan colocados delante o detrás del sustantivo; los numerales cardinales suelen ir delante, pero es inapropiado que vayan colocados delante del sustantivo cuando hacen funciones de numerales ordinales (no es correcto *veintitrés regimiento*, sí, *regimiento veintitrés*).

• *Los determinantes indefinidos* van, generalmente, delante del sustantivo, y, si se colocan detrás, añaden valores significativos especiales: *alguna cosa, cosa alguna*.

- También los *exclamativos* e *interrogativos*, de los que sólo anotamos aquí algunas formas como referencia[1], van delante del sustantivo: *¡qué bonita casa!* / *¿qué hora es?*

3.5. EL ADJETIVO

Los adjetivos son las palabras que utilizamos para expresar las cualidades del sustantivo: *libro grande, hombre bueno*.
Hay gramáticos que siguen anotando la distinción tradicional entre *adjetivos calificativos* (los que indican cualidad: *libro grande*) y *adjetivos determinativos* (los que determinan la significación del sustantivo: *mi libro, este niño*). Nosotros creemos que los llamados adjetivos determinativos (numerales, demostrativos, posesivos e indefinidos) no son propiamente adjetivos, y para su estudio los hemos incluido entre los determinantes del sustantivo. Consideramos como *adjetivos* solamente los tradicionalmente llamados adjetivos calificativos, que son los que utilizamos para expresar las cualidades del sustantivo: *niño amable, madre buena, hoja seca*.

3.5.1. CLASIFICACIÓN DE LOS ADJETIVOS

Los adjetivos, según cómo modifiquen al sustantivo y expresen sus cualidades, pueden ser:

— *Adjetivos predicativos*: Modifican indirectamente al nombre y van unidos a éste mediante un verbo: *la mesa está sucia. Juan parece contento.*

— *Adjetivos atributivos*: Modifican directamente al nombre, sin ninguna otra palabra de unión: *libro grande, hombre pobre*. Son adyacentes o modificadores directos del sustantivo.

---

[1] Véase *Pronombres interrogativos y exclamativos* (§ 3.6.6.).

Los adjetivos atributivos, a su vez, pueden ser: *explicativos* o *valorativos* y *especificativos*.

• *Los explicativos* o *valorativos* indican una cualidad subjetiva del sustantivo. Significativamente, son poco importantes, pues sólo añaden al sustantivo un valor ornamental; se pueden suprimir en el discurso sin que varíe en esencia el valor significativo de la expresión, y, si el sustantivo va en plural, se refieren a la totalidad de los objetos o seres que significan: *valientes soldados, nuevo coche, gran libro.*

• *Los especificativos* indican una cualidad objetiva y real del sustantivo. Significativamente, son importantes, no se pueden suprimir sin que se altere el significado del discurso, y, si el sustantivo va en plural, no se refieren a la totalidad de objetos o seres a los que hacen referencia, sino a una parte, ya que restringen y delimitan el significado del sustantivo: *¡que salgan los soldados valientes!* (sólo los valientes*)*

Los adjetivos atributivos especificativos van colocados detrás del sustantivo*: naranjas rojas, libro grande, coche nuevo...*; los atributivos explicativos van colocados, generalmente, delante del sustantivo: *gran libro, pobre hombre, nuevo coche...* Pero hay un tipo de adjetivos atributivos explicativos, *los epítetos* (que son los adjetivos que indican cualidades consustanciales del sustantivo, propias de su naturaleza) que pueden ir colocados delante o detrás del sustantivo: *nieve blanca, blanca nieve.*

La diferencia de significado de los adjetivos atributivos, según sean explicativos o especificativos, es tan grande en usos concretos de la lengua que parecen palabras significativamente distintas; así:

> *gran libro / libro grande*
> *nuevo coche / coche nuevo*
> *pobre hombre / hombre pobre*
> *un viejo amigo / un amigo viejo*
> *pura ilusión / ilusión pura*
> *extraña persona / persona extraña...*

En general, los adjetivos explicativos antepuestos al nombre expresan una cualidad valorada subjetivamente por el hablante, por lo que su equivalencia se aparta del significado de los adjetivos especificativos, que expresan una cualidad existente, objetiva, del sustantivo: *oscuros encinares/encinares oscuros.*

3.5.2. LA ADJETIVACIÓN ANALÍTICA: LAS PROPOSICIONES ADJETIVAS O DE RELATIVO

El ejercicio de la lengua ofrece en muchos casos usos diferentes para la expresión de hechos de comunicación significativamente idénticos o similares: a lo largo de la exposición gramatical encontramos ejemplos numerosos.

Así ocurre, también, en la expresión de las cualidades del sustantivo, ya que el hablante puede utilizar formas lingüísticas reducidas o sintéticas (adjetivos), y formas lingüísticas desarrolladas o analíticas (proposiciones de relativo), que son significativamente idénticas, aunque con distinta forma de expresión y de estilo: *niño estudioso/ niño que estudia.*

Y es que, en numerosos casos, la significación que atribuyen los adjetivos puede expresarse, también, mediante proposiciones de relativo, llamadas por ello, asimismo, *adjetivas.* Veamos algunos ejemplos:

> *niño estudioso = que estudia*
> *casa grande = que es grande*
> *coche potente = que tiene potencia*
> *hombre hablador = que habla*
> *niña alegre = que tiene alegría*
> *fruta madura = que está madura...*

Pero no siempre —y por razones de estilo o expresión formal—, aunque haya coincidencia significativa o de concepto, pueden alternar indistintamente en el uso los adjetivos y las proposiciones adjetivas o de relativo; así, *los niños que empiezan a pelearse = los niños... ¿...?*

Las proposiciones adjetivas o de relativo pueden ser, al igual que los adjetivos atributivos, *explicativas* y *especificativas.*

- *Las proposiciones de relativo explicativas* van entre comas en la escritura, y se pronuncian con pausa de entonación. Significativamente, son poco importantes, se pueden suprimir sin que varíe el significado del discurso (significativamente, sólo aportan un matiz explicativo); si el antecedente va en plural (el sustantivo al que se refieren) lo modifican en su totalidad, y en muchos usos adquieren valor de proposiciones causales: *los alumnos el C.O.U., que viven lejos, llegan tarde a clase* (todos llegan tarde, porque todos viven lejos); *los gatos, que arañan, no me gustan* (no me gustan los gatos porque arañan).

- *Las proposiciones de relativo especificativas* van sin coma en la escritura, y se pronuncian unidas al antecedente; no se pueden suprimir sin que varíe el significado del discurso, y, si el antecedente va en plural, no se refieren a su totalidad de seres y objetos, sino que delimitan o restringen la significación de los sustantivos: *los alumnos del C.O.U. que viven lejos, llegan tarde a clase* (sólo los que viven lejos, no todos los alumnos del C.O.U.) *los gatos que arañan no me gustan* (no me gustan los que arañan, los demás sí).

3.5.3. EL GRADO DEL ADJETIVO

El grado es un intensificador absoluto o referencial de la cualidad que expresan los adjetivos: *Juan es bueno*; *Juan es más bueno que yo*; *Juan es muy bueno*.

Los adjetivos pueden expresarse en tres tipos de grado: *positivo, comparativo* y *superlativo.*

• **El grado positivo** expresa la cualidad sin intensificarla ni compararla; expresa, en realidad, la ausencia de grado: *bueno, listo, blanco, azul...*

• **El grado comparativo** expresa la cualidad de forma comparada, bien con referencia a otra u otras cualidades del sustantivo, o a la cualidad, cualidades, de otros sustantivos:

Juan es más trabajador que listo
Juan es más trabajador que Antonio

La comparación expresada puede ser de *superioridad, igualdad,* e *inferioridad:*

— *El comparativo de superioridad* se expresa de forma analítica con las partículas *más...que:*

> *la mesa es más pequeña que la tuya*
> *Juan es más guapo que Pedro*

— *El comparativo de igualdad* se expresa de forma analítica con las partículas *tan...como/igual de...que:*

> *Juan es tan gordo como Pedro*
> *Juan es igual de guapo que Pedro*

— *El comparativo de inferioridad* se expresa de forma analítica con las partículas *menos...que:*

> *Juan es menos agradable que Pedro*

Son frecuentes en el uso de la lengua las confusiones del tipo: *Juan es más bajo que Pedro,* asociándolas al grado comparativo de inferioridad, por interpretaciones erróneas del concepto de significación; *más bajo que...* es un comparativo de superioridad; la «cualidad de bajo» es superior en Juan, aunque Pedro, obviamente, sea más alto.

• *El grado superlativo* expresa la cualidad del adjetivo en grado máximo: *Juan es muy alto; Juan es altísimo.*

El superlativo puede expresarse en español de forma analítica y de forma sintética:

— *De forma analítica*: Con la partícula intensificadora *muy*: *el niño es muy bueno*; *la niña es muy guapa.*

— *De forma sintética*: Mediante el sufijo *-ísimo*: *Juan es buenísimo, rapidísimo,* y, raramente, mediante el sufijo *-érrimo: celebérrimo.*

En efecto, hay algunos adjetivos que conservan el sufijo culto latino *-érrimo* en su forma de grado superlativo: *integérrimo, paupé-*

rrimo, libérrimo, celebérrimo, etc. Pero estas formas son de uso culto y casi exclusivas de la lengua escrita; en la lengua popular no se utilizan y, de forma progresiva, se va introduciendo el uso del sufijo tradicional *-ísimo*: *pobrísimo, pulcrísimo, asperísimo...*

Es frecuente, además, en expresiones populares el uso de otros afijos para la expresión del superlativo; son formas impropias, pero que, por su valor cuantificador o intensificador, adquieren en la conciencia de los hablantes significado superlativo: así, junto a *muy buena, buenísima,* encontramos expresiones como: *rebuena, requebuena, requetebuena, extrabuena, superbuena, ultrabuena, archibuena,* etc.

Tradicionalmente, y siguiendo una clasificación propia del latín, se distinguía un *superlativo absoluto* y un *superlativo relativo*.

El superlativo relativo expresa, dicen los gramáticos tradicionales, la cualidad del sustantivo en grado superior a todos los demás sustantivos de su grupo: *Juan es el más alto de la clase.*

El superlativo absoluto expresa la cualidad poseída por el sustantivo en grado absoluto: *Juan es altísimo.*

Pero el superlativo relativo no es, ni por la forma, ni por su significación, un superlativo; no es más que un comparativo de superioridad, aunque sea un comparativo de preeminencia. Sólo existe así, una expresión significativa de superlativo: *Juan es altísimo/muy alto.*

Hay una serie de adjetivos que junto a las formas normativas de grado comparativo de superioridad y de grado superlativo, conservan las formas cultas latinas:

	Com. de superioridad	*Superlativo*
bueno	*mejor*	*óptimo*
malo	*peor*	*pésimo*
grande	*mayor*	*máximo*
pequeño	*menor*	*mínimo*
alto	*superior*	*supremo*
bajo	*inferior*	*ínfimo*
lejano	*ulterior*	*último*
cercano	*citerior*	— — —

Estas formas cultas tienen un uso restringido en la lengua popular, y es frecuente, además, encontrar usos anómalos de ellas, como: *Juan es más mayor que yo.* Estos usos erróneos vienen motivados por el hecho de que en la conciencia del hablante no se reconoce en estas formas su valor comparativo (*mayor = más grande*), y porque en otros usos lingüísticos normativos estas formas han perdido el valor de comparativos o superlativos: *las personas mayores* (adultas) /*un señor mayor* (de cierta edad) *la más mínima sospecha* (cualquier sospecha), etcétera.

3.5.4. LA METÁBASIS DEL ADJETIVO

Metábasis o translaciones son los cambios de categoría que puede sufrir el adjetivo en el uso lingüístico. Los adjetivos pueden funcionar como sustantivo (*sustantivación*) y como adverbios (*adverbialización*).

— *La sustantivación*:

El adjetivo se convierte en sustantivo cuando desempeña las funciones propias de éste: *los pequeños son cariñosos (los niños pequeños son cariñosos).*

Siempre que el adjetivo funciona como sustantivo va precedido por un determinante: *los pequeños, sus pequeños.*

Es el artículo el determinante más usado en los adjetivos sustantivados: *el bueno, la buena, lo bueno.* Cuando el adjetivo va introducido por el determinante *lo* (forma neutra) pasa a tener un valor significativo conceptual o abstracto: *lo bueno, lo digno, lo útil.*

Además de la sustantivación formal (adjetivo precedido de determinante o artículo), existe una sustantivación histórica o diacrónica: muchos adjetivos han pasado a usarse a lo largo de la historia de la lengua como sustantivos: *sirviente, cantante, estudiante*, etcétera.

— *La adverbialización*:

Los adjetivos pueden funcionar como adverbios en la lengua mediante un doble proceso de adverbialización:

- *Adverbialización formal*: El adjetivo se convierte en adverbio cuando se le añade el sufijo -*mente*: *buenamente, ciertamente, ágilmente*. En estos usos, el adjetivo conserva su forma o terminación de género femenino, como recuerdo del proceso de formación lingüística: adjetivo + sustantivo femenino *mente*: *buena + mente*.

- *Adverbialización sintáctica*: El adjetivo se convierte en adverbio, aun sin cambiar de forma, cuando en el discurso modifica directamente al verbo, en lugar de modificar al sustantivo: *Juan es alto* (adjetivo) / *Juan y Pedro piensan alto, hablan alto* (adverbios).

3.5.5. RELACIONES DE CONCORDANCIA DEL ADJETIVO

Como ya hemos señalado, el adjetivo es un término secundario que depende del sustantivo significativa y formalmente. Por eso, la forma del adjetivo debe concordar en género y en número con la forma del sustantivo: *agua clara, niños altos*.

Pero en el uso lingüístico se dan algunos casos espaciales de concordancia entre sustantivos y adjetivos; por ejemplo:

— Cuando el adjetivo se refiere a varios sustantivos en plural del mismo género, debe ir en plural: *Juan, Pedro y su hermano son trabajadores*.

— Cuando se refiere a sustantivos masculinos y femeninos debe ir en masculino, que es el género más amplio, y en plural: *Juan, su madre y su hermana son ricos*.

— Cuando el adjetivo precede a los sustantivos, a pesar de la norma anterior, concuerda con el sustantivo más próximo: *tu estimada prudencia y esfuerzo; tu estimado esfuerzo y prudencia*. Pero cuando son nombres propios o nombres comunes de persona, el adjetivo concuerda en plural y masculino: *los valientes hermano y hermana; llegan los valerosos Antonio y Pilar*.

— Con los pronombres y fórmulas de tratamiento que no distinguen el género, el adjetivo lo señala según el sexo: *tú mismo/tú misma*; *usted es bueno/usted es buena.*

3.6. EL PRONOMBRE

Los pronombres son las palabras que utilizamos para sustituir al sustantivo (pronombre = en lugar del nombre): *Luis ha llamado; él ha llamado.*

Los pronombres no aportan significativamente nada nuevo en la expresión lingüística, sólo tienen valor referencial: su significado es el mismo que el del sustantivo al que sustituyen y hacen referencia: *tengo varios libros, éste te gustará (este libro te gustará)*; pero son formas muy utilizadas en el uso de la lengua. El hablante usa los pronombres en lugar de sustantivos y de formas léxicas más extensas, como un recurso de economía lingüística; con lo que consigue una mayor rapidez y fluidez en la expresión: *me agrada tu venida; me agrada que hayas venido; eso me agrada.*

Además, el uso de los pronombres facilita estilísticamente la comunicación lingüística, ya que simplifica y flexibiliza la expresión evitando la reiteración de sustantivos y, en muchos casos, una caótica forma de expresión, aunque la pronominalización, por contra, dificulte en algunos usos la comprensión significativa del discurso.

Son muy diferentes grupos de palabras las que forman los pronombres en español: *él, éste, quien, alguno, ti...*, etc. Para su estudio, los agrupamos, según la clasificación ya tradicional, en: *pronombres personales, pronombres demostrativos, pronombres posesivos, pronombres relativos, pronombres indefinidos, pronombres interrogativos, pronombres exclamativos y pronombres numerales.*

Ya hemos anotado con anterioridad que hay algunos gramáticos que hacen distinción entre *pronombres sustantivos* (sustituyen al nombre), *él viene (Juan)*, y *pronombres adjetivos* (sustituyen al nombre y a la vez funcionan como adjetivos: *su casa = la casa de Juan).*

Nosotros, sólo consideramos pronombres los primeros, y los llamados pronombres adjetivos ya quedan incluidos en nuestro estudio entre los determinantes del sustantivo.

3.6.1. LA DEIXIS: ANÁFORA Y CATÁFORA

Los pronombres no aportan valor significativo nuevo en el discurso: su valor significativo es siempre referencial, tienen el mismo valor significativo que los sustantivos a los que se refieren: son *formas deícticas*.

Las palabras deícticas son aquellas que carecen de valor significativo en sí mismas: adquieren valor lingüístico en cuanto que son formas que significan lo mismo que aquellas a las que sustituyen o hacen referencia:

vi a Juan y le (a Juan) di un abrazo.

Aunque la deixis no es una característica exclusiva de los pronombres (los adverbios son también formas deícticas: *fui a Madrid/ allí se vive bien*), sí son los pronombres las palabras deícticas más importantes en el uso de la lengua.

La deixis puede presentar en el discurso la forma de *anáfora* o de *catáfora*, según el orden de colocación con respecto al elemento al que se refieren:

- *La anáfora* se da cuando la palabra deíctica va detrás del elemento lingüístico al que hace referencia, y que ya ha aparecido con anterioridad: *vi a mi madre y le di un abrazo* (*le* es una forma anafórica).

- *La catáfora* se da cuando la palabra deíctica va delante del elemento lingüístico al que se hace referencia, y que aparece colocado detrás: *a ti yo te regalaré mis ilusiones, dijo Antonio a Pilar* (*yo, ti* y *te son pronombres catafóricos*).

3.6.2. LOS PRONOMBRES PERSONALES

Los pronombres personales son las palabras que utilizamos para referirnos a las personas que intervienen en el coloquio, y cuyo valor significativo es precisamente ése, designar a las personas gramaticales: *yo, tú, él...*

Las personas que intervienen en el coloquio son: la primera persona, que es la que habla: *yo, nosotros, nosotras*, y la segunda persona, que es la que escucha: *tú, vosotros, vosotras*.

La 1ª y la 2ª persona, son en sentido propio, las personas gramaticales. También existe la tercera persona (que no es ni 1ª ni 2ª) y que, en muchos usos, ni siquiera es persona, sino un mero elemento de referencia: *Juan compró la tarta/él la compró.*

Los pronombres personales varían de forma según los formantes de género y número (*yo, nosotros, nosotras*) y, también, según la función sintáctica que desempeñan[1]: *tú te peinas* (sujeto, objeto).

Las formas que presentan los pronombres personales son:

			SINGULAR		PLURAL	
Pronombres personales	Primera persona	formas tónicas	*yo* *mí* *conmigo*		*nosotros, nosotras*	
		formas átonas	*me*		*nos*	*nos*
	Segunda persona	formas tónicas	*tú* *ti* *contigo*		*vosotros, vosotras*	
		formas átonas	*te*		*os*	*os*
	Tercera persona	formas tónicas	*él* *sí* *consigo*	*ella, ello* *sí* *consigo*	*ellos* *sí* *consigo,*	*ellas* *sí* *consigo*
		formas átonas	*le* *lo* *se*	*le, lo* *la* *se*	*les* *los* *se*	*les* *los* *se*

También, y por criterios pedagógicos, anotamos por su claridad expositiva una clasificación de las distintas formas de los pronombres personales según la función que pueden desempeñar:

---

[1] En el apartado que corresponde al nivel sintáctico aparece un estudio más detallado de las funciones sintácticas de los pronombres personales, así como de los usos de leísmo, laísmo y loísmo que pueden presentar (§ 4.2.6 y 4.2.6.3).

— Pronombres personales de 1ª persona en función de:

* Sujeto: *yo, nosotros, nosotras*
* Objeto (directo e indirecto): *me, nos*
* Sintagma preposicional: *mí, nosotros, nosotras*
* Reflexivo: *me, nos*

— Pronombres personales de 2ª persona en función de:

* Sujeto: *tú, vosotros, vosotras*
* Objeto (directo e indirecto): *te, os*
* Sintagma preposicional: *ti, vosotros, vosotras*
* Reflexivo: *te, os*

— Pronombres personales de 3ª persona en función de:

* Sujeto: *él, ella, ello, ellos, ellas*
* Objeto directo: *lo, la, lo, los, las*
* Objeto indirecto: *le, les*
* Sintagma preposicional: *sí, él, ella, ello, ellos, ellas*
* Reflexivo: *se*

Las formas *nosotros/as, vosotros/as,* significativamente, no responden siempre al plural de *yo y tú,* sino que hacen también referencia, según su forma etimológica: *nos + otros/vos + otros,* al resto de las personas del coloquio: *nosotros estamos contentos* (nosotros, vosotros y ellos) /*vosotros cantáis* (tú, tú, él, ellas...)

3.6.2.1. Uso de los pronombres personales

Los pronombres personales presentan formas muy diversas según su valor, significación, uso y función; por ello es frecuente en el uso de la lengua que aparezcan vacilaciones y utilizaciones peculiares e incorrectas de estas formas pronominales. Así:

— En el uso de los pronombres personales de tercera persona *le, la, lo, los* y *las*, son frecuentes las vacilaciones y los usos incorrectos de *leísmo, laísmo* y *loísmo* [1].

— Las formas *mí, ti, sí* van siempre regidas por preposición, y, si es la preposición *con*, presentan las formas lexicalizadas *conmigo, contigo, consigo.*

— La forma *sí* de 3ª persona no presenta variación de número, ni de género (es *para sí* = para él, ella, ellos, ellas), por lo que su referencia significativa es imprecisa.

Su uso es escaso y casi exclusivo de la lengua escrita. En la lengua hablada las formas *consigo, para sí* han sido reemplazadas por las formas *con él, para él, ella...*, que, aunque menos lingüísticas, son más precisas significativamente en la conciencia del hablante.

— Las formas inacentuadas *me, te, se, le, la, lo,* y sus plurales, suelen colocarse delante del verbo; pero no es rara la posposición, bien por razones de uso regional (en Asturias es frecuente la posposición: *díjome, dábale*) o por razones literarias o de estilo.

Es obligatoria la posposición cuando se utilizan en función apelativa o vocativa y con verbos en imperativo: *vete tú/idos vosotros.*

Se suelen posponer, asimismo, con las formas verbales en infinitivo y gerundio: *trabaja para ayudarles, se divierte contándoles cuentos*; pero, a veces, estas formas pueden aparecer antepuestas: *se lo puedo enseñar/puedo enseñárselo; los andaban buscando/andaban buscándolos.*

— Cuando aparecen en el uso lingüístico combinadas las formas *me, te, se,* la forma *se* va siempre delante: *se me dijo, se te olvidó.* Son incorrectos los usos: *me se dijo, te se dijo...*

— También, y por razones de comportamiento sociocultural, las formas pronominales de 3ª persona deben colocarse delante de las de 2ª y 1ª persona, y las de 2ª delante de las de 1ª. Deben evitar-

---

[1] Véase *La función de complemento directo* (§ 4.2.6.3).

se los usos como: *yo, tú y él fuimos de excursión, yo y tú iremos de excursión.*

— Cuando las formas inacentuadas aparecen en frases de significado imperativo y se refieren a sustantivos en plural, es frecuente que la *n* de la 3ª persona del plural del verbo pase a la forma pronominal y se formen expresiones incorrectas: *demen* (por denme), *sientensen* (por sientense).

— Las formas pronominales de 3ª persona *le, les*, cuando aparecen combinadas con las formas *lo, la, los, las*, y van antepuestas a éstas, adquieren la forma *se*: *yo le/les di dinero = yo le/les lo di = yo se lo di.*

Este cambio de forma, motivado por razones de pronunciación, está documentado en el uso de la lengua desde el siglo XV. En principio, la forma utilizada era *ge*, pero siguió un proceso de transformación y adoptó desde los siglos XVI-XVII la forma *se*.

— Es frecuente, también, el uso erróneo de la forma *le* con valor de plural sin atender las relaciones de concordancia: *dábale consejos a los hijos el padre.*

3.6.2.2. Las fórmulas de tratamiento

El esquema lingüístico propio de las *fórmulas de tratamiento* para dirigirnos a la segunda persona del coloquio debería ser, por razones etimológicas y de analogía con la 1ª persona: *yo, nosotros, nosotras* (la forma *nos*, con significado de plural se usó desde antiguo en nuestra lengua, pero el uso generalizado de *nosotros* ha hecho que desaparezca, y sólo quedan algunos restos en el lenguaje literario, o en tratamientos de plurales de respeto y mayestáticos: *Nos el Papa, Nos el rey*), debería ser, decíamos: *tú, vosotros, vosotras.* Pero el uso lingüístico, y las exigencias derivadas de las distintas condiciones de clase o categoría personal de los interlocutores, han motivado diversas fórmulas de tratamiento según distintos hábitos sociales o regionales.

Anotamos, para su estudio y análisis, tres esquemas de fórmulas de tratamiento:

a)

Singular	Plural	
Tú	**Vosotros/-as**	Tratamiento entre iguales
Usted	**Ustedes**	Tratamiento de respeto

Este esquema de tratamiento se da, fundamentalmente, en España: *tú, vosotros/as* se utiliza para tratamiento entre iguales, y *usted, ustedes*, para tratamiento de respeto.

Usted procede de la fórmula de tratamiento respetuoso *vuestra merced*, utilizada ya desde el siglo XV, y que ha ido contrayéndose (*vuesa merced, usarced*) hasta reducirse a *usted* (abreviado, *Vd.*).

Usted se utiliza con verbos en 3ª persona: *usted canta, ustedes cantan*[1].

La frecuencia de uso de las formas *tú/usted* y sus plurales ha ido variando según las modas y usos sociales de cada momento. Hoy es más frecuente el uso de la forma *tú*; pero el «tuteo» no supone siempre una pérdida de consideración, estima o valoración (¿Cómo se puede cuantificar el respeto?), sino, quizá, una relación más directa y personal de los interlocutores.

En Andalucía es frecuente el uso de *ustedes* por *vosotros* en la lengua hablada, e incluso en Andalucía Occidental se utiliza *ustedes* con verbos en 2ª persona del plural: *¿Cómo estáis ustedes?*

b)

Singular	Plural	
Tú	**Ustedes**	Tratamiento entre iguales
Usted	**Ustedes**	Tratamiento de respeto

---

[1] Véase *Morfemas verbales: la persona* (§ 3.7.2.1).

Este esquema se utiliza en parte de Hispanoamérica: México, Cuba, Santo Domingo, Puerto Rico y en parte de Venezuela, Panamá, Colombia, y de Perú. Se caracteriza por la no utilización de las formas plurales *vosotros/as*, ni siquiera para tratamiento entre iguales. Entre los gramáticos y literatos sí se da el uso de la forma *vosotros/as*, que es la forma más lingüística; pero su uso es todavía muy escaso fuera de la lengua escrita y casi inexistente en la lengua familiar.

c)

Singular	Plural	
Vos	**Ustedes**	Tratamiento entre iguales
Usted	**Ustedes**	Tratamiento de respeto

Este esquema se da de forma casi generalizada en el resto de Hispanoamérica. Se caracteriza por el uso de *vos* en lugar de *tú*, y por la no utilización, excepto en algunos usos de la lengua escrita, de las formas *vosotros/as*. Es el llamado esquema del *voseo*: *te lo digo a vos*; *vos te quedás.*

El voseo americano es un rasgo de arcaísmo lingüístico. En España el *vos* se utilizó hasta el final de la Edad Media con significado de segunda persona de plural. Pero en el siglo XV, la fórmula *vuestra merced* empieza a utilizarse de forma generalizada, como tratamiento respetuoso; así, la forma *vos* queda desplazada, y pasa a utilizarse como forma con valor de singular, y alternó con *tú* en el uso lingüístico hasta el siglo XVII. En estos momentos de alternancia de las formas *tú/vos*, nuestra lengua llega a América. En España la forma *vos* ha dejado de utilizarse y ha quedado reducida a escasos usos literarios y formulísticos, pero en América se sigue utilizando de forma casi exclusiva en la lengua familiar y coloquial, aunque los escritores y gramáticos van introduciendo en la lengua escrita la forma *tú*, que sigue siendo extraña todavía para la mayoría de los hablantes.

El voseo se utiliza con formas verbales de 2ª persona de plural: *vos reís, vos estabais*, o con formas de plural simplificadas: *vos esta-*

bas; pero también se usa con formas de singular y con formas verbales típicas y regionales: *vos tomás*, *vos querés* (en Argentina), *vos querías*, *vos cantarés* (en Chile), *vos tomás*, *vos tomarés* en Colombia), etcétera.

3.6.2.3. Fórmulas reverenciales, de cortesía

Existen otras fórmulas sustitutorias de la 2ª persona que se utilizan en la lengua escrita (lenguaje burocrático, instancias, certificados, etc.) y en uso sociales restringidos. Entre ellas:

> *Vuestra Ilustrísima (V.I.)*
> *Vuestra Señoría (Usía)*
> *Vuestra Excelencia (Voecencia)*
> *Vuestra paternidad*
> *Vuestra Alteza*
> *Vuestra Majestad*
> *Vuestra Merced*, etcétera.

Estas fórmulas han ido perdiendo el significado de honra, de dignidad y de reverencia personal que tenían en los siglos anteriores y han quedado como formas de tratamiento burocrático.

Es frecuente, por asociación y combinación con formas lingüísticas de 3ª persona, el uso de *Su* en vez de *Vuestra* en estas formas analíticas: *Su Majestad, Su Merced…*; incluso, no es raro que aparezcan así en Hispanoamérica, y con sufijos diminutivos: *Su Mercedita/Su Mercecita*.

3.6.3. LOS PRONOMBRES DEMOSTRATIVOS

Los pronombres demostrativos sustituyen al nombre, e indican su relación con las personas gramaticales y el espacio y el tiempo: *a Juan le doy éste* (un objeto que está cerca del que habla).

La forma de los pronombres demostrativos es:

Singular	Plural
éste, ésta, esto	*éstos, éstas*
ése, ésa, eso	*ésos, ésas*
aquél, aquélla, aquello,	*aquéllos, aquéllas*

Éste expresa proximidad al hablante; **ése,** relativa lejanía y proximidad al hablante y **aquél,** lejanía con respecto al hablante y oyente.

Esto, eso y aquello, son formas neutras que utiliza el hablante cuando hace referencia a todo aquello que no es ni masculino ni femenino: *que trabajes poco me preocupa = eso me preocupa.*

Los pronombres demostrativos suelen llevar acento diacrítico, pero no es obligatoria su acentuación, salvo en los casos de posible confusión, por lo que son correctas las formas acentuadas y las que no llevan acento: *este libro es para éste/este libro es para este.*

Es incorrecto, por contra, acentuar las formas neutras *esto, eso* y *aquello,* porque no tienen doble uso; son siempre formas pronominales.

La lengua antigua ofrecía una serie de formas pronominales: *aqueste, aquese,* etc., que hoy sólo se utilizan como recurso arcaizante y burlesco.

3.6.4. LOS PRONOMBRES POSESIVOS

Los pronombres posesivos indican que lo nombrado por el sustantivo al que hacen referencia pertenece a la primera, segunda o tercera persona del coloquio; e indican, a la vez, si la pertenencia corresponde a uno o varios poseedores: *éste es mío* (de la 1ª persona de singular).

La forma de los pronombres posesivos es:

Un poseedor		Varios poseedores	
Singular	Plural	Singular	Plural
mío, mía	*míos, mías*	*nuestro, nuestra,*	*nuestros/as*
tuyo, tuya	*tuyos, tuyas*	*vuestro, vuestra*	*vuestros/as*
suyo, suya	*suyos, suyas*	*suyo, suya*	*suyos, suyas*

Los pronombres posesivos sustituyen al giro gramatical *de* + *persona gramatical*: *esta casa es de él/ esta casa es suya.* En su forma coinciden con los determinantes posesivos, por lo que es frecuente que se utilicen precedios de artículo, con lo que queda marcado su valor pronominal: *ésta es mi casa* (determinante posesivo), *ésta es mía, esta es la mía* (pronombres posesivos). Es frecuente en el uso lingüístico el empleo de las expresiones *lo mío, lo vuestro, lo suyo,* etc., como formas neutras.

3.6.5. LOS PRONOMBRES RELATIVOS

Los pronombres relativos son formas especiales de la lengua que utilizamos para sustituir al nombre, que es a la vez su antecedente, en el discurso: así, en la expresión: *vemos al hombre, el hombre te busca,* el sustantivo *hombre* se sustituye por el pronombre relativo: *que*: *vemos al hombre que te busca.*

Los pronombres relativos desempeñan tres funciones en el uso lingüístico:

— Son pronombres, sustituyen al nombre que es a su vez el antecedente: *el libro es bonito/leo el libro = el libro que leo es bonito.*

— Son nexos de unión entre la oración y la proposición adjetiva o de relativo; por eso son siempre la primera palabra de la proposición de relativo: *el hombre que vino ayer era mi hermano.*

— Son sintagmas, desempeñan función sintáctica dentro de su oración: *el niño que viene...* (sujeto), *el niño que vimos...* (objeto directo), *el niño con quien fuimos...* (c. circunstancia), etcétera.

Los pronombres relativos son: *que, cual, quien, cuanto* y *cuyo.*

• El pronombre relativo **que** se utiliza referido a personas y a cosas, y es invariable; admite la presencia del artículo, cuyo uso es muy frecuente en la lengua coloquial: *ésa es la puerta por que escapó/por la que escapó.*

- El pronombre relativo *cual* se utiliza referido a personas y cosas. Siempre se utiliza con artículo, y presenta variación de número, pero no de género: *el niño al cual vimos*; *las niñas a las cuales vimos...*
- El pronombre relativo *quien* se utiliza sólo referido a personas, y presenta variación de número, pero no de género; no admite nunca artículo: *los niños a quienes vimos*, *la niña a quien vimos...*
- El pronombre relativo *cuanto* se utiliza referido a personas y cosas, y presenta variación de género y número: *éstos son todos los niños/niñas cuantos/cuantas tengo.*
- El pronombre relativo *cuyo* se utiliza referido a personas y cosas, y presenta variación de género y número: *los árboles cuyas hojas.../las casa cuyos balcones sean...*

  Cuyo es un pronombre especial, pues funciona a la vez como determinante posesivo y como pronombre relativo. No concuerda con el antecedente, sino con el consiguiente, al que obligatoriamente precede: *la casa, cuyas puertas son rojas, es mía* (*cuyas puertas* equivale *a sus puertas/las puertas de la cual*).

3.6.6.   LOS PRONOMBRES INTERROGATIVOS Y EXCLAMATIVOS

Los pronombres interrogativos sustituyen en el discurso a un sustantivo de persona o de cosa que es a la vez objeto de pregunta por parte del hablante: *¿quién ha venido?/¿qué haces?*

Formalmente, coinciden con los pronombres relativos, sólo se diferencian en que llevan acento diacrítico.

También coinciden en su forma con los *pronombres exclamativos* de los que sólo se diferencian en la modalidad significativa y en las marcas léxicas de pregunta o exclamación: *¿quién ha ido hoy a Soria?/¡quién pudiera ir hoy a Soria!*

Cuyo, por ser una forma especial, no funciona como interrogativo ni exclamativo. El uso de *cúyo* en frases del tipo *¿cúyo es este* *libro*? (*¿de quién es este libro*?) ha quedado sólo como arcaísmo en la lengua escrita, y es una forma prácticamente desusada.

Es incorrecto, asimismo, el uso de *cuál* con variación de género en frases como **¿cuála quieres*?, utilizadas en el lenguaje vulgar.

3.6.7. LOS PRONOMBRES NUMERALES

Los pronombres numerales son formas especiales de la lengua que sustituyen al nombre que, a la vez, cuantifican: *yo tengo dos casas y Juan tiene tres* (casas)

Los numerales aparecen muy poco en función pronominal, se usan casi siempre como determinantes, sobre todo, en la lengua escrita: *yo he leído un libro y tú has leído dos libros*/*has leído dos* (pronombre)[1].

3.6.8. LOS PRONOMBRES INDEFINIDOS

Los pronombres indefinidos son formas especiales de la lengua que se refieren a personas o cosas sin identificarlas, y que presentan siempre una significación vaga, ocasional e imprecisa: *alguien viene*; *ha ocurrido algo.*

Los pronombres indefinidos presentan formas diversas (a veces, ni siquiera son pronombres, sino oraciones transformadas y lexicalizadas: *quien/quiera, cual/quiera*). Los más utilizados son: *uno, alguien, alguno, cualquiera, quinquiera, nadie, ninguno, algo, poco, mucho, demasiado, todo, nada*, etcétera.

Algunos pronombres indefinidos presentan variación de género y número: *alguno/a, -os, -as, todo, -a, -os, -as...*; otros, tienen sólo variación de número: *quinquiera/quienesquiera, cualquiera/cualesquiera*; otros más, son invariables: *alguien, nadie, nada...*

---

[1] Para su estudio, nos remitimos al apartado de *los Determinantes numerales.* (§ 3.4.4).

3.7. EL VERBO

Los verbos son las palabras que utilizamos para expresar la realidad como comportamiento del sujeto: *Juan corre*; *Pedro trabaja todos los días*.

El hablante usa el verbo para expresar las actuaciones de los seres reales, hipotéticos o conceptuales a los que hace referencia: *los niños juegan; se venden pisos; el amor se refleja en su mirada*. El significado del verbo depende del comportamiento de los seres que expresamos con los sustantivos, que en la relación sintáctica actúan como sujetos: *los niños, pisos, el amor;* por lo que los verbos son términos dependientes sintáctica y significativamente del sujeto.

3.7.1. CLASIFICACIÓN

Los comportamientos del sujeto pueden ser muchos y muy diferentes, por lo que los verbos adquieren valores y usos significativos muy diversos en la expresión lingüística.

Hay muchas clases de verbos, y son varios los criterios empleados para su clasificación: *por el empleo gramatical, por su significado verbal, por su modalidad significativa* y *por su formación*.

3.7.1.1. Clasificación según el empleo gramatical

Según el empleo gramatical, los verbos pueden ser: *transitivos, intransitivos, reflexivos, recíprocos,* e *impersonales*.

*   *Verbos transitivos*: Son lo que se utilizan con complemento directo: *Juan come pan*; *la madre escribió una carta a su hijo*.

*   *Verbos intransitivos*: Son los que se utilizan sin complemento directo: *Juan come en casa*; *Felipe II nació en Valladolid*.

La diferencia entre verbos transitivos e intransitivos no es categórica, sino que viene dada por el valor significativo que adquieren en el uso de la lengua.

Los verbos transitivos expresan un comportamiento del sujeto tan genérico, que para su significación necesitan la presencia del objeto de ese proceso (c. directo). Así, por ejemplo, ante la pregunta *¿qué come Juan?*, el hablante necesita expresar no sólo la acción (*comer*), sino, también, el objeto de esa acción: *Juan come pan*.

Los verbos intransitivos tienen significado completo sin necesidad de complemento directo. Así, ante la pregunta *¿qué hace Juan?*, el hablante puede expresarla sólo con el verbo: *Juan come*.

Los términos *transitivo* e *intransitivo* proceden de la gramática latina. *Transitivo*, era el verbo de la oración transitiva, y oración transitiva significaba que podía pasar de activa a pasiva (*trans-ire*, en latín). *Intransitivo*, era el verbo de la oración intransitiva, que no podía ponerse en pasiva.

Son muchos los gramáticos que mantienen en su exposición esta diferencia terminológica, e interpretan que los verbos *transitivos* son los que hacen pasar la acción del sujeto al complemento directo (elemento lingüístico de la oración transitiva), y que los *intransitivos*, son aquellos cuya acción no pasa al complemento.

Pero los verbos no son en sí mismo transitivos/intransitivos, sino que se utilizan como transitivos o intransitivos en el uso de la lengua: *el niño canta una canción* (transitivo); *el niño canta muy bien* (intransitivo).

Hay verbos que se utilizan casi siempre como intransitivos: *nacer, vivir, brillar, caminar, palidecer, fluir, existir*, etc., y otros, casi siempre, se utilizan con el complemento directo, porque sin él no adquieren significación completa: *hacer* (*hacer ruido, calor, zapato*, etcétera), *tener* (*tener dinero, miedo, hambre...*); pero la línea que separa a verbos transitivos e intransitivos no es fija ni segura; así, la lengua admite usos como: *yo no nací* (intransitivo); *«me nacieron en Zamora»* (transitivo), dice Clarín.

Existen algunos verbos que pueden funcionar como intransitivos o transitivos sin que varíe su significado, aunque presenten modalidades significativas o estilísticas distintas; son los verbos que admiten un *complemento interno*: *yo vivo/yo vivo la vida*; *yo sueño/yo sueño sueños extraños.*

- *Verbos reflexivos*: Son una clase especial de transitivos que tienen como complemento directo un pronombre personal de la misma persona que el sujeto: *Juan se lava.* Se llaman reflexivos porque la acción refleja o recae sobre la misma persona que la realiza: *Juan se peina* (*Juan peina a Juan*).

Hay dos tipos de verbos reflexivos:

— *Verbos reflexivos gramaticales*: Son los auténticos verbos reflexivos, aquellos en los que el sujeto y el objeto coinciden: *tú te lavas*; *Juan se peina.*

— *Verbos reflexivos formales*: Son los que tienen forma reflexiva, pero no tienen valor reflexivo (la acción no recae sobre el sujeto que la realiza: *Juan se va*, *Juan se atreve* (Juan no va a Juan/Juan no atreve a Juan). Estos verbos se denominan, también, *verbos pronominales*, porque necesitan un pronombre para su conjugación:

Alegrarse, emocionarse, conmoverse, serenarse. Espantarse, horrorizarse, acobardarse, intimidarse, envalentonarse, embravecerse, atreverse, aventurarse, arriesgarse, amilanarse. Irritarse, enojarse, pavonearse, vangloriarse, envanecerse. Asombrarse, maravillarse, pasmarse. Irse, marcharse, venirse, volverse, salirse, entrarse, subirse, bajarse, asomarse, esconderse, agacharse, acuclillarse, encogerse, contraerse, estirarse, desbordarse, enderezarse, retorcerse...

Algunos de estos verbos no siempre necesitan un pronombre para su conjugación: *yo paseo/yo me paseo; yo aprendo la lección/yo me aprendo la lección; Juan teme lo peor/Juan se teme lo peor*: son los verbos que llevan un pronombre *ético o de interés*, que indica que el sujeto realiza la acción en su propio provecho, beneficio o interés [1].

---

[1] Véase *Valores de la forma pronominal Se* (§ 4.7.).

• *Verbos recíprocos*: Son una clase especial de los verbos reflexivos en los que el sujeto y el objeto coinciden, y son, a la vez, más de uno: la acción la realizan y la reciben mutuamente, recíprocamente: *Juan y Pedro se lavan (Juan lava a Pedro y Pedro lava a Juan)*.

• *Verbos impersonales*: Son los verbos que carecen de sujeto: *llueve, nieva, truena, relampaguea...* Son los llamados verbos de la naturaleza, llamados, también, *unipersonales*, ya que sólo se utilizan en 3ª persona de singular.

3.7.1.2. Clasificación según el significado verbal

Según el significado verbal, pueden ser: *nucleares, auxiliares*, y *modales*.

• *Verbos nucleares*: Son los que forman el núcleo verbal, e indican el comportamiento del sujeto al que hacemos referencia: *Juan estudia; Juan ha estudiado; Juan tiene que estudiar*.
N   N   N

• *Verbos auxiliares*: Son los que han perdido su valor verbal, y se utilizan para la conjugación de otros verbos. Son los verbos *haber*: *yo he estudiado* (que se utiliza para la formación de los tiempos compuestos) y *ser* (que se utiliza para la conjugación en voz pasiva): *yo soy amado*.

• *Verbos modales*: Son los que han perdido total o parcialmente su significado verbal, y se utilizan junto a otros verbos, con los que forman una perífrasis verbal, para añadir un matiz o modalidad significativa derivada de la conjunción de los dos verbos: *Juan tiene que estudiar la lección; Juan viene estudiando la lección*.   M
M

3.7.1.3. Clasificación según la modalidad significativa

Según la modalidad significativa, pueden ser: *perfectivos, imperfectivos, incoativos, frecuentativos* e *iterativos*.

• *Verbos perfectivos*: Son los que indican una acción que no es completa hasta que no está terminada: *saltar, entrar, salir, terminar, comer, nacer...*

• *Verbos imperfectivos*: Son los verbos cuya acción no necesita terminar para ser completa: *nadar, querer, saber, oír, ver...*

• *Verbos incoativos*: Son los verbos que indican el comienzo de una acción o comportamiento: *amanecer, anochecer, iniciar, palidecer, reverdecer...* A veces, además de significar comienzo, indican también la duración de la acción o comportamiento: *dormirse, enriquecerse, enfurecerse, enfriarse, calentarse, endurecerse, ablandarse...*, y presentan forma reflexiva.

• *Verbos frecuentativos*: Son los que indican una acción frecuente o habitual: *tutear, sisear, cortejar, merodear...* Generalmente, van acompañados de procedimientos léxicos o gramaticales, que refuerzan el significado frecuente o habitual de la acción verbal: *Antonio tutea casi siempre a su padre.*

• *Verbos iterativos*: Son los que expresan acciones que se componen de momentos repetidos: *golpear, apedrear, patalear, repicar, besuquear, vagabundear, picotear, bailotear...*

La diferencia entre verbos frecuentativos e iterativos no siempre es clara y precisa; en muchos casos, la diferencia significativa es mínima. Los verbos iterativos indican una acción que se compone de momentos repetidos (*besuquear*, «dar muchos besos») y los frecuentativos, una pluralidad de acciones (*tutear*, «que utiliza varias veces el *tú* como fórmula de tratamiento»).

3.7.1.4. Clasificación según su formación: verbos regulares, irregulares y defectivos

Según su formación, pueden ser: *regulares, irregulares, y defectivos.*

a) *Verbos regulares*: Son los verbos que en las distintas formas que pueden adoptar en su conjugación se ajustan siempre a las formas del verbo que se toma como modelo en la conjugación a la que pertenece. En español hay tres conjugaciones: los verbos acabados en *-ar* en el infinitivo pertenecen a la primera conjugación, los acabados en *-er*, a la segunda, y los acabados en *-ir*, a la tercera. Los modelos son: *amar, temer* y *partir*.

CONJUGACIÓN	1ª	2ª	3ª
FORMAS NO PERSONALES	**amar**	**temer** SIMPLES	**partir**
INFINITIVO GERUNDIO PARTICIPIO	amar amando amado	temer temiendo temido	partir partiendo partido
		COMPUESTAS	
INFINITIVO GERUNDIO	haber amado habiendo amado	haber temido habiendo temido	haber partido habiendo partido
FORMAS PERSONALES **Modo indicativo:**		**TIEMPOS SIMPLES**	
Presente:	amo amas ama amamos amáis aman	temo temes teme tememos teméis temen	parto partes parte partimos partís parten
Préterito imperfecto:	amaba amabas amaba amábamos amabais amaban	temía temías temía temíamos temíais temían	partía partías partía partíamos partíais partían
Pretérito indefinido o perfecto simple:	amé amaste amó amamos	temí temiste temió temimos	partí partiste partió partimos

CONJUGACIÓN	1ª	2ª	3ª
	amasteis	temisteis	partisteis
	amaron	temieron	partieron
Futuro simple	amaré	temeré	partiré
	amarás	temerás	partirás
	amará	temerá	partirá
	amaremos	temeremos	partiremos
	amaréis	temeréis	partiréis
	amarán	temerán	partirán
Condicional o	amaría	temería	partiría
futuro hipotético:	amarías	temerías	partirías
	amaría	temería	partiría
	amaríamos	temeríamos	partiríamos
	amaríais	temeríais	partiríais
	amarían	temerían	partirían
		TIEMPOS COMPUESTOS	
Pretérito perfecto:	he amado	he temido	he partido
	has amado	has temido	has partido
	ha amado	ha temido	ha partido
	hemos amado	hemos temido	hemos partido
	habéis amado	habéis temido	habéis partido
	han amado	han temido	han partido
Pretérito pluscuamperfecto:	había amado	había temido	había partido
	habías amado	habías temido	habías partido
	había amado	había temido	había partido
	habíamos amado	habíamos temido	habíamos partido
	habíais amado	habíais temido	habíais partido
	habían amado	habían temido	habían partido
Pretérito anterior:	hube amado	hube temido	hube partido
	hubiste amado	hubiste temido	hubiste partido
	hubo amado	hubo temido	hubo partido
	hubimos amado	hubimos temido	hubimos partido
	hubisteis amado	hubisteis temido	hubisteis partido
	hubieron amado	hubieron temido	hubieron partido
Futuro compuesto:	habré amado	habré temido	habré partido
	habrás amado	habrás temido	habrás partido
	habrá amado	habrá temido	habrá partido

CONJUGACIÓN	1ª	2ª	3ª
	habremos amado habréis amado habrán amado	habremos temido habréis temido habrán temido	habremos partido habréis partido habrán partido
Condicional o futuro hipotético compuesto:	habría amado habrías amado habría amado habríamos amado habríais amado habrían amado	habría temido habrías temido habría temido habríamos temido habríais temido habrían temido	habría partido habrías partido habría partido habríamos partido habríais partido habrían partido
Modo subjuntivo:		**TIEMPOS SIMPLES**	
Presente:	ame ames ame amemos améis amen	tema temas tema temamos temáis teman	parta partas parta partamos partáis partan
Pretérito imperfecto:	amara/amase amaras/-ases amara/-ase amáramos/ -ásemos amarais/-aseis amaran/-asen	temiera/temiese temieras/-ieses temiera/-ese temiéramos/ -iésemos temierais/-ieseis temieran/-iesen	partiera/partiese partieras/ieses partiera/-iese partiéramos/ -iésemos partierais/-ieseis partieran/-iesen
Futuro simple:	amare amares amare amáremos amareis amaren	temiere temieres temiere temiéremos temiereis temieren	partiere partieres partiere partiéremos partiereis partieren
		TIEMPOS COMPUESTOS	
Pretérito perfecto:	haya amado hayas amado haya amado hayamos amado	haya temido hayas temido haya temido hayamos temido	haya partido hayas partido haya partido hayamos partido

CONJUGACIÓN	1ª	2ª	3ª
	hayáis amado hayan amado	hayáis temido hayan temido	hayáis partido hayan partido
Pretérito pluscuamperfecto:	hubiera/hubiese amado hubieras/-ieses amado hubiera/-iese amado hubiéramos/ -iésemos amado hubierais/-ieseis amado hubieran/-iesen amado	hubiera/hubiese temido hubieras/-ieses temido hubiera/-iese temido hubiéramos/ -iésemos temido hubierais/-ieseis temido hubieran/-iesen temido	hubiera/hubiese partido hubieras/-ieses partido hubiera/-iese partido hubiéramos/ -iésemos partido hubierais/-ieseis partido hubieran/-iesen partido
Futuro compuesto:	hubiere amado hubieres amado hubiere amado hubiéremos amado hubiereis amado hubieren amado	hubiere temido hubieres temido hubiere temido hubiéremos temido hubiereis temido hubieren temido	hubiere partido hubieres partido hubiere partido hubiéremos partido hubiereis partido hubieren partido
Modo imperativo:			
Presente:	ama amad	teme temed	parte partid

b)   *Verbos irregulares*: Son los verbos que no siguen los modelos clásicos de la conjugación, ya que presentan alteraciones en la raíz o en el lexema: *ruedo* (debería ser *rodo*), en el morfema o terminación: *anduve* (debería ser *andé*), o en ambas partes a la vez: *puso* (debería ser *ponió*).

Las irregularidades de las formas verbales vienen motivadas por transformaciones fonéticas que han seguido estas formas a lo largo de la historia de la lengua, y que han llegado a soluciones múltiples, diversas y, en muchos casos, diferentes; por eso no resulta fácil agrupar la irregularidades de los verbos españoles, ni reducirlos, para su estudio, a reglas fijas. Para conocer con precisión la conjugación de los verbos irregulares, debemos aprender la irregularidad que presenta cada verbo individualmente.

Con todo, anotamos una clasificación de los verbos irregulares, y una sistematización de las irregularidades más frecuentes, como pautas metodológicas para el aprendizaje de su conjugación, que, aunque costosa, no ha de ser difícil.

Los verbos irregulares se clasifican en: *verbos irregulares totales* y *verbos irregulares parciales*.

• *Los verbos irregulares* totales son los que cambian totalmente de forma en su conjugación. Son los verbos *ir* (voy, iba, fui) y *ser* (soy, era, fui).

a) Conjugación del verbo *ser*:

MODO INDICATIVO

TIEMPOS SIMPLES   TIEMPOS COMPUESTOS

Presente	*Pretérito perfecto*
soy	he sido
eres	has sido
es	ha sido
somos	hemos sido
sois	habéis sido
son	han sido

Pretérito imperfecto	*Pretérito pluscuamperfecto*
era	había sido
eras	habían sido
era	había sido
éramos	habíamos sido
erais	habíais sido
eran	habían sido

Pretérito indefinido	*Pretérito anterior*
fui	hube sido
fuiste	hubiste sido
fue	hubo sido
fuimos	hubimos sido
fuisteis	hubisteis sido
fueron	hubieron sido

Futuro imperfecto	*Futuro perfecto*
seré	habré sido
serás	habrás sido
será	habrá sido
seremos	habremos sido
seréis	habréis sido
serán	habrán sido

Potencial simple	*Potencial compuesto*
sería	habría sido
serías	habrías sido
sería	habría sido
seríamos	habríamos sido
seríais	habrías sido
serían	habrían sido

MODO SUBJUNTIVO

TIEMPOS SIMPLES   TIEMPOS COMPUESTOS

Presente	*Pretérito perfecto*
sea	haya sido
seas	hayas sido
sea	haya sido
seamos	hayamos sido

seáis	hayáis sido
sean	hayan sido

Pretérito imperfecto	*Pretérito pluscuamperfecto*
fuera o fuese	hubiera o hubiese sido
fueras o fueses	hubieras o hubieses sido
fuera o fuese	hubiera o hubiese sido
fuéramos o fuésemos	hubiéramos o hubiésemos sido
fuerais o fueseis	hubierais o hubieseis sido
fueran o fuesen	hubieran o hubiesen sido

Futuro imperfecto	*Futuro perfecto*
fuere	hubiere sido
fueres	hubieres sido
fuere	hubiere sido
fuéremos	hubiéremos sido
fuereis	hubiereis sido
fueren	hubieren sido

MODO IMPERATIVO

Presente

sé   sed

FORMAS NO PERSONALES

SIMPLES	COMPUESTAS
Infinitivo: ser	haber sido
Gerundio: siendo	habiendo sido
Participio: sido	

b) Conjugación de las formas simples del verbo *ir*. (Las formas compuestas se conjugan con el verbo *haber*, en el tiempo simple correspondiente, más el participio: *ido: yo he ido, tú has ido, él ha ido…*)

Gramática práctica

	Indicativo	Subjuntivo
Presente	*voy*	*vaya*
	vas	*vayas*
	va	*vayas*
	vamos	*vayamos*
	vais	*vayáis*
	van	*vayan*
Pretérito imperfecto	*iba*	*fuese o fuera*
	ibas	*fueses o fueras*
	iba	*fuese o fuera*
	íbamos	*fuésemos o fuéramos*
	ibais	*fueseis o fuerais*
	iban	*fuesen o fueran*
Pretérito indefinido	*fui*	
	fuiste	
	fue	
	fuimos	
	fuisteis	
	fueron	
Futuro	*iré*	*fuere*
	irás	*fueres*
	irá	*fuere*
	iremos	*fuéremos*
	iréis	*fuereis*
	irán	*fueren*
Condicional simple	*iría*	
	irías	
	iría	
	iríamos	
	iríais	
	irían	

Imperativo

ve

id

Formas no personales

Infinitivo.	*ir*
Gerundio.	*yendo*
Participio.	*ido*

• *Los verbos irregulares* parciales son los que cambian sólo en parte en las distintas formas que presentan en su conjugación. Son todos los verbos irregulares, menos *ser* e *ir*: *anduve, tuve, pienso, cabré, tendría...*

3.7.1.4.1. *Irregularidades más frecuentes de los verbos españoles*

Aunque las transformaciones fonéticas de las formas irregulares han llegado a soluciones diferentes y particulares en muchos casos, muchas irregularidades presentan formas coincidentes: *pienso, siento/conduje, produje...*

Además, podemos agrupar, para su estudio, las irregularidades que se dan en los distintos tiempos verbales según tres modelos o grupos: *modelo de presente, modelo de pretérito, modelo de futuro.*

Modelo de presente: Las irregularidades que presenta un verbo en el presente de indicativo se dan, también, en el presente de subjuntivo y en el imperativo: *apretar: aprieto, apriete, aprieta tú.*

Modelo de pretérito: Las irregularidades que presenta un verbo en el pretérito indefinido se dan, también, en el pretérito imperfecto y futuro imperfecto de subjuntivo: *andar: anduve, anduviera/ese, anduviere.*

Modelo de futuro: Las irregularidades que presenta un verbo en el futuro imperfecto de indicativo se dan, también, en el condicional simple: *tener: tendré, tendría.*

No incluimos los tiempos compuestos, que se forman siempre con el tiempo correspondiente del verbo haber y el participio: *he andado*, *has conducido*. Tampoco incluimos el pretérito imperfecto de indicativo, que presenta siempre formas regulares, salvo en los verbos irregulares absolutos: *iba*, *era*, y en algunos usos regionales, así, en la zona española de Aragón, donde aparecen algunas formas analógicas incorrectas: *teneba*, *partiba*, aunque de muy escaso uso.

Anotamos, a continuación, las irregularidades más frecuentes:

a) *Irregularidades del modelo de presente*:

   1. Diptongación de la vocal del lexema o raíz: *apretar = yo aprieto, poder = yo puedo*. Esta irregularidad es muy frecuente en los verbos españoles; así: *acertar, alentar, calentar, cegar, cerrar, comenzar, confesar, defender, encender, extender, gobernar, manifestar, merendar, negar, acordar, almorzar, apostar, aprobar, avergonzar, cocer, consolar, mover, mostrar, oler, poblar, probar, renovar, resolver, rodar, sonar, soñar, tronar, volar, volver...*

   2. Adición de consonante (*n, z, y*): *venir = yo vengo, producir = yo produzco*. Otras verbos que presentan esta irregularidad son: *agradecer, apetecer, compadecer, conocer, crecer, favorecer, merecer, nacer, perecer, tener, poner, valer, salir, concluir, destruir, diluir, influir...*

   3. Cierre de la vocal de la raíz (*e* pasa a *i*): *gemir = yo gimo, servir = yo sirvo*. Otros verbos: *vestir, competir, concebir, elegir, freír, medir, pedir, reír, rendir, seguir, ceñir, reñir, teñir...*

b) *Irregularidades del modelo de pretérito*:

   1. Cierre de la vocal de la raíz (*e* pasa a *i*, y *o* pasa a *u*): *gemir = él gimió, servir = él sirvió*. Incluimos, también, en este grupo los verbos que cierran la vocal radical *o* en *u* (*morir = el murió*), y que en el modelo de presente diptongan (*yo muero*), aunque esta irregularidad sea menos frecuente que la del cierre de la vocal *e*. Otros verbos: Los que en el

modelo de presente diptongan *e* en *ie*: *servir*, los que cierran la vocal *e* en *i*: *gemir*, y los que, también en el modelo de presente, diptongan *o* en *ue*: *morir*[1].

2. El uso de pretéritos fuertes:

Todos los verbos regulares tienen sus pretéritos indefinidos acentuados en la sílaba final, son *pretéritos débiles*: *canté, temí, partí*. Los *pretéritos fuertes* son los que llevan su acentuación en la penúltima sílaba, y son irregulares: *tener = yo tuve, haber = yo hube*. Tienen pretérito fuerte los verbos:

Infinitivo	Pretérito Indefinido	Pretérito imperfecto de subjuntivo	Futuro imperfecto de subjuntivo
andar.........	**anduve**.........	anduviera/ese......	anduviere
tener.........	**tuve**..............	tuviera/ese.........	tuviere
estar.........	**estuve**...........	estuviera/ese.......	estuviere
poder.........	**pude**..............	pudiera/ese.........	pudiere
haber.........	**hube**..............	hubiera/ese.........	hubiere
poner.........	**puse**..............	pusiera/ese.........	pusiere
caber.........	**cupe**..............	cupiera/ese..........	cupiere
saber.........	**supe**..............	supiera/ese..........	supiere
venir..........	**vine**..............	viniera/ese..........	viniere
querer.........	**quise**.............	quisiera/ese.........	quisiere
traer..........	**traje**.............	trajera/ese...........	trajere
conducir.....	**conduje**.........	condujera/ese......	condujere
decir.........	**dije**..............	dijera/ese............	dijere
hacer.........	**hice**..............	hiciera/ese..........	hiciere

c) *Irregularidades del modelo de futuro*

1. Pérdida de la vocal pretónica: *caber = yo cabré*, *poder = yo podré*. Así, *querer, saber, haber…*

---

[1] Véase *Irregularidades del Modelo de Presente*.

2. Pérdida de vocal pretónica y aumento de consonante: *valer = yo valdré.* Otros: *salir, tener, venir, poner...*
3. Pérdida de vocal y de consonante: *hacer = yo haré, decir = yo diré.*

Además de estas irregularidades, los verbos españoles presentan otras que suelen ser menos frecuentes: *decir = yo digo, caber = yo quepo, saber = yo sé,* etcétera.

Hay otra serie de verbos, *los verbos irregulares aparentes,* que presentan en alguna de las formas de su conjugación alteraciones gráficas que no responden a irregularidades verbales (las irregularidades se miden fonéticamente, no gráficamente), sino que responden al cumplimiento de las normas ortográficas de nuestra lengua: *toque, rece, cace, calque...*

3.7.1.4.2. *Verbos defectivos*

Son los verbos que carecen de algún tiempo o persona. Ello está motivado, unas veces, por su especial significado, y otras, que ocurre en la mayor parte de los casos, por dificultades de pronunciación.

Así, son defectivos los verbos impersonales que, por su significación de fenómeno atmosférico o de naturaleza, sólo se utilizan en tercera persona de singular: *amanecer, anochecer, granizar, tronar, nevar, llover...*

Además, y entre otros verbos defectivos, anotamos algunos que son de uso frecuente:

— *balbucir,* sólo se utiliza en las formas verbales en que no aparece el grupo *zk:* no se usa *balbuzco,* sí *balbucí:*

— *agredir, abolir* y *transgredir:* Sólo se utilizan cuando la desinencia o terminación empieza por *i:* no se usa *trangrede,* sí *transgredió:*

— *atañer* y *concernir:* Sólo se utilizan en 3ª persona de singular: **tú me conciernes* (incorrecto); *eso nos concierne* (correcto);

— *Soler*: Sólo se utiliza en algunos tiempos verbales: presente de indicativo (*suelo*), presente de subjuntivo (*suela*), pretérito imperfecto (*solía*), pretérito indefinido (*solió*) y pretérito perfecto de indicativo (*he solido*).

3.7.2. FORMA O COMPOSICIÓN

El verbo está compuesto de *lexema, vocal temática* y *formantes*.

• *El lexema o raíz*: Es la parte significativa. Se obtiene quitando -*ar*, -*er* o -*ir* del infinitivo: *cant-ar*, *tem-er*, *part-ir*.

• *Vocal temática*: Es la vocal característica de la conjugación a la que pertenece: *a* de la primera, *e* de la segunda e *i* de la tercera conjugación: *am-a-ría*, *tem-e-ría*, *part-i-ría*. La vocal temática no aparece siempre, y se neutraliza en muchas de las formas verbales: *canto, temo, parto*.

• *Formantes, morfemas*, o *terminaciones*: Son la parte marginal del verbo que aporta la significación gramatical: *número, persona, modo, tiempo, aspecto* y *voz*.

Como los verbos son términos secundarios, dependientes del sustantivo sujeto, podemos distinguir dos tipos de morfemas o formantes:

— morfemas dependientes del sujeto: *número* y *persona*;
— morfemas verbales propios, modificadores verbales: *modo, tiempo, aspecto* y *voz*.

3.7.2.1. Morfemas dependientes: número y persona

a) *El número*

El número del verbo es una marca de concordancia impuesta por el sujeto. Las formas verbales pueden ir en singular: *yo canto*, y en plural: *nosotros cantamos*.

No presentan variación de número las formas verbales no flexivas de infinitivo y gerundio: *cantar, cantando*.

Los verbos unipersonales sólo presentan formas verbales en singular por su especial referencia nocional de impersonalidad: *llueve, llovía*.

A veces, en el uso de la lengua, aparecen usos verbales que presentan una relación especial de concordancia con el sujeto: el verbo puede aparecer en plural con sujetos en singular: *eso son goles*; *este tipo de faltas deben castigarse*, etc. Pero esta discordancia no supone un error de concordancia, y es aceptado su uso, porque responde a razones de significación o de sentido: aunque el sujeto vaya en singular, tiene significado de plural.

b) *La persona*

El verbo varía de acuerdo con las personas gramaticales que el sujeto presenta, y que pueden ser: primera, segunda y tercera persona en singular o plural: *yo canto, tú cantas, él canta, nosotros cantamos, vosotros cantáis, ellos cantan*.

Sólo algunos verbos y formas verbales presentan excepciones:

— Los verbos unipersonales sólo se utilizan en tercera persona de singular: *llueve, nieva*.
— Algunos verbos defectivos sólo tiene 3ª persona: *eso nos atañe a nosotros*.
— Las formas verbales impersonales: infinitivo, gerundio y participio carecen de persona: *cantar, cantando, cantado*.
— El imperativo sólo tiene segunda persona; sólo podemos mandar a la persona que nos escucha, a la segunda: *canta tú, cantad vosotros*.
— En el uso de la lengua aparece una relación especial de concordancia cuando al referirnos a la 2ª persona, utilizamos el verbo en 3ª persona; ello ocurre cuando usamos la fórmula de tratamiento de respeto *usted/ustedes* u otras reverenciales: *Vuestra Merced, Vuestra Señoría: ustedes cantan, Vuestra Señoría canta*.

Esta especial relación de concordancia se debe al hecho de que cuando nos dirigimos a la 2ª persona con tratamiento de respeto, hacemos referencia, no a la persona en sí misma, sino a lo que esa persona representa (nocionalmente, tercera persona).

3.7.2.2. Morfemas verbales

Los verbos son las palabras que mayor significación aportan en un hecho de comunicación; así, en la frase *Juan cantaba*, nos indica si es una acción real o irreal, si es presente pasada o futura, si es una acción acabada o inacabada, si el sujeto realiza la acción o la padece, etcétera. Estos valores significativos los expresan los morfemas verbales propios del verbo: *el modo*, *el tiempo*, *el aspecto* y *la voz*.

3.7.2.2.1. *El modo*

Es el morfema verbal que indica la actitud del hablante ante el enunciado y significación verbal; la actitud puede ser objetiva o subjetiva:

Si el hablante expresa la realidad de forma objetiva, sin tomar parte en ella, utilizará *el modo indicativo,* el modo de la realidad: *hoy ha llamado*; *hace frío*; *Juan trabaja aquí.*

Si el hablante participa en el enunciado que expresa: lo subjetiviza, expresando deseo, duda, temor, etc., utilizará *el modo subjuntivo,* de la no realidad, de la representación mental: del deseo, querencia: *quizá haya llamado*; *ojalá no haga frío*; *es posible que Juan trabaje aquí.*

Aunque la gramática tradicional distingue cuatro modos verbales: *indicativo, subjuntivo, condicional* e *imperativo,* son dos los modos verbales: *indicativo* y *subjuntivo,* como corresponde a la doble actitud posible del hablante: objetiva o subjetiva, ante el enunciado. Los tradicionales modos *imperativo* y *condicional* no son más que variantes del modo subjuntivo y del modo indicativo, respectivamente (el imperativo es una variante del subjuntivo, y el condicional del indicativo).

- *El imperativo*: Expresa mandato: *canta tú, haced esto vosotros;* y el mandato es la subjetivación del enunciado con matiz significativo optativo en grado máximo. Así, el imperativo queda incluido, por su significado verbal, en el modo subjuntivo.

  Asimismo, en el uso, el imperativo se confunde o alterna con el modo subjuntivo. El imperativo sólo acepta forma afirmativa: *come tú, comed vosotros;* la forma negativa de mandato se expresa en presente de subjuntivo: *no comas, no comáis*. Además, para expresar mandatos indirectos u órdenes referidas a otras personas gramaticales que no sea la segunda, se utiliza, también, el presente de subjuntivo: *cante él, canten ellos*.

- *El condicional*: Es un tiempo verbal creado en las lenguas románicas; no existía en latín. Procede de la perífrasis latina de pretérito imperfecto de indicativo más infinitivo: *amare habebam = amaría*.

El condicional ha presentado a lo largo de la historia de la lengua vacilaciones significativas, de uso e incluso terminológicas. En principio, se denominó *modo potencial*, por su significación hipotética o posible: *si tuviera dinero compraría un regalo a mi madre*; en la actualidad, la Real Academia lo denomina *condicional*, por influjo de la gramática francesa (*condittionell*), y por ser el tiempo típico de las oraciones condicionales: *si estudiaras más, aprobarías*.

El condicional, por su significado, es un futuro hipotético. Indica siempre una acción futura respecto a otra, y la acción expresada es hipotética: *si vinieras, iría contigo*. Pero, aunque su significación verbal siempre expresa una realidad posible y condicionada al cumplimiento de otra acción, lo incluimos como variante del modo indicativo, porque el hablante lo utiliza como expresión de una acción real que se realiza si se cumple la premisa: *si tuviera dinero me compraría un coche*; en la conciencia del hablante esta expresión equivale a: *me compraré un coche cuando tenga dinero*, por ejemplo.

Además, en su origen latino, no era más que una forma perifrástica en pretérito imperfecto de indicativo; incluso, en el uso actual se sustituye o alterna con el pretérito imperfecto de indicativo en las oraciones condicionales: *si tuviera dinero, me compraría/me compraba este pastel*.

3.7.2.2.2. *El tiempo*

Es el morfema verbal que indica la medida cronológica de la realidad expresada por el verbo: *yo canto* (presente), *yo canté* (pasado), *yo cantaré* (futuro).

Para el hablante, el tiempo es un concepto de medida; el hablante necesita expresar la fecha de las acciones o comportamientos que expresa con el verbo, y para ello utiliza un segmento imaginario, en que el punto de partida es *presente*, todo lo anterior es *pasado* y lo que queda por venir, *futuro*:

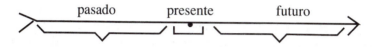

El presente como definición, es puntual, pero en la conciencia del hablante abarca lo que acaba de ser presente (y es pasado) y lo que es todavía futuro, pero que va a ser presente de inmediato. El punto de presente lo prolongamos hacia adelante y hacia atrás, y abarca la realidad próxima al hablante; por ello, el presente adquiere en el uso de la lengua diversos valores significativos y estilístico, que aparecen anotados más atrás[1].

La realidad que mejor conoce el hablante es la realidad que ha vivido, la que se ha dado en el pasado. La realidad del presente la conoce, pero no la ha asimilado, y la realidad del futuro la desconoce, y además, en cierto modo, es siempre posible. Por ello, en la conjugación española hay más tiempos verbales en el pasado que en el presente y en el futuro:

Tiempos del pasado	*Tiempos del presente*	*Tiempos del futuro*
P. imperfecto (*cantaba*)	Presente (*canto*)	F. simple (*cantaré*)
P. indefinido (*canté*)	P. perfecto (*he cantado*)	F. compuesto
C. simple (*cantaría*)		(*habré cantado*)
P. pluscuamperfecto (*había cantado*)		
P. anterior (*hube cantado*)		
C. compuesto (*habría cantado*)		

---

[1] Veáse *Valores significativos de los tiempos verbales* (§ 3.7.2.2.2.3).

No incluimos los tiempos verbales del modo subjuntivo, ya que al ser el modo de la no realidad, de la representación mental, no indica propiamente tiempo, que es la medida de la realidad, sino que los tiempos del subjuntivo tienen una significación temporal especial, que explicaremos aparte.

3.7.2.2.2.1. *Clasificación de los tiempos verbales*

El hablante puede fechar un suceso con relación al presente o con relación a otro suceso ya fechado: *yo canté una canción; yo cantaba una canción cuando sucedió el hecho de que te hablo.*

Cuando fechamos un suceso en una época determinada, utilizamos los *tiempos absolutos*: presente (*canto*), pretérito indefinido (*canté*) y futuro imperfecto (*cantaré*).

Cuando no expresamos una época precisa, sino que localizamos la acción verbal en relación con otra acción anterior, simultánea o posterior, utilizamos los *tiempos relativos*: pretérito perfecto (*he cantado*), pretérito imperfecto (*cantaba*), pretérito anterior (*hube cantado*), condicional (*cantaría*), futuro perfecto (*habré cantado*), pretérito pluscuamperfecto (*había cantado*) y condicional compuesto (*habría cantado*).

Nuestra lengua es rica en matices significativos temporales. La diversidad de formas temporales nos permite medir con precisión significativa la fecha de las acciones expresadas con el verbo; así, otras muchas lenguas sólo tienen una forma de pasado, pero en español esta relación temporal la podemos expresar de seis formas distintas.

Aunque respetamos la terminología tradicional en la denominación de los tiempos, incluimos, porque creemos que es de utilidad, la clasificación que recoge A. Bello en su *Gramática de la Lengua Castellana*, y que analiza el porqué y el valor significativo de las formas temporales en nuestra lengua.

Anotamos entre paréntesis la forma verbal que corresponde a cada uno de los términos de la clasificación, para que así no ofrezcan ninguna dificultad al estudiante acostumbrado a la terminología tradicional.

Clasificación de los tiempos verbales:

a) Tiempos absolutos:

   — **Presente** (*canto*).
   — **P. indefinido** (*canté*).
   — **Futuro imperfecto** (*cantaré*).

b) Tiempos relativos primarios:

   — **Antepresente** (*he cantado*).
   — **Antepretérito** (*hube cantado*).
   — **Copretérito** (*cantaba*).
   — **Pospretérito** (*cantaría*).
   — **Antefuturo** (*habré cantado*).

c) Tiempos relativos secundarios:

   — **Antecopretérito** (*había cantado*).
   — **Antepospretérito** (*habría cantado*).

a) Los *tiempos absolutos*: Expresan la referencia temporal en una fecha determinada: presente, pasado, o futuro: *canto, canté, cantaré.*

b) Los *tiempos relativos primarios*: Expresan la medida temporal de una acción en relación a otra acción temporal medida con los tiempos absolutos:

   — Del *presente* se deriva el *antepresente*, que indica una acción que se ha dado en un tiempo anterior al presente y que dura en el presente: *no desayuno contigo porque ya **he desayunado.***

   — Del pretérito (pasado) se derivan tres formas temporales:

   • el *antepretérito*, que indica una acción que se ha dado antes que el pasado: *cuando **hubo amanecido**, salí.*
   • el *pospretérito*, que indica una acción futura en relación a otra acción del pasado: *yo canté y luego tú **cantarías.***

- el *copretérito*, que indica una acción que se está realizando a la vez que el pasado: *cuando llegué, llovía.*

— Del *futuro* se deriva el *antefuturo*, que indica una acción anterior a otra futura: *yo llegaré a las dos, pero tú ya* **habrás salido.**

c) Los *tiempos relativos secundarios*: Se derivan de los relativos primarios, e indican una acción que se mide temporalmente en relación a otra acción medida relativamente en el tiempo:

— Del *copretérito* se deriva el *antecopretérito*, que indica una acción anterior a otra acción que se realizaba en el pasado: *cuando yo llegué, tú cantabas, pero Juan ya* **había cantado.**

— Del *pospretérito* se deriva el *antepospretérito*, que indica una acción anterior a otra acción futura relacionada con el pasado: *te dije que Juan llegaría a las diez, y que María ya* **habría llegado.**

Esta distribución de las formas temporales no se corresponde siempre con el uso que de ellos hace el hablante. En el uso lingüístico adquieren, a veces, valores significativos especiales y de difícil sistematización, como veremos después.

3.7.2.2.2.2. *El tiempo en el modo subjuntivo*

El *subjuntivo* es el modo de la no realidad, de la representación mental, por lo que su significación aparece en la conciencia del hablante sin actualización temporal precisa: *quizá venga* (¿cuándo?).

Las formas del subjuntivo adquieren valor temporal en el uso de la lengua junto a otras formas sintácticas o léxicas: *me iré cuando tú vengas* (futuro), *quizá venga ahora* (presente). No tienen valor temporal en sí mismas, y su significación cronológica es siempre relativa; además, por su significado de deseo, querencia, duda, etc., significan siempre tiempo desconocido, o ausencia de tiempo; y adquieren frecuentemente en el uso lingüístico valores de futuro.

Por otra parte, el subjuntivo es el modo de la subordinación (aunque la subordinación no exige siempre subjuntivo: *lo hago porque quiero*), y el valor temporal de la proposición subordinada depende siempre del tiempo expresado en la oración: *aunque vinieras ayer no te vi* (pasado); *aunque vinieses mañana, no te saludaría* (futuro).

Todo ello ha hecho que las formas del subjuntivo presenten en el uso diversidad significativa y ambivalencias, y que algunas de las formas temporales hayan desaparecido de la lengua *(los futuros)* y que otras se confundan en su significación *(cantara/ase)*.

- *El futuro imperfecto y el futuro perfecto de subjuntivo* han desaparecido de la lengua hablada, y casi totalmente de la lengua escrita, y han sido sustituidas por otras formas del indicativo o subjuntivo: *si alguien **dudare**/si alguien duda; cuando **llegares**/cuando llegues; si para mayo no **hubiere vuelto**...*/*si para mayo no he vuelto...*

  Su uso queda reducido a modismos o refranes *(sea lo que **fuere**)*, *(donde **fueres**, haz lo que **vieres**)* y a escritos solemnes (lenguaje judicial y administrativo) o a arcaísmos estéticos.

- *El pretérito imperfecto de subjuntivo* tiene dos formas: *amara/ amase*, que alternan en el uso lingüístico, aunque no siempre sean equivalentes: *aunque Juan viniera/ese, Pedro no iría con él.*

  En su origen, eran formas distintas; las formas en -*ra* proceden del pretérito pluscuamperfecto de indicativo latino: *amaveram = amara*, y las formas en -*se* proceden del pretérito pluscuamperfecto de subjuntivo latino: *amavissem = amase.*

  En la actualidad, han perdido esa diferencia derivada de su diferente significación modal.

  Las formas en -*ra* son más frecuentes en la lengua hablada y en el lenguaje coloquial, porque a nivel de pronunciación son más sonoras, y porque en el proceso de aprendizaje el hablante las ha asimilado en primer lugar: *amara o amase*. En la lengua escrita alternan las dos formas, y es la forma en -*se* la más utilizada cuando se respeta el valor significativo etimológico de modo subjuntivo.

  Esta alternancia de formas hace que en el uso lingüístico se produzcan vacilaciones y, a veces, utilizaciones erróneas.

Las formas en -*ra* siguen teniendo en la conciencia de parte de los hablantes el valor de indicativo que les correspondía por su origen; y así, alternan en el uso con formas del indicativo: *la carta que le enviara a Juan/...que le había enviado a Juan.* Este uso es frecuente en la lengua escrita, aunque para muchos gramáticos su empleo denota afectación, e intentan evitarlo.

Mayor error supone utilizar estas formas con valor de pretérito imperfecto de indicativo: *se ha confirmado la noticia que este periódico diera*, por *se ha confirmado la noticia que este periódico daba.*

Es frecuente, también, la alternancia de las formas en -*ra* con las formas del condicional simple: ¡*quién podría hacer esto*! ¡*quién pudiera hacer esto*!; pero es un error, muy extendido en el norte de España, la alternancia de estas formas en la prótasis[1] de las oraciones condicionales: **si vendría Juan, iría con él*, por *si viniera Juan, iría con él.*

Estas alternancias, vacilaciones e imprecisiones significativas que presentan las formas del subjuntivo, y el hecho de que el subjuntivo exige al hablante un mayor esfuerzo intelectual por las relaciones lingüísticas de dependencia sintáctica y léxica que presenta en el uso de la lengua, han motivado que las formas del subjuntivo se utilicen con mucha menor frecuencia que las del indicativo.

A continuación, anotamos los valores temporales que pueden presentar las formas del subjuntivo:

— El presente:
  • Valor de presente: *aunque **hagas** esto ahora, no te lo agradeceré.*
  • Valor de futuro: *aunque **hagas** esto mañana, no te servirá de nada.*

— El pretérito imperfecto:
  • Valor de presente: *aunque **vinieras** ahora...*

---

[1] Véase *Subordinadas condicionales* (§ 4.4.4.3.6.).

- Valor de pasado: *aunque el mes pasado* **hiciera** *eso, ya no lo recuerda.*
- De futuro: *aunque me lo* **dieras** *mañana, ya no sería igual.*

— El pretérito perfecto:
  - Valor de pasado: *aunque* **haya venido** *otras veces, no conoce la ciudad.*
  - Valor de futuro: *cuando* **hayáis cumplido** *veinte años, os felicitaré.*

— El pretérito pluscuamperfecto:
  - Valor de pasado: *aunque* **hubieseis hecho** *vosotros eso, no me lo creería.*
  - Valor de futuro: *si* **hubieseis llegado** *antes de que yo llegue, me esperáis.*

— El imperativo:
  - Valor de presente: **venid** *ahora conmigo.*
  - Valor de futuro: **venid** *mañana conmigo.*

3.7.2.2.2.3. *Valores significativos de los tiempos verbales*

Aunque los tiempos del modo indicativo hacen una referencia precisa de la fecha expresada por la acción verbal, en el uso lingüístico pueden presentar varios valores significativos temporales:

a)   *El presente*: Indica que la acción expresada por el verbo se da en la época misma en que se habla: *Juan vive en Madrid*; *Juan tiene quince años*; *Juan trabaja aquí...* Pero también puede presentar en el uso lingüístico matices temporales específicos:

— *Presente puntual*: Se refiere a nociones momentáneas que se desarrollan en el momento presente del hablante: *chuta, dispara...* Sería el «auténtico presente», el que coincide con el punto que corresponde al presente en el segmento que utiliza el hablante para la medida cronológica de la realidad.

— *Presente histórico*: Indica hechos pasados, y que ya son historia, porque han ocurrido con anterioridad: *Colón descubre América en 1492*. Se llama *presente histórico* porque es una forma típica de los escritos de carácter histórico y narrativo. Es muy frecuente, también, en el lenguaje coloquial y familiar: *yo soy un buen deportista hasta que cumplo veinte años, luego ya dejé de hacer deporte*. Al utilizar el presente histórico, el hablante intenta acercar y vivir imaginativamente aquellos hechos ocurridos en el pasado.

— *Presente por futuro*: Expresa acciones que van a ocurrir en un momento posterior: *este verano me voy de excursión; mañana empiezo a trabajar*. Con su uso, el hablante intenta anticipar imaginativamente los hechos del futuro al presente, y expresa, así, una convicción o seguridad de que los hechos ocurrirán.

— *Presente ingresivo*: Indica acciones que están a punto de realizarse: *ahora mismo voy; ya salgo, espérame*.

— *Presente imperativo*: Indica obligatoriedad: tiene valor de futuro, y lo utiliza el hablante para expresar un mandato conminatorio: *tú te vas ahora de clase; tú haces eso cuando yo te mande*.

— *Presente actual*: Indica una acción que se está realizando en el momento presente, y que se amplía tanto hacia el futuro como el pasado: *yo trabajo aquí; yo vivo en Madrid* (hoy, mañana y ayer).

— *Presente habitual*: Indica una repetición de acciones o procesos que se dan en la época del hablante, y que, indistintamente, se amplían hacia el futuro y el pasado: *Juan asiste habitualmente a clase*. Es una variante significativa del presente actual; se diferencia de éste en que suele utilizarse junto a otras formas léxicas que significan repetición: *Juan va al fútbol frecuentemente*.

— *Presente persistente*: No expresa limitación temporal alguna, y se refiere a nociones o valores universales y eternos: *Los gamos saltan mucho; es necesaria la justicia; el agua es fuente de vida*.

   b)   *El pretérito imperfecto*: Indica la duración en el pasado: *yo cantaba cuando tú llegaste*. Es como un presente en el pasado, y, así, es el tiempo típico del estilo narrativo y descriptivo. Pero puede adquirir también en el uso lingüístico valores específicos:

— *Pretérito imperfecto de cortesía*: Tiene valor de presente, y lo utiliza el hablante cuando intenta evitar la posible brusquedad de una petición, ruego o pregunta dirigida a un superior o a una persona con quien no tiene suficiente confianza: *quería pedirle un favor (por quiero pedirle un favor)*.

— *Pretérito imperfecto de opinión:* Tiene valor de presente y lo utiliza el hablante en enunciados de opinión: *yo creía que esto no era así* (por *yo creo que esto no es así*).

— *Pretérito imperfecto imaginativo*: Tiene valor de presente y se refiere a hechos imaginados o soñados. Es muy utilizado en el lenguaje popular y en el lenguaje infantil: *yo me comía ahora ese pastel; vamos a jugar a yo era el malo, y tú disparabas.*

— *Pretérito imperfecto hipotético* o *condicional*: Se utiliza en las oraciones condicionales en lugar del condicional, e indica una acción que podría realizarse: *si tuviera dinero, me compraba un coche*. Por analogía, se ha extendido el uso del pretérito imperfecto a la prótasis del período condicional: **si tenía ganas, me compraría un coche*: pero este uso es erróneo y debe evitarse.

c) *El futuro simple*: Indica acciones venideras, que se van a realizar: *iré contigo*.

Por indicar acciones que se van a realizar en el futuro, su valor significativo indica casi siempre imprecisión temporal y cierta eventualidad, que, en muchos casos, viene marcada por la expresión *si Dios quiere…*, que suele acompañar a las formas del futuro en el uso lingüístico: *iré mañana, si Dios quiere.*

Esta imprecisión temporal y eventualidad significativa hacen que el uso de estas formas verbales sea muy escaso en el lenguaje coloquial; sobre todo, en ciertas zonas de Hispanoamérica, donde es desplazado, con frecuencia, por formas del presente de indicativo y por la perífrasis obligativa de infinitivo: *(Juan vendrá mañana = Juan viene mañana/ha de venir mañana*. Las formas del futuro pueden adquirir también valores específicos:

— *Futuro exhortativo:* expresa obligatoriedad o mandato: *no* **matarás;** *Antonio Jesús,* **harás** *lo que yo te mande.*

— *Futuro de cortesía:* Lo utiliza el hablante para rebajar la brusquedad de una petición: ¿**será** *usted tan amable de*...?

— *Futuro de probabilidad:* Indica duda, incertidumbre, etc.: **serán** *las diez* (aproximadamente).

— *Futuro de sorpresa:* Tiene valor de presente y lo utiliza el hablante para expresar el asombro que le produce alguna acción o comportamiento: ¡*si* **será** *atrevido este chico!*

— *Futuro histórico:* Tiene valor de pasado, y lo utiliza el hablante cuando hace referencia a un hecho histórico anterior del que va a informar, y quiere adelantarlo: *Cervantes nos* **ofrecerá** *en El Quijote una auténtica literatura; El Cordobés* **revolucionará** *en los años sesenta la fiesta de los toros.*

d)   El *condicional simple:* Indica una acción futura e hipotética respecto a otra acción que expresa posibilidad: *si viniera aquí, iría con él.*

Es, por su significado, el tiempo típico de las oraciones condicionales: *si me quisiera, vendría.*

Además, es frecuente el uso del condicional como expresión de cortesía y de opinión: **querría** *pedirle un favor;* **sería** *interesante hacer esto*; y del condicional con valor de probabilidad: **tendría** *entonces treinta años;* **serían** *las diez...*

e)   El *pretérito indefinido:* Indica una acción que ha ocurrido en el pasado: *vine, vi, vencí.*

No presenta matices significativos especiales, ya que siempre expresa hechos que han ocurrido en el pasado; pero en el uso lingüístico alterna y se confunde con el pretérito perfecto, sin mantener la distinción significativa que lingüísticamente en su origen diferencia a estos dos tiempos verbales:

El *pretérito indefinido* indica una acción pasada sin ninguna conexión con el presente, y el *pretérito perfecto,* una acción pasada, pero que dura en el presente del hablante: *ayer desayuné mucho/hoy he desayunado mucho.*

Estas diferencias se han perdido en algunos usos en que la marca cronológica viene marcada por la subjetividad expresiva del hablante: *¡por fin he llegado!*/*¡por fin llegué!*

Modernamente, se tiende a fundir los dos usos en uno, con predominio de una u otra forma verbal, según los hábitos lingüísticos, que ni siquiera presentan una sistematización fija regional o dialectal; así: mientras en Madrid se prefiere el pretérito perfecto, y se emplea para significaciones que antes correspondían al indefinido: *el año pasado me he comprado una casa,* en parte de Castilla y en gran parte de América, se hace lo contrario: *salió hoy.*

Todavía, con todo, se sigue manteniendo la diferencia de uso entre escritores y gramáticos, y en gran parte del norte de España.

Los tiempos compuestos guardan una relación significativa con los tiempos simples de los que se derivan; y, además del valor significativo temporal que les es propio, suelen coincidir con los tiempos simples correspondientes en los usos especiales.

El *pretérito anterior,* apenas se usa en la lengua escrita, y ha dejado de usarse en la lengua hablada. Es un tiempo relativo (*antepretérito*), que expresa una acción inmediatamente anterior a otra pasada, por lo que su significación temporal no es apreciada en la conciencia del hablante. Ha sido sustituido por el pretérito indefinido o el pretérito pluscuamperfecto en casi todos los usos, sólo quedan algunos restos en la lengua literaria: *apenas hubo amanecido, salió; después que hubo dado las gracias, se sentó.*

3.7.2.3. El aspecto

Es el morfema verbal que indica el «tiempo interno» de la acción expresada por el verbo: *Juan cantó; Juan cantaba*: nos indica si la acción verbal ha acabado ya *(cantó),* o está en proceso o desarrollo *(cantaba).*

No indica si la acción es presente, pasada o futura respecto al momento del hablante (morfema tiempo), sino que indica la medición interna del proceso verbal con referencia al término o transcurso del mismo proceso; *cantó, cantaba*, indican acciones que ya se han dado en el pasado; pero mientras que *cantó* indica que la acción ya se había acabado en ese momento del pasado, *cantaba* indica que la acción no se había cantado en ese momento del pasado, sino que seguía realizándose en el pasado.

Hay dos tipos de aspecto verbal:

a) *Aspecto perfectivo*: Indica que la acción verbal ha llegado a su término o finalización: *yo canté; yo he cumplido veinte años.*

b) *Aspecto imperfectivo*: Indica que la acción verbal no ha llegado a su término o finalización, y que está en proceso o desarrollo: *yo canto*; *yo cumpliré veintiún años.*

El verbo español no tiene una forma diferenciada para expresar el aspecto, como sucede en otras lenguas: en griego, en árabe o en ruso. En español, el aspecto se expresa mediante procedimientos gramaticales (terminaciones verbales) o léxicos (perífrasis verbales): *yo he estudiado* (perfectivo): *yo he de estudiar* (imperfectivo).

Todos los tiempos simples, menos el indefinido, indican aspecto imperfectivo; y todos los tiempos compuestos, y el indefinido, indican aspecto perfectivo:

Aspecto imperfectivo	*Aspecto perfectivo*
Presente (*yo cantaba*)	**P. indefinido** (*yo canté*)
Pret. imperfecto (*yo cantaba*)	**P. perfecto** (*yo he cantado*)
Futuro imperfecto (*yo cantaré*)	**P. pluscuamperfecto** (*yo había cantado*)
Condicional simple (*yo cantaría*)	**P. anterior** (*yo hube cantado*)
	F. perfecto (*yo habré cantado*)
	C. compuesto (*yo habría cantado*)

También las formas no personales expresan aspecto perfectivo o imperfectivo:

— Infinitivo simple: imperfectivo (*cantar*).
— Infinitivo compuesto: perfectivo (*haber cantado*).
— Gerundio simple: imperfectivo (*cantando*).
— Gerundio compuesto: perfectivo (*habiendo cantado*).
— Participio: perfectivo (*cantado*).

No incluimos en la sistematización del aspecto verbal las formas del subjuntivo, que por ser un modo fundamentalmente subjetivo, en que la significación está fundamentalmente motivada por la apreciación mental del hablante, no expresa propiamente tiempo, ni aspecto. Además, las formas del subjuntivo presentan una dependencia lingüística con las otras formas verbales: *quiero que vengas*, por lo que no indican autonomía significativa temporal, ni aspectual[1].

Las formas del subjuntivo presentan, así, en el uso lingüístico aspecto perfectivo e imperfectivo indistintamente: *cuando hayas cumplido veinte años, te felicitaré* (aspecto imperfectivo); *aunque hayas estudiado mucho, no has aprobado* (aspecto perfectivo). Generalmente, como las formas del subjuntivo expresan la representación mental del deseo o querencia del hablante, indican tiempo de lo desconocido o del futuro, y acciones imperfectivas: *ojalá venga*; *quiero que vengan mis hijos*.

Las perífrasis verbales indican, también, el término o el proceso de la acción expresada por el verbo perifrástico, o sea, aspecto.

— **Las perífrasis de infinitivo:** Indican aspecto imperfectivo: *yo tengo que estudiar; yo debía caminar más.*

— **Las perífrasis de gerundio:** Indican aspecto imperfectivo: *vengo estudiando la lección; iba haciendo los ejercicios.*

— **Las perífrasis de participio:** Indican aspecto perfectivo: *yo tengo estudiada la lección; yo tengo hechos los ejercicios.*

---

[1] Véase *El tiempo en el modo subjuntivo* (§ 3.7.2.2.2.2).

3.7.2.4. La voz

Es el morfema verbal que indica si el sujeto realiza la acción, o la recibe o padece. Hay dos voces: *activa* y *pasiva*.

- La *voz activa* indica que el sujeto realiza la acción: *Juan ama a María.*
- La *voz pasiva* indica que el sujeto no realiza la acción, sino que la recibe o padece: *Juan es amado por María.*

El morfema voz establece una relación semántica entre el sujeto y la acción expresada por el verbo. La *voz activa* indica que la significación del verbo es producida por el sujeto: *Juan lee libros*; la *pasiva,* indica que la significación del verbo es recibida por el sujeto: *los libros son leídos por Juan.*

Aunque se mantiene la línea semántica de separación entre activa y pasiva, el verbo español ha perdido las formas propias de la voz pasiva latina, y para su expresión se utiliza la forma analítica: *verbo ser + participio del verbo conjugado,* concordando con el sujeto; *el niño es amado*; *las niñas son amadas.*

En el uso de la lengua predominan las formas verbales activas; la voz pasiva se utiliza muy poco en la lengua hablada, y su uso ha quedado reducido a la lengua escrita. Incluso, hay gramáticos que niegan la existencia de la voz pasiva en español, y expresan que las formas pasivas no son más que estructuras atributivas o formas perifrásticas de participio.

3.7.2.4.1. *La voz pasiva*

Ya desde antiguo las formas de la voz pasiva quedaron relegadas al uso de la lengua literaria y de la lengua escrita; en la lengua hablada y popular siempre se ha preferido el uso de la voz activa. A los hablantes les interesa más destacar la actividad de un agente (voz activa) que la receptividad del paciente (voz pasiva); además, en el mundo hispánico, destacar el protagonismo de la acción y ser protagonista ha marcado siempre la conducta de los hablantes. Ningún alumno dice, por ejemplo, *yo he sido suspendido por el profesor*, sino: *el profesor me ha suspendido*; pero sí dice *yo he conseguido un premio*, y no, *el premio ha sido conseguido por mí*.

Por otra parte, ya desde el latín vulgar se fueron perdiendo las formas propias de la voz pasiva, por lo que en el uso lingüístico las formas pasivas son para los hablantes formas impropias, formas combinadas (ser + participio) de la conjugación verbal.

Hay gramáticos que, incluso, niegan la existencia de la voz pasiva. Nosotros, preferimos seguir aceptando el concepto lingüístico de voz pasiva, pero reconociendo que es una estructura poco importante:

a) Porque es poco utilizada, a diferencia de lo que ocurre en otras lenguas modernas, por ejemplo, en inglés o francés. En nuestra lengua es poco utilizada, primero, porque significativamente es poco adecuada, ya que no destaca el protagonismo del agente, sino la receptividad del paciente, y, además, porque en español podemos recurrir a otros medios léxicos para expresar la línea semántica de pasividad: *el cuadro es sostenido por el clavo* = *el cuadro cuelga del clavo*.

b) Porque significativamente las oraciones en voz pasiva coinciden con las oraciones activas transitivas: *el pan es comido por mí* = *yo como pan*. Las oraciones pasivas no son más que oraciones transitiva transformadas:

Yo como pan

el pan es comido por mí

c) Porque, a nivel formal, las construcciones en pasiva coinciden con estructuras atributivas o copulativas:

Juan es amado = *Juan es amado*

S   V   S   V   Atrib.

d)   Porque no todos lo verbos admiten formas en pasiva; sólo adquieren voz pasiva aquellos verbos que pueden usarse como verbos transitivos: *yo soy amado* (pero no, *yo soy existido*).

3.7.3. LAS FORMAS NO FLEXIVAS DEL VERBO

El *infinitivo*, *gerundio* y *participio* son las formas invariables o no flexivas del verbo, denominadas, también, *formas no personales*. Estas formas verbales, por carecer de algunos de los morfemas verbales, pueden funcionar, también, como sustantivo (infinitivo), adverbio (gerundio) o adjetivo (participio).

3.7.3.1. El infinitivo

Es la forma no personal del verbo, que, por carecer de algunos de los morfemas verbales, y por expresar un enunciado significativo de forma abstracta, como una realidad independiente, puede funcionar como sustantivo y como verbo:

a)   Infinitivo como sustantivo:

Cuando el infinitivo funciona como sustantivo adquiere características propias de éste:

— Posee género masculino: *el buen obrar.*
— Admite número singular y plural: *tu andar, tus andares.*
— Puede llevar determinante o actualizador: *tu sonreír*; *ese mirar tuyo.*
— Admite adjetivos o modificadores de cualidades: *el buen comer.*
— Puede desempeñar las funciones sintácticas propias del sustantivo[1]:

  • Sujeto: *estudiar (el estudio) es una virtud.*

---

[1] Véase *Funciones sintácticas en la oración* (§ 4.2.6).

- Atributo: *esto es estudiar.*
- Complemento directo: *deseo tu sonreír.*
- Complemento circunstancial: *me conformo con su mirar.*
- Complemento del nombre: *tengo deseos de tu mirar.*
- Aposición: *el estudio, estudiar, es muy interesante.*

A veces, estos sustantivos verbales se han consolidado en la lengua como sustantivos autónomos, y se ha perdido su recuerdo verbal: *el deber/el haber; el quehacer/los quehaceres...*

b) Infinitivo como verbo:

Cuando funciona como verbo conserva características propias del verbo:

— Tiene forma simple y compuesta: *amar, haber amado.*
— Expresa aspecto imperfectivo y perfectivo: *amar, haber amado.*
— Tiene voz activa y voz pasiva: *amar, ser amado.*
— Puede formar proposiciones con sujeto y complementos, como cualquier otra forma verbal: *yo pienso aprobar todas las asignaturas; el sargento mandó venir a los soldados.*
— Forma el núcleo verbal de las perífrasis de infinitivo: *tengo que estudiar; debe de estar...*

3.7.3.2. El gerundio

Es la forma verbal no conjugable que marca la acción en su curso y duración, y que, por carecer de alguno de los morfemas verbales, puede funcionar como verbo y como adverbio:

a) Como adverbio:

Funciona como adverbio cuando modifica directamente al verbo, expresando valor circunstancial, aunque no pierda su naturaleza verbal: *Juan llega corriendo: viene silbando...* Incluso, cuando funciona como adverbio, admite modificantes léxicos: así, diminutivos: *callandito, callandito, viene el amor callandito*, dice una canción popular.

Otras veces, algunas formas de gerundio adverbial llegan a adquirir funciones de adjetivo: *se quemó con agua hirviendo, vi el horno ardiendo.*

b)   Como verbo:

Conserva formas típicas del verbo:

— Admite forma simple y compuesta: *amando, habiendo amado.*
— Indica aspecto imperfectivo y perfectivo: *amando, habiendo amado.*
— Tiene voz activa y pasiva: *amando, siendo amado.*
— Forma el núcleo verbal de las perífrasis de gerundio: *vengo estudiando la lección.*
— Puede formar proposiciones con sujeto y complementos: *estudiando todo el temario, aprobaré*; *diciéndolo tú, lo creo.*

Las proposiciones pueden ser *conjuntas o concertadas*: con el mismo sujeto que el de la oración principal: *estudiando así, aprobarás* (y proposiciones), *en construcción absoluta*: con sujeto propio: *diciéndolo tú, lo creo.*

Cuando las proposiciones en gerundio se refieren al sujeto de la oración principal, adquieren valor explicativo: *el capitán, viendo que el barco se hundía, mandó preparar las lanchas de salvamento (porque veía...)*; otras veces, adquieren valor de proposiciones adjetivas: *las leyes aduaneras, regulando las exportaciones (que regulan...), protegen la economía nacional.* Este mismo valor adquieren las proposiciones de gerundio referidas al complemento directo: *vi a un niño cogiendo ciruelas (que cogía...)*

3.7.3.2.1.   *Errores frecuentes en el uso del gerundio*

a)   *El gerundio con de, dequeísmo*:

Es frecuente el uso del gerundio en proposiciones subordinadas de las que dependen otras proposiciones, frecuentemente, sustantivas en función de complemento directo: *Juan, pensando que así aprobaría, no terminó el examen*; y es frecuente el error, introducido desde Hispanoamérica, de utilizar la preposición *de* como nexo de las proposiciones dependientes, además del nexo *que* (dequeísmo): **pensando de que era mejor hacerlo, lo hice* (por *pensando que era...*). Este error está muy extendido en el uso de la lengua, y no sólo con formas en gerundio, sino también con verbos en forma personal: **pienso de que era mejor hacerlo* (por *pienso que...*).

b) *El gerundio de posterioridad*:

El gerundio expresa acciones en su curso y duración, y, en cuanto forma verbal de las proposiciones subordinadas, expresa acciones simultáneas o inmediatamente anteriores a la acción del verbo de la oración principal: *yo, subiendo escaleras, me canso*: *Juan, habiendo terminado el trabajo, se fue de paseo*.

Pero cada vez es más frecuente el uso del gerundio con valor de posterioridad, aunque es un error, ya que no respeta el valor significativo propio de esta forma verbal: **tuvo un accidente, ingresando luego en el hospital* (lo correcto es: *tuvo un accidente... e ingresó luego...*). Este uso con valor de posterioridad, aunque debe evitarse, es cada vez (está registrado ya desde el siglo XV) más frecuente, sobre todo, en la lengua hablada y en el lenguaje periodístico; incluso, hay gramáticos que admiten este uso con valor de posterioridad si la acción señala posterioridad inmediata, y la «inmediatez» viene marcada por un adverbio o circunstancial temporal: *entró, dirigiéndose inmediatamente a su despacho*.

3.7.3.3. El participio

Es la forma verbal no personal que funciona como verbo y como adjetivo, y que puede adquirir los morfemas de género y número, pero que no presenta una forma simple y otra compuesta, como el infinitivo y el gerundio.

a) Como adjetivo:

Acompaña al nombre, con el que guarda las relaciones de concordancia propias del adjetivo: *han llegado ya los periódicos publicados.*

b) Como verbo:

Presenta características propias del verbo:

— Expresa aspecto perfectivo: *arreglado el coche, se fueron.*
— Es la forma verbal de proposiciones subordinadas con sujeto propio: *leída la lección, los alumnos hicieron los ejercicios.* Son las proposiciones heredadas de la forma latina de participio absoluto: *arreglado el coche, salimos de excursión.*
— Es el núcleo verbal de los tiempos compuestos: *he comido, hemos comido.*
— Es el núcleo verbal de las formas pasivas: *soy amado, ellas son amadas.*
— Forma el núcleo verbal de las perífrasis de participio: *tengo estudiada la lección: tengo leídos los libros.*

3.7.3.3.1. *Usos y clasificación del participio*

Aunque en el uso de la lengua sólo se ha consolidado una de las formas del participio verbal: *cantado, temido, partido,* en su origen, el participio conservaba las tres formas del participio latino.
En latín se dan tres participios:

— Participio de presente: *amans-antis*: *el que ama, amante.*
— Participio de futuro: *amaturus-a, -um*: *el que amará.*
— Participio de pasado (pasivo): *amatus, a, -um*: *el que ha sido amado.*

El *participio de futuro*: Se ha perdido en español; sólo quedan algunos restos en frases hechas, y en el lenguaje burocrático y administrativo, como fórmulas latinas: *el nasciturus*: *el que nacerá.*

El *participio de presente*: Se conservan en la lengua las formas desinenciales de origen latino: *-ante* (cantante), *-ente* (presidente), *iente* (sirviente); pero, ya desde sus orígenes, la lengua española dejó de usar como participios estas formas, que pasaron a utilizarse como adjetivos; *sol brillante*; *hombre amante...* Sólo en usos aislados, y en frases hechas, conserva la función de participio verbal en construcciones absolutas: *Dios mediante*; *presidente entrante*; *presidente saliente...* Incluso, muchos de estos adjetivos procedentes del participio de presente latino han sufrido la metábasis de sustantivación permanente, y han adquirido las variaciones de género: *sirviente/a*, *asistente/a*, *dependiente/a*, *presidente/a...* Otros, han sufrido un proceso de gramaticalización y han adquirido valor prepositivo: *mediante*, *durante...*: *trabajó durante dos horas*; *se curó mediante estos medicamentos*.

El *participio de pasado*: Es el único que se ha mantenido en español, y el que recibe el nombre genérico de participio: *amado, temido, partido*. Originariamente, conserva el valor de pasado y significado pasivo etimológico «el que ha sido objeto del fenómeno»: *amado, leído...*; pero, al ser el único participio que se ha conservado, ha ido perdiendo su valor pasivo, y ha adquirido valor activo en la conjugación de los tiempos compuestos: *yo he amado a mi madre*.

Sigue conservando (sin embargo) su valor pasivo en las proposiciones absolutas: *arreglado el coche, nos fuimos de excursión (después de que fuera arreglado...)*.

Cuando funciona como adjetivo, mantiene la alternancia de valor pasivo: *persona admirada, querida, estimada, injuriada...* y de valor activo: *hombre agradecido, arrepentido, presumido...*

A veces, algunos participios han sufrido un proceso de gramaticalización, y han adquirido valor prepositivo; así: *excepto, incluso, salvo*.

Antiguamente, concertaban con el sustantivo al que se referían: *«ninguna nación, inclusa Italia, había tenido un poeta lírico de igual mérito»* (M. de la Rosa); en la actualidad, estas formas se han lexicalizado y aparecen invariables: *incluso Italia, excepto España, salvo los niños...*

El participio *debido* tiende, también, a lexicalizarse, y es frecuente su uso en la frase prepositiva *debido a* con valor de «a causa de»: *la cosecha, debido a la sequía, es muy escasa*.

3.7.3.3.2. *Verbos con dos participios: regular e irregular*

Algunos verbos presentan dos formas para el participio: una regular *(freído)* y otra irregular *(frito)*.
Estos verbos son:

Verbos	Participio regular	Participio irregular
atender	**atendido**	**atento.**
bendedir	**bendecido**	**bendito.**
concluir	**concluido**	**concluso.**
confesar	**confesado**	**confeso.**
convertir	**convertido**	**converso.**
despertar	**despertado**	**despierto.**
elegir	**elegido**	**electo.**
freír	**freído**	**frito.**
incluir	**incluido**	**incluso.**
maldecir	**maldecido**	**maldito.**
prender	**prendido**	**preso.**
proveer	**proveído**	**provisto.**
... etcétera		

La doble forma (regular e irregular) de estos participios se debe al hecho de que en su evolución fonética desde la forma latina originaria han sufrido un proceso de transformación diferente según su doble función de verbo y de adjetivo. Por ello, las formas regulares se emplean para la formación de los tiempos compuestos, y las irregulares como adjetivos: *el sacerdote ha bendecido el agua*/*hay agua bendita*; *he soltado el caballo*/*el caballo está suelto*.

Algunos participios irregulares pueden utilizarse indistintamente como adjetivos o verbos; así: *frito* y *provisto*: *yo he freído huevos*/*yo he frito huevos*. La Academia Española incluye, también, al participio *preso*; pero en el uso de la lengua es poco frecuente encontrarlo en la formación de los tiempos compuestos: *me han prendido los guardias*/*me han preso los guardias* (raro).

3.7.4. LAS PERÍFRASIS VERBALES

Son frases verbales formadas por la conjunción de dos verbos, y que significan una sola acción verbal: *yo tengo que estudiar*; *Juan empieza a trabajar*; *María está trabajando aquí*. La conjunción de las dos formas verbales añade a la acción verbal expresada matices significativos modales: de duda, obligación... y aspectuales.

La forma de las perífrasis es:

Verbo conjugado + *nexo* (*que, a, de, en*) + *Verbo nuclear*: infinitivo,
(V. modal) (Eventual y sólo gerundio, participio.
ante infinitivo)

> *Yo tengo que estudiar la lección*
> *Yo voy estudiando la lección*
> *Yo tengo estudiada la lección*

El verbo conjugado, verbo modal, está gramaticalizado y, generalmente, desemantizado: ha perdido total o parcialmente su significación, o bien la ha cambiado, y adquiere un valor significativo nuevo junto al verbo nuclear con que forma la perífrasis verbal: *el orador tuvo que saludar* (obligación); *el orador vino a decir...* (de aproximación o duda).

3.7.4.1. Clasificación de las perífrasis

Es muy frecuente la utilización de perífrasis verbales en el uso de la lengua. La conjunción de los dos verbos en una sola frase verbal permite al hablante la expresión de valores significativos más completos que los que pudiese expresar mediante una sola forma verbal.

Podemos expresar la acción de «estudiar» con un solo verbo (*estudiar*), pero para expresar el comportamiento del sujeto que tiene la «obligación de estudiar», debemos utilizar una perífrasis verbal: *Juan tiene que estudiar, ha de estudiar, debe estudiar...*

La clasificación de las perífrasis puede hacerse según un criterio formal y/o semántico. Nos servimos del criterio formal para clasificar las perífrasis según la forma del verbo nuclear en:

— Perífrasis de infinitivo: *debo estudiar la lección.*

— Perífrasis de gerundio: *voy estudiando la lección.*

— Perífrasis de participio: *tengo estudiada la lección.*

Utilizamos el criterio semántico, para la subclasificación de las distintas perífrasis de infinitivo, gerundio y participio.

3.7.4.2. Perífrasis de infinitivo

Las perífrasis de infinitivo indican siempre acciones profuturas, con perspectiva abierta hacia adelante o tendencia hacia el futuro, y expresan aspecto imperfectivo: *voy a escribir; tendré que escribir.* La acción de «escribir» es siempre futura en relación con el verbo modal, aunque la totalidad del concepto verbal sea respectivamente, presente, pasado o futuro: *tengo que escribir, tuve que escribir, tendré que escribir.*

Las perífrasis de infinitivo forman un grupo muy numeroso en el uso lingüístico; entre las más frecuentes, sistematizamos la siguiente clasificación:

Perífrasis de infinitivo

$$
\text{Obligativas} \dots \left\{ \begin{array}{l} \textit{Haber de} \\ \textit{Haber que} \\ \textit{Tener que} \\ \textit{(Tener de)} \\ \textit{Debe} \end{array} \right\} \textit{+ Infinitivo}
$$

Incoativas .....
$\left\{\begin{array}{l}\textit{Ir a}\\\textit{Pasar a}\\\textit{Echar(se) a}\\\textit{Ponerse a}\\\textit{Meterse a}\\\textit{Comenzar a}\\\textit{Empezar a}\\\textit{Lanzarse a}\\\textit{Dar en}\\\textit{Romper a}\end{array}\right\}$ *+ Infinitivo*

Dubitativas ...
$\left\{\begin{array}{l}\textit{Deber de}\\\textit{venir a}\end{array}\right\}$ *+ Infinitivo*

Reiterativas ...
$\left\{\begin{array}{l}\textit{Volver a}\\\textit{insistir en}\end{array}\right\}$ *+ Infinitivo*

Perfectivas ...
$\left\{\begin{array}{l}\textit{Venir a}\\\textit{Llegar a}\\\textit{Acabar de}\\\textit{Acabar por}\\\textit{Dejar de}\\\textit{Alcanzar a}\\\textit{echar de}\end{array}\right\}$ *+ Infinitivo*

Modales ...
$\left\{\begin{array}{l}\textit{Querer}\\\textit{Soler}\\\textit{Poder}\\\textit{Saber}\end{array}\right\}$ *+ Infinitivo*

a)   *Perífrasis obligativas*: Indican obligación:

— *Haber de + infinitivo*: Es la forma obligativa más antigua. La gramática de la Academia la denomina «conjugación perifrástica, voz perifrástica»: pero no es más que una de las posibles perífrasis obligativas, cuyo uso queda reducido en la actualidad a la lengua escrita y literaria: *Juan ha de estudiar*.

— *Haber que + infinitivo*: Sólo se usa en construcciones impersonales: *hay que trabajar*; por su carácter impersonal, la obligatoriedad queda muy atenuada.

— *Tener que + infinitivo*: Es la más utilizada en el español actual, y ha usurpado casi todos los usos de este valor perifrástico: *Juan tiene que trabajar*.

— *Tener de + infinitivo*: Ha desaparecido prácticamente del idioma; sólo quedan algunos usos en frases hechas y en formas populares y tradicionales, y sólo se utiliza en 1ª persona: *tengo que subir al árbol, tengo de coger la flor* (sustituida en el uso por *tengo que...*)

— *Deber + infinitivo*: Hay gramáticos que no la consideran perífrasis, ya que el verbo modal no ha perdido su significación; con todo, en el uso de la lengua aparecen estas construcciones como expresión de una sola acción verbal: *Juan debe estudiar*.

b)   *Perífrasis incoativas*: Marcan la fase inicial de una acción o proceso: *María se echó a llorar*. A veces, expresan la fase previa anterior a la acción o preceso que significan: *voy a explicarle el tema siguiente*.

La forma *ir a ver* se ha gramaticalizado totalmente hasta llegar a perder en la lengua popular y coloquial el verbo modal: *a ver qué has hecho* (por *voy a ver qué has hecho*).

En el uso coloquial la construcción *a ver si* está adquiriendo un valor de mandato o consejo, a expensas de su significado incoativo: *a ver si miras por donde vas; a ver si estudias más*.

c) *Perífrasis dubitativas*: Son muy escasas las formas perifrásticas utilizadas en la lengua con valor dubitativo: *el libro viene a costar ochocientas pesetas*; *el libro debe de costar ochocientas pesetas*. Por eso el hablante utiliza, incluso, perífrasis obligativas con valor dubitativo: *no han de andar muy lejos esos ladronzuelos*.

En el uso de la perífrasis *debe de + infinitivo*, es frecuente la supresión de la preposición *de* (el desgaste de la preposición *de* responde a la tendencia, casi general, de la debilitación fonética, o su presión de la *-d-* intervocálica), por lo que en el uso popular se confunde en la forma con la perífrasis obligativa *debe + infinitivo*: *Juan debe estar en el patio* (obligación); *Juan debe de estar en el patio* (duda); y así, aparecen usos impropios como: **el libro debe costar aproximadamente mil pesetas* (por *debe de costar...*).

d) *Perífrasis reiterativas*: Indican repetición de acciones o procesos. Son escasas en el uso de la lengua; las más utilizadas son: *volver a + infinitivo* e *insistir en + infinitivo*: *Juan vuelve a preguntarme; Juan insiste en recordarme...*

e) *Perífrasis perfectivas:* Marcan el final de un proceso (por eso, perfectivas) y, a la vez, el inicio de una acción: *Juan ha llegado a ser presiente; Leonardo acaba de hacer un regalo a sus nietos.*

f) *Perífrasis modales*: Son una serie de frases verbales formadas por la unión de dos verbos que no han perdido, en la mayor parte de sus usos, su autonomía significativa, pero que en la expresión lingüística, suelen indicar una sola acción verbal con los matices significativos de posibilidad: *Juan puede estudiar*, voluntad: *Juan quiere estudiar*, obligación: *Juan debe estudiar,* etcétera.

No son siempre formas perifrásticas: así, cuando la autonomía del verbo modal se intensifica con algún recurso lingüístico, deben interpretarse como verbos independientes:

Juan quiere ser médico (*sera médico*, perífrasis).

Juan quiere en esta ocasión, y por motivos bien conocidos de todos, ser médico (sin valor perifrástico).

3.7.4.3. Perífrasis de gerundio

Las perífrasis de gerundio indican acciones que duran progresivamente en el tiempo: *voy estudiando la lección; Juan iba aprendiendo (se) la lección.*

Las formas más frecuentes que adoptan las perífrasis de gerundio son:

$$\left.\begin{array}{l} ir \\ venir \\ andar \\ seguir \\ estar \end{array}\right\} + Gerundio$$

Se construyen siempre con verbos de movimiento (*ir, venir, andar, seguir...*), ya que indican acciones que se están realizando. El verbo *estar* no indica movimiento activo, pero por tener un valor estativo e indicar permanencia (movimiento pasivo), es también idóneo para estas frases verbales: *Juan anda buscando trabajo*; *va buscando trabajo*; *está buscando trabajo...*

3.7.4.4. Perífrasis de participio

Las perífrasis de participio marcan una fase final o resolutiva de la acción verbal; expresan aspecto perfectivo: *Juan trae estudiada la lección; tiene leídos muchos libros de novelas.*

Las formas más frecuentes que presentan son:

$$\left.\begin{array}{l} tener \\ traer \\ llevar \\ dejar \\ quedar \\ estar \end{array}\right\} + Participio$$

Las construcciones *haber + participio* y *ser + participio* son formalmente perífrasis: *yo he estudiado la lección*; *el niño es ayudado por su hermana*; pero en el uso de la lengua, estas formas han sufrido un proceso de gramaticalización, y, en la conciencia de los hablantes, han pasado a ser las formas de los tiempos compuestos *(haber + participio)* y de la voz pasiva *(ser + participio)*.

En las construcciones perifrásticas, el participio mantiene la relación de concordancia con el complemento directo: *Pilar tiene leída la carta*; *tiene leídos los apuntes*. Esta relación especial de concordancia se debe a que el participio, en estas frases verbales, tiene a la vez una función predicativa o atributiva del complemento directo y del sujeto: *Juan tiene terminada la tarea*; *Pilar estaba convencida de eso*.

3.8. EL ADVERBIO

El adverbio es una categoría muy heterogénea, formada por un conjunto de palabras que se caracterizan por su gran diversidad de formas, funciones y comportamientos lingüísticos.

Los adverbios son las palabras que utilizamos para modificar (calificar o determinar) el significado del verbo, del adjetivo o de otro adverbio: *trabaja mucho*; *es muy grande*; *está muy lejos*.

Es por definición, y seguimos la terminología de la Academia, el «adjetivo del verbo y de toda palabra con sentido calificativo o atributivo»: *Juan trabaja mucho*; *está muy cansado*; *trabaja muy deprisa*.

Es una forma invariable, aunque no de modo completo: No admite formantes constitutivo (género y número), pero sí, formantes facultativos o afijos; son muchos los adverbios que admiten sufijación, sobre todo en el español de América:

abajo	*abajito*	*junto:*	*juntito*
ahora:	*ahorita*	*lejos:*	*lejitos*
apenas:	*apenitas*	*luego:*	*lueguito*
aprisa:	*aprisita*	*nada:*	*nadita*
arriba:	*arribita*	*nunca:*	*nunquita*
cerca:	*cerquita*	*temprano:*	*tempranito*
despacio:	*despacito*	etcétera	

Una excepción peculiar la presentan los adverbios en *-mente*, que mantienen la forma etimológica femenina del adjetivo: *buenamente, francamente...*

También admite el adverbio el morfema de grado: *más deprisa que, menos cerca que, tan lejos como, muy lejos, lejísimos (lejotes),* pero no en todas sus formas, ni de manera completa. Algunos adverbios no admiten más grado que el positivo: *ahora, hoy, ayer, entonces, siempre, ya, aquí, ahí, allí, apenas, nada, acaso...*

En los adverbios en *-mente*, la afijación de grado superlativo en *-ísimo* se hace entre la forma femenina del adjetivo y la partícula mente: *primerísimamente, buenísimamente.*

Algunos adverbios, cuando van antepuestos a adjetivos, o a otros adverbios, presentan formas apocopadas: *muy* (de mucho), *tan* (de tanto), *cuan* (de cuanto)...: *Leonardo es muy listo.*

3.8.1. CLASIFICACIÓN DEL ADVERBIO

Aunque los adverbios 'forman una categoría gramatical muy compleja, establecemos para su estudio la clasificación que se cita:

a) ***Adverbios calificativos o modales*:** Marcan la modalidad de operar el sujeto en el predicado: *Juan canta bien.*

b) ***Adverbios determinativos*:** Indican las circunstancias de lugar, tiempo o cantidad de la acción expresada por el verbo: *Juan trabaja aquí.*

c) ***Adverbios relativos*:** Cumplen en el uso lingüístico funciones propias de los pronombres relativos, a los que pueden sustituir. Son: *donde, cuando, como: fue en ese lugar en que ocurrió el accidente/fue en ese lugar donde ocurrió el accidente.*

• *Subclasificación de los adverbios calificativos*:

Por su significación los adverbios calificativos pueden ser:

— Enunciativos: *bien, mal, despacio, aprisa (deprisa), apenas, adrede, aposta, así...*

— Afirmativos: *sí, también, en efecto, sin duda...*
— Negativos: *no, nunca, jamás...*
— De duda: *quizá(s), acaso, tal vez, a lo mejor, sin duda...*

Incluimos, también, entre los adverbios calificativos los adverbios en *-mente: ágilmente, cortésmente...*, y la mayor parte de las locuciones adverbiales o frases adverbiales.

Llamamos *frases adverbiales* a una serie de formas lingüísticas múltiples que han quedado en el uso de la lengua como expresiones fijas, y que adquieren la función y el valor del adverbio: *Juan lo hizo ocultamente/lo hizo a hurtadillas, a ciegas, a escondidas.*

Son muy numerosos los adverbios constituidos por frases adverbiales; entre ellas:

a tontas y a locas, a ciegas, a hurtadillas, a escondidas (o *a escondidillas*), *a medias, a manos llenas, a gatas, a derechas, de repente, de pronto, de súbito, de verás, de verdad, de burlas, de hecho, de memoria, de hito en hito, de noche, de día...*

Algunas frases adverbiales tienen, además, valor determinativo: *de repente, de pronto, de súbito, de noche, de día...*

Subclasificación de los adverbios determinativos:

Según su valor significativo pueden ser:

— De cantidad

mucho	*muy*	*poco*	*algo*
nada	*harto*	*demasiado*	*medio*
mitad	*bastante*	*más*	*menos*
casi	*sólo*	*además*	
	tanto		
apenas			

— De tiempo

ahora	*antes*	*después*	*hoy*
ayer	*anteayer*	*anoche*	*mañana*
luego	*entonces*	*tarde*	*temprano*
presto	*pronto*	*siempre*	
mientras	*todavía*	*aún*	
ya	*recién*		

	aquí	*ahí*	*allí*	*allá*	*acá*	*allá*
— De lugar	*cerca*	*lejos*	*enfrente*	*delante*	*adelante*	*detrás*
	atrás	*dentro*	*adentro*	*fuera*	*afuera*	*arriba*
	encima	*abajo*	*debajo*	*junto*	*alrededor*	

3.8.2. LA ADVERBIALIZACIÓN

Muchos de los adverbios son originariamente adjetivos que han adquirido función adverbial mediante un proceso de adverbialización. La *adverbialización* (adjetivos que han adquirido la categoría de adverbio) es muy frecuente en el uso lingüístico, y adopta dos formas principalmente: adverbialización morfológica y adverbialización sintáctica.

— *La adverbialización morfológica*: Cualquier adjetivo se convierte en adverbio agregándole la forma -*mente*: *buenamente, ciertamente, cortésmente, ágilmente*...

— *La adverbialización sintáctica*: Muchos adjetivos, sin cambiar de forma, pueden convertirse en adverbios cuando cambian su función lingüística: cuando funcionan como modificadores del verbo: *pisar fuerte, hablar alto, cantar claro*...

Es cada vez más frecuente la adverbialización sintáctica en el uso lingüístico, sobre todo en Hispanoamérica, aunque algunos gramáticos proponen que se evite este uso en la lengua escrita: *Pilar habla alto, bajo, claro, quedo, recio*...

A veces, no resulta fácil diferenciar la naturaleza de adjetivo o adverbio, dada la coincidencia formal, de estas formas en el uso lingüístico, y hemos de recurrir a otros procedimientos o formas lingüísticas para su diferenciación: *Pilar habla claro* (adverbios, no es posible *Pilar habla clara*); *Pilar está tranquila* (adjetivo, *ellos están tranquilos*).

Por otra parte, el adverbio, especialmente el adverbio calificativo, puede adjetivarse: *un hombre así, una niña bien*... aunque este cambio de categoría es mucho menos frecuente que el recurso lingüístico de la adverbialización.

3.9. LA PREPOSICIÓN

Las preposiciones son formas especiales de la lengua que utilizamos para relacionar las palabras en la oración. Las preposiciones sirven de nexo entre un elemento sintáctico cualquiera y su complemento: *el hijo de Antonio guarda en el estuche de plástico la pelota.*
Son formas gramaticalizadas, sin significado o contenido léxico. El significado que pueden adquirir en el uso lingüístico surge del significado de las palabras que relacionan:

> *El libro de Juan* (posesión).
> *La corbata de seda* (materia).
> *Vive en Soria* (lugar).

Las preposiciones carecen de acento propio: son formas átonas (sólo las preposición *según* tienen acento propio) que se apoyan para su pronunciación en la palabra que rigen. Por ello, la preposición, precede siempre al término regido (el elemento sintáctico es el *término regente* o *inicial: libro, corbata, vive*, en los ejemplos anteriores, y el complemento es el *término regido* o *terminal: Juan, seda, Soria*), pero no es obligatorio que el término preceda a la preposición: *Juan viene a casa hoy/viene hoy Juan a casa.*

Las preposiciones pueden ser:

— *Propias*: formadas por una sola palabra: *a, de, con...*
— *Impropias*: formadas por más de una palabras: *encima de, detrás de...*

Las preposiciones propias son: a, ante, bajo, cabe, con, contra, de, desde, en, entre, hacia, hasta, para, por, según, sin, so, sobre y *tras.*

Existen otras formas, procedentes de participios gramaticalizados, que adquieren también la función de preposición: *durante, mediante, salvo, excepto...*

Asimismo, es frecuente en el uso lingüístico indicar el valor preposicional a través de expresiones sintéticas, mediante prefijos:

> *poner algo en la cesta = encestar algo*
> *arrojar un saco desde una peña = despeñar un saco*
> *estar sobre los demás = sobrar*
> *cavar so la tierra = socavar...*

Las preposiciones impropias o *frases prepositivas* presentan formas diversas en nuestra lengua, y adquieren valores expresivos especiales, que no se dan en ninguna otra lengua moderna. En muchos casos, coinciden significativamente con las preposiciones propias: *debajo de = bajo, junto a = cabe, encima de = sobre...*

Las frases prepositivas más frecuentes son:

encima de, debajo de, junto a, delante de, detrás de, de sobre, para con, para desde, de por, desde dentro de, de detrás de, por encima de, respecto de...

3.9.1. SIGNIFICADO Y USO DE LAS PREPOSICIONES

El valor significativo de las preposiciones varía según la naturaleza de la relación que establecen entre el elemento inicial de la relación y el elemento relacionado: *voy a Madrid* (dirección); *llegamos a las ocho* (tiempo)...

Además, el uso tan frecuente de las preposiciones en nuestra lengua, ha hecho que el tipo de relaciones que presentan sea múltiple y diverso. A continuación, anotamos los principales valores significativos de las preposiciones más utilizadas en español:

A:

Es la más utilizada en español, y se utiliza para señalar varios tipos de relación; principalmente:

— Dirección, movimiento material o figurado: *voy a Madrid*; *escribió una carta dirigida a ella*; *aspira a capitán.*

— Finalidad: *útil a sus amigos*; *vengo a enterarme de...*

— Temporal: *nos iremos a las ocho*; *viene a las dos.*

— Espacial: *la cogieron a la puerta*; *estaba a la derecha.*

— Modal: *se despidió a la francesa; lo hizo a imagen suya.*

— Causa o motivo: *lo hago a instancias de su abogado*; *el torero dio la vuelta a petición del público.*

La preposición *a* pierde parte de su valor preposicional en las perífrasis verbales: *Juan echó a correr*, y en las frases adverbiales, de las que frecuentemente forma parte: *a ciegas, a deshora...*

Se utiliza, asimismo, como mera marca sintáctica delante del complemento indirecto y del complemento directo de persona: *di un libro a mi hija*; *vi a mi hijo en la calle.*

Según la Academia, la preposición *a* no se antepone a ninguna otra, y por ello, califica de uso vulgar el empleo de *a por*, tan frecuente en la lengua hablada: *Juan va a por agua, a por tiza...*; en la lengua literaría y en el uso: *Juan va por agua, por tiza...*

Con:

Los valores más frecuentes que puede presentar son:

— Compañía: *Juan vive con su mujer.*

— Oposición: *El Real Madrid jugó con el Real Valladolid.*

— Reciprocidad: *Antonio se escribe con Pilar.*

— Medio y modo: *Juan escribe con lápiz negro; lo hizo con poco ruido.*

— Instrumento: *Golpeaba con el martillo.*

Aparece frecuentemente en el uso de locuciones adverbiales: *aun con todo*, y en frases conjuntivas o con valor conjuntivo: *con que no te enfades, me conformo*; *con decirle esto, me basta...*

De:

Es una de las preposiciones más utilizadas, y una de las que mayor número de valores significativos presenta:

— Posesión o pertenencia: *el vestido de María*; *las gafas de papá; el retrato de Luis.* A veces, este tipo de construcciones resultan ambiguas: es lo que ocurre, por ejemplo, en las llamadas construcciones de *genitivo objetivo* y *genitivo subjetivo* (a imitación de la gramática latina): *el retrato de Luis:* que puede expresar que Luis es el sujeto, el que realiza el retrato (genitivo subjetivo), o que Luis es el objeto del retrato (genitivo objetivo).

— Materia: *reloj de oro, pluma de metal.* También se utiliza con el significado de «materia o asunto de que se trata»: *libro de lengua, hablan de la guerra*, y con el valor de naturaleza, carácter o condición de una persona: *hombre de talento, alma de niño.*

— Cantidad o parte: *Juan bebió de aquel vino*; *algunos de vosotros han sido.*

— Origen o procedencia: *sale de Soria*; *es descendente de familia humilde.* En algunas expresiones adquiere un significado causal equivalente a *por*: *temblar de miedo.*

— Modo: *andar de lado, obrar de buena fe.* Este significado modal ha dado origen a numerosas frases adverbiales: *de balde, de perilla, de primera...*

— Tiempo: *trabaja de día*; *es la hora de comer.*

— Causa: *está rojo de vergüenza*; *aterido de frío.*

— Finalidad: *máquina de afeitar*; *guardias de asalto.*

— Agente de pasiva: aunque este uso es ya bastante raro en la lengua actual, la preposición *de* introduce, alternando con la preposición *por*, el complemento agente de las oraciones pasivas: *Juan es aborrecido por/de todos; la noticia es conocida por/de todos.*

Es frecuente, asimismo, el uso de la preposición *de* en frases conjuntivas: *me alegro de que hayas venido*, y con valor conjuntivo: *de no ser por ti, no lo haría.*

Forma parte, también, de algunas de la perífrasis de infinitivo: *Juan ha de estudiar.*

En la lengua hablada, la preposición *de*, por desgaste fonético o por concisión o rapidez expositiva, suele desaparecer en muchos usos: *Juan vive en la plaza (de) España; en la calle (de) Gabriel y Galán...*

En:

Sus valores principales son:

— Tiempo: *nos veremos en primavera*; *lo hizo en cinco minutos.*
— Lugar: *la botella está en la mesa*; *vive en Valladolid.*
— Modo: *habla siempre en voz baja*; *salió en zapatillas.* Este significado ha dado lugar a numerosas frases adverbiales: *en serio, en broma, en secreto, en general, en particular, en absoluto...*
— Medio o instrumento: *siempre viaja en tren*; *habla en francés.*
— Cantidad o precio: *se lo vendió en cien pesetas*; *las acciones subieron en diez enteros.*

Forma parte, asimismo, de algunas perífrasis verbales: *Juan insiste en volver; ha dado en pensar...*

Es incorrecto el uso, y debe evitarse, de la preposición *en* en frases como: *sentarse en la mesa*, cuando la utilizamos con el significado de *sentarse a la mesa.*

Para:

Los principales valores que presenta son:

— Dirección de movimiento: *va para Madrid*; *viene para acá.*
— Tiempo: *quedamos para mañana*; *te espero para Navidad.*
— Utilidad o daño: *es bueno para la salud*; *es nocivo para la vista.*

Es frecuente el uso de *para* como nexo conjuntivo en proposiciones finales: *viene para estudiar.*

Se utiliza, también, junto a la preposición *a* como nexo del complemento indirecto: *he traído un libro para ti.*

Por:

Es otra de las preposiciones que más valores significativos presenta:

— Lugar: *pasea por el jardín; viaja por mar.*
— Tiempo: *saldremos por la noche; ocurrió por primavera.*
— Causa: *lo hago por su amistad; lo dijo por interés.*
— Medio o instrumento: *habló con él por teléfono; lo envió por tren.*
— Distribución: *pagaron cien pesetas por alumno/por barba.*
— Equivalencia: *trabaja por los dos; vale por cinco.*
— Finalidad: *lo hace por sus hijos; lo hace por aprender.*
— Agente de pasiva: *los hijos son amados por el padre.*

Es frecuente su uso en frases adverbiales: *por lo general...*, y en varios nexos conjuntivos: *por más que, por mucho que...*
Junto a la preposición *a*, y aunque el uso no es normativo, según la Academia, adquiere los valores significativos conjuntos de dirección, motivo y finalidad: *Juan va a por agua* [1].

El resto de las preposiciones presentan valores significativos simples, y en su uso no suelen presentar complejidad significativa alguna; por ello, no anotamos una exposición detallada de cada una de ellas.
Las preposiciones *cabe* y *so* han dejado de utilizarse en la lengua actual, y ya son plenamente anticuadas; *cabe* significa «junto a»: *cabe el vaso, cabe el río*; la preposición *so* significa «bajo»: *so pena, so peligro de muerte*, y sólo aparece en algunas frases hechas.
Las preposiciones *ante* y *tras* se utilizan poco en la lengua hablada, y se sustituyen, con frecuencia, por las frases prepositivas *delante de* y *detrás de*, respectivamente.

---

[1] Véase *Usos de la preposición a*, pág. 185

3.10. LA CONJUNCIÓN

Las *conjunciones* son formas invariables de la lengua que utilizamos para enlazar oraciones y establecer relaciones entre ellas: *Juan vino y luego se fue.* Enlazan, también, dentro de la oración, elementos que desempeñan un oficio sintáctico equivalente: *Juan y Pedro son amigos*; *Antonio tiene gracia y salero.* Las conjunciones son sólo gramaticales, no tienen valor semántico propio; su valor significativo lo adquieren en las relaciones oracionales que pueden presentar: *Juan trabaja y estudia* (valor aditivo); *Juan es inteligente, pero no sabe expresarse con propiedad* (valor de *oposición*)...

Las conjunciones son, fundamentalmente, partículas que unen entre sí elementos sintácticos equivalentes. Pero hay otros muchos nexos, en su origen adverbios o preposiciones, que encabezan proposiciones y que adquieren valor de conjunción, aunque no tengan forma conjuntiva.

Por ello, para su estudio, establecemos una doble clasificación: *conjunciones propias* y *conjunciones impropias*:

— Las *conjunciones propias*: Son las que unen oraciones o elementos del mismo nivel sintáctico; son las *conjunciones coordinantes o coordinativas: y, ni, mas, pero...*
— La*s conjunciones impropias*: Son las que enlazan oraciones y oraciones dependientes o proposiciones; son las *locuciones o partículas subordinantes: cuando, como, desde que, para que...*

A su vez, las conjunciones, según los distintos tipos de relaciones o enlaces oracionales que presentan, pueden adquirir valores significativos diversos; así, podemos distinguir varios tipos de *conjunciones coordinantes o subordinantes* (Anotamos esta clasificación sólo como referencia, ya que el análisis de las conjunciones aparece en el estudio de las oraciones coordinadas y subordinadas a las que sirven de nexo):

• Las *conjunciones coordinantes* pueden ser:

— *Copulativas:* Indican suma o unión: *y (e), ni, que.*

— *Adversativas:* Indican contraposición restrictiva o excluyente: *mas, pero, sin embargo, sino...*

— *Disyuntivas:* Indican alternancia exclusiva o excluyente: *o (u).*

— *Distributivas:* Indican distribución o alternancia: *ya... ya, ora... ora, sea... sea...*

• Las *conjunciones subordinantes:* Adquieren el valor que presenta en la oración compuesta la proposición a la que sirven de enlace, y que puede expresar el valor significativo de: *modo, comparación, lugar, tiempo, concesivo, consecutivo, condicional, causal* y *final.*

Hay, además, una serie de conjunciones que proceden de formas lingüísticas más extensas, y que se han gramaticalizado total o parcialmente; son las llamadas *locuciones o frases conjuntivas*, que adquieren el mismo valor gramatical que una conjunción: *por más que, con tal que, sin embargo, no obstante, por consiguiente, puesto que, ya que...*

3.11. LA INTERJECCIÓN

La gramática tradicional incluía las interjecciones entre las partes de la oración o clases de palabras; pero hoy, prácticamente, todos los gramáticos coinciden en señalar que la interjección no es una clase de palabra, sino una forma sintética que sustituye a una oración o frase exclamativa más amplia, y que, por ello, lleva la marca léxica de los signos de exclamación: *¡ay!*, por ejemplo, no es más que la forma abreviada de otra expresión oracional más extensa: *¡qué pisotón me has dado! ¡qué golpe me ha dado!...*, etcétera.

Las interjecciones son formas lingüísticas de rasgos gramaticales indiferenciados; casi todas son plurivalentes y pueden expresar diversos tipos de vivencias o afectividad. Son, además, las formas lingüísticas más directas y espontáneas de la lengua.

Pero no siempre son unidades intencionales comunicativas y expresivas, sino que en ocasiones, son un mero vehículo de una vivencia repentina de cualquier signo o valor: amor, odio, indignación, asombro, cortesía, alegría, pena, lástima, dolor, angustia... etcétera: *¡Bah!, ¡Pub!...*

Por ser formas abreviadas, presentan peculiaridades prosódicas: intensidad relevante en las sílabas tónicas, prolongación de sonidos, reticencia fonética, etc.; lo que hace que sean las formas más simples y directas del sonido articulado. Además, las interjecciones están muy próximas a las onomatopeyas: *¡zas!, ¡chas!, ¡ras!, ¡psch!...*

Asimismo, por ser formas abreviadas y por su valor expresivo y emotivo, son muy utilizadas, sobre todo en el lenguaje coloquial.

Entre las interjecciones, podemos distinguir tres tipos: *interjecciones propias*, *interjecciones impropias*, y *locuciones interjectivas*.

— *Las interjecciones propias*: Son las que constan de una sola palabra: *¡ah!, ¡oh!, ¡ay!, ¡bah!, ¡ca!, ¡ea!, ¡eh!, ¡hola!, ¡huy!, ¡ojalá!, ¡puf!, ¡arre!, ¡so!...*

— *Interjecciones impropias*: Son una serie de sustantivos, verbos o adverbios que se han desemantizado, y han adquirido el valor de interjección: *¡anda!, ¡vaya!, ¡diablo!, ¡diantre!, ¡demonio!, ¡córcholes!, ¡fuego!, ¡toma!, ¡socorro!...*

Podríamos incluir también aquí la mayoría de las «palabras fuertes» y tacos, preferentemente de uso coloquial.

— *Locuciones interjectivas*: Son las formadas por más de una palabra, y que coinciden generalmente con las llamadas frases exclamativas: *¡ay de mí!, ¡vaya por Dios!, ¡mi madre!, ¡ay qué tío!*, etcétera.

4
NIVEL SINTÁCTICO

4.1. NIVEL SINTÁCTICO

En el nivel sintáctico se estudian las relaciones que se establecen entre las unidades que forman una secuencia de expresión lingüística, que denominamos oración.

Así, en *Juan estudia matemáticas*, se forma una estructura lingüística por las relaciones que se establecen entre las unidades *Juan/estudia/matemáticas*, que aparecen combinadas. Cada una de estas unidades podría aparecer aislada, pero se agrupan en una sola secuencia lingüística, en la que cada una de ellas desempeña una función: sujeto, verbo y complemento, respectivamente.

Del estudio de la combinatoria que pueden presentar las unidades en una secuencia oracional o supraoracional, y de la función (relación que liga a una palabra o complejo de palabras con los demás elementos oracionales) se encarga la *Sintaxis*.

Ya hemos apuntado en el estudio de los capítulos precedentes que el análisis por niveles de las unidades de la lengua no respondía siempre a criterios de valoración lingüística, sino, en muchos casos, a criterios de claridad y estructura expositiva.

Anotábamos, también, cómo muchos gramáticos se planteaban si era posible estudiar por separado las unidades morfológicas y las unidades sintácticas, y que era frecuente encontrar estudios morfosintácticos agrupados en un solo nivel lingüístico.

Nosotros, sin embargo, mantenemos el estudio de las unidades sintácticas por separado, aunque a lo largo de nuestra exposición se podrá comprobar que hacemos continuas referencias a las unidades de los otros niveles, que se presentan interrelacionadas.

Por otra parte, en nuestro estudio, seguimos los criterios tradicionales de análisis sintáctico, y evitamos, en lo posible, introducir los nuevos enfoques sintácticos y la nueva terminología, cuya exposición nos exigiría una dedicación mayor, que no se nos permite en este trabajo, y que, además, no iba a proporcionar a los estudiantes no especializados un mayor dominio de las estructuras sintácticas de nuestra lengua.

4.2. LA ORACIÓN

La gramática tradicional define *la oración* como la unidad de lengua superior en que puede articularse cualquier discurso o hecho de comunicación.

La gramática moderna estudia la oración como unidad de lengua y analiza, también, unidades supraoraciones: períodos y párrafos del discurso o del texto lingüístico.

Por otra parte, la mayor parte de los trabajos de gramática parten, para el estudio de la lengua, de la oración como unidad lingüística básica, en torno a la cual se articulan otras unidades de nivel inferior: sintácticas, morfológicas, semánticas, léxicas y fonológicas, que configuran el estudio de la lengua.

Para el hablante, la oración no es más que el resultado de un ejercicio de lengua, un acto de comunicación que le sirve de instrumento transmisor en su intención comunicativa, y que exige la aplicación y puesta en práctica del conjunto de reglas y de unidades lingüísticas de la lengua que él conoce. El hablante puede utilizar expresiones distintas, según situaciones y dominios de su lengua: *pan/dame tú el pan/que se me dé el pan, que me sea dado el pan/quiero que me des el pan, etc...* pero en todos estos hechos de comunicación el hablante sabe que ha utilizado oraciones.

4.2.1. DEFINICIÓN DE ORACIÓN

Son muchas las definiciones de oración que han ido apareciendo en los distintos estudios y manuales de gramática. En las anotaciones bibliográficas el estudiante podrá encontrar las referencias de autores y obras, en las que encontrará definiciones diferentes. En nuestro estudio, anotamos la definición de A. Alonso y H. Ureña [1]: «La menor unidad de habla que tiene sentido en sí misma se llama oración», como modelo de definición; omitimos otras muchas definiciones que existen, y que son, asimismo, total o parcialmente válidas. A lo largo de los apartados que siguen iremos analizando los elementos, la forma y significación de esas unidades mínimas de habla, con el propósito de intentar lograr un estudio práctico de la oración.

4.2.2. ESTRUCTURA DE LA ORACIÓN SUJETO Y PREDICADO

El sentido completo expresado en una oración puede presentarse articulado en dos miembros que guardan relación entre sí: *sujeto* y *predicado.*

El sujeto es aquello de que se dice algo (o aquel de quien se dice algo) en la oración: *los árboles florecen; trabaja sin descanso el labrador;el libro está sobre la mesa...* Los *árboles, el labrador, el libro* son personas o cosas de las cuales decimos algo, y, por lo tanto, son el sujeto de la oración de la que forman parte.

El predicado es lo que se dice del sujeto: *los árboles florecen; trabaja sin descanso el labrador.* Las palabras *florecen, trabaja sin descanso,* forman el predicado y nos sirven para expresar lo que decimos del sujeto en la oración.

Así, en principio, la oración tiene una *estructura bimembre;* la articulación básica de la oración consta de dos miembros: sujeto y predicado: *Juan come pan.,*

---

[1] A. Alonso y P. Henríquez Ureña, *Gramática Castellana.*

Es frecuente en el uso lingüístico la omisión del sujeto, a diferencia de lo que ocurre en otras lenguas, por ejemplo en inglés y en francés, donde se ha hecho obligatoria la anteposición del pronombre sujeto. En nuestra lengua las terminaciones verbales: *dijo, saliste, vendrá hemos llegado...* son tan suficientemente expresivas, e indican de forma tan explícita la relación lingüística entre sujeto y predicado, que podemos omitir el sujeto, ya que de alguna forma queda expresado en la forma verbal: *como pan, vino ayer* (*yo como pan, él vino ayer*).

Sin embargo, la tendencia analítica de la lengua se manifiesta en el uso determinado del sujeto en oraciones en que parece innecesario: *yo como pan; él vino ayer.* La expresión del sujeto en estas oraciones responde en muchos casos a razones significativas o de estilo; así, en *yo lo sé todo,* la presencia del sujeto realza la participación activa de actor en lo comentado; incluso, puede intensificarse la significación con la repetición del sujeto pronominal: *yo, yo, yo, lo sé todo.*

Con todo, cuando puede haber ambigüedad es necesaria la expresión del sujeto; así, cuando se expresa en tercera persona sin hacer una referencia contextual a qué tercera persona hacemos referencia: *Luis y María se encontraron en la calle, y él dijo que estaba esperando desde las dos.*

Por otra parte, también es frecuente la omisión del predicado, o de parte de las palabras que lo forman: *hoy, garbanzos (hoy comemos garbanzos).* Esto ocurre cuando se sustituye el valor significativo de las formas sustituidas por el significado contextual o por la situación comunicativa: *¿quién lo ha hecho?. Juan (Juan lo ha hecho).*

Existen, asimismo, aunque son menos frecuentes, *oraciones unimembres.* Son las oraciones impersonales que carecen de sujeto y que están formadas sólo por predicado: *hace frío; nieva; hay alumnos en clase...*

4.2.3. RELACIONES DE CONCORDANCIA ENTRE SUJETO Y VERBO

La unidad gramatical que forman las palabras que constituyen la oración exige unas conexiones formales, *relaciones de concordancia,* entre las unidades oracionales: *los niños comen chocolate.*

Aunque estas relaciones afectan a todas las partes variables de la oración, nos referimos en este apartado sólo a las relaciones de concordancia entre sujeto y verbo:

— Cuando el verbo se refiere a un solo sujeto, concuerda con él en número (singular o plural) y persona (primera, segunda o tercera): *tú trabajas; ellos han trabajado.*

— Cuando el sujeto consta de dos o más personas, el verbo concuerda en plural con la primera, si la hay, y, si no, con la segunda: *él, tú y yo nos quedamos aquí; tú y yo nos quedamos aquí; él y tú os quedáis aquí.*

Aunque las reglas de la concordancia son sencillas, en el uso lingüístico se registran numerosas anomalías, tanto en la lengua hablada como en la lengua escrita. Estos desajustes gramaticales están motivados frecuentemente por falta de atención, o por escasa instrucción o por impericia de los hablantes; esto ocurre, sobre todo, en el habla coloquial, donde la rapidez improvisadora favorece la aparición de discordancias.

Otras veces, la falta de concordancia no supone desconocimiento de las reglas gramaticales, sino que responde a razones de significación o a propósitos deliberados del hablante para conseguir determinados efectos estilísticos. Esto es lo que sucede en algunos de los casos de *discordancia;* entre los que anotamos:

— **Discordancia según el sentido (*ad sensum*) :**

Cuando el sujeto es un sustantivo en singular que indica cantidad, puede ponerse el verbo en plural; así ocurre con sustantivos como *multitud, caterva, infinidad, montón, la mitad, un tercio, una parte, el resto...*etc.: *acudieron allí un millar de personas; una caterva de chiquillos se esparcieron por la plaza; un montón de pájaros huyeron tras el disparo, el resto se quedaron allí.*

Esta clase de discordancia, concordancias no formales, responde a razones significativas; el sujeto es un sustantivo en singular: *millar, caterva, montón, el resto...* pero como significa un número plural de individuos, ponemos el verbo en plural, porque nuestro pensamiento se está refiriendo a la pluralidad de individuos comprendidos en el sustantivo singular.

— Discordancia de sustantivos colectivos:

Por la misma razón: concordancia según el sentido, a veces, concuerda el verbo en plural con sujetos singulares representados por sustantivos colectivos, que indican un conjunto de individuos: *gente, pueblo, tropa, regimiento,...*etc.: *la gente, a una señal convenida de sus jefes, se amotinaron.*

Esta misma relación de concordancia pueden presentar las formas pronominales (neutras): *esto, eso, aquello...*, que indican pluralidad, cuando funcionan como sujeto: *eso son amores, que no buenas razones.*

La discordancia en plural de los sustantivos colectivos singulares es más frecuente si el verbo y el sujeto se encuentran distanciados, ya que el alejamiento produce en el que habla olvido de la forma gramatical, pero no del sentido: *el pueblo se amotinó, pero a la primera descarga de la política huyeron despavoridos.*

También, a veces, por esta misma razón de concordancia, se pone en plural, aunque puede concordar también en singular, el verbo cuando el sujeto está representado por sustantivos como *especie, tipo, clase, género...*, y van determinados por un complemento del nombre en plural: *este tipo de palabras lleva/llevan acento gráfico; esta clase de faltas se castiga/se castigan duramente; esta especie de animales es frecuente/son frecuentes...*

— Discordandia deliberada:

En ocasiones, el hablante utiliza la discordancia con la intención de conseguir efectos estilísticos especiales; ello ocurre en los casos de *discordancia deliberada,* cuyos usos más significativos son:

• *El plural asociativo o psicológico:*

El hablante utiliza el verbo en plural con sujeto en singular cuando quiere participar o hacer participar a los demás de una actividad o estado de ánimo determinado; así, cuando preguntamos a un enfermo: *¿cómo estamos?,* o cuando comentamos la victoria del equipo de fútbol del que se es aficionado: *¿cómo ha quedado el Real Madrid?-*

Hemos ganado. También se usa para expresar sorpresa o ironía ante el interlocutor: *hoy tenemos mal día, Juan.*

• *El plural de modestia:*

El hablante utiliza el verbo en primera persona del plural para hablar de sí mismo: *creemos, pensamos...*
Con ello, el hablante intenta rebajar el protagonismo, o disminuir la responsabilidad de la acción que expresa, diluyéndola en una pluralidad ficticia. Se dice, por ejemplo: *ya lo hemos arreglado, lo hemos estropeado...*etc., cuando es sólo uno el protagonista de la acción.

• *El plural mayestático:*

Se utiliza el plural como fórmula de tratamiento cuando el hablante actúa como representante de una categoría social o política relevante o de alta consideración. *Nos el Rey otorgamos... Nos el Papa declaramos...*

4.2.4. EL PREDICADO: PREDICADO NOMINAL Y PREDICADO VERBAL

Todo lo que decimos del sujeto es el *predicado: Juan* (sujeto) *está enfermo, como codornices, trabaja mucho, se afeita* (predicados).
Con el predicado podemos expresar cualidades del sujeto: *Pedro es bueno,* o acciones o comportamientos: *Pedro trabaja en Valladolid.* De esta manera podemos distinguir dos tipos de predicado: *predicado nominal y predicado verbal.*

— *El predicado nominal:*

Lo utiliza el hablante para indicar cualidades del sujeto: *Juan está enfermo; Juan es médico.*
Se denomina *predicado nominal* porque el núcleo significativo no es le verbo, sino el nombre o el adjetivo referido al nombre: *Luis es carpintero, Luis es agradable* (Luis = carpintero, Luis = agradable).
El verbo se utiliza como cópula o unión entre el sujeto y la iden-

tificación que hacemos del sujeto a través del atributo, sin aportar valor significativo importante, por lo que, incluso, es frecuente en el uso lingüístico su omisión; así ocurre, por ejemplo, en las llamadas *frases nominales,* en que al verbo copulativo aparece omitido: *año de nieves, año de bienes.*

El predicado nominal se construye generalmente con los verbos atributivos ser y estar; pero también pueden aparecer otros verbos (los verbos cuasiatributivos)[1], cuando desempeñan la función gramatical de cópula o unión: *Pilar está contenta, parece contenta, se encuentra contenta...*

— *El predicado verbal:*

Lo utiliza el hablante para expresar las acciones o comportamientos del sujeto: *Antonio trabaja todos los días; Antonio escribe novelas.*

Se denomina *predicado verbal* porque el núcleo significativo del predicado es el verbo: lo que queremos decir de Antonio es que trabaja, que escribe...

El predicado verbal se constituye con los verbos que no sean *ser y estar,* aunque, excepcionalmente, también pueden funcionar como núcleo del predicado[1]: *Antonio trabaja en clase, se encuentra en clase, está en clase...*

4.2.5. FUNCIONES SINTÁCTICAS: SUJETO Y COMPLEMENTOS

En toda oración podemos distinguir los elementos o clases de palabras que la forman, y las funciones sintácticas o sintagmas que desempeñan los elementos: *todos los hijos aman a sus padres.*

Los elementos que forman esta oración son: *todos* (determinante indefinido), *los* (determinante artículo), *hijos* (sustantivo), *aman*

---

[1] Véase *La atribución y la predicación* (§ 4.3.1.1.1.).

(verbo), *a* (preposición), *sus* (determinante posesivo), *padres* (sustantivo). Del estudio de los elementos oracionales nos hemos ocupado ya en el capítulo de Morfología.

Las funciones sintácticas o sintagmas en esta oración son: *todos los hijos* (sujeto), *aman* (verbo), *a sus padres* (complemento directo). Del estudio de las *funciones sintácticas,* que son cada una de las unidades lingüísticas que se forman según las interrelaciones que presentan los elementos oracionales, nos ocupamos en este capítulo dedicado a la Sintaxis.

En principio, los elementos de la oración se agrupan en dos unidades o constituyentes oracionales básicos: sujeto y predicado:

Juan trabaja

Suj.   Pred.

Los hijos de Antonio han logrado éxitos en su trabajo

Sujeto   Predicado.

A su vez, las unidades que forman el sujeto y el predicado pueden incluir otras funciones o complementos sintácticos:

Los hijos de Antonio han logrado éxitos en su trabajo

Sujeto C. del nom.   Verbo   C. direct. C. circunst.

4.2.6.   LAS FUNCIONES SINTÁCTICAS EN LA ORACIÓN

Además de la función verbal, la función de verbo, que siempre se da en el predicado, agrupamos, para su estudio, las funciones sintácticas en tres grupos o apartados:

— *Funciones fundamentales o primarias:* Son las funciones sintácticas que afectan a toda la oración: <u>sujeto, atributo, com-</u>

plemento directo, complemento indirecto, complemento circunstancial.

— *Funciones secundarias:* No afectan a toda la oración, sino que se refieren a un solo elemento de la oración: *complemento del nombre, aposición.*

— *Función terciaria:* No es propiamente función oracional, ni se refiere a ningún elemento de la oración; es el *vocativo*, que tiene función señalativa o apelativa.

Incluimos, asimismo, en nuestro estudio las funciones de *suplemento, complemento predicativo y complemento agente,* como variantes de las funciones anteriormente citadas.

4.2.6.1. La función de sujeto

El sujeto es la función que utilizamos para expresar de quién o de qué se dice algo a través del predicado:

$$
\underline{\text{se ha caído}} \atop \text{(predicado)}
\quad
\left.
\begin{array}{l}
\textit{el libro} \\
\textit{Juan} \\
\textit{el árbol} \\
\textit{el niño} \\
\textit{el vaso...}
\end{array}
\right\}
= \textit{(sujetos)}
$$

El sujeto es la función básica y más importante del sustantivo; por ello, en algunas gramáticas encontramos definiciones del sustantivo que lo denominan como toda palabra que puede funcionar como sujeto en la oración.

Por tanto, el sujeto ha de ser siempre un sustantivo o una forma léxica equivalente:

— sustantivo: **Antonio** *corre.*

— pronombre: **él** *corre.*

— Adjetivo sustantivo: *los ágiles corren velozmente.*
— Infinitivo: *vivir es una virtud.*
— Proposición sustantiva: *que vengas conmigo me agrada.*
— Cualquier forma léxica utilizada en metalenguaje: *dio es un verbo; para tiene dos vocales.*

El sujeto no lleva preposición: *los niños estudian;* sólo en algunos usos pueden aparecer sujetos con formas prepositivas; pero son formas gramaticalizadas que se utilizan como expresión de distintos matices significativos, y que han perdido su valor preposicional; así ocurre en : *Juan y yo hicimos el trabajo/entre Juan y yo hicimos el trabajo* (entre los dos); *han aprobado veinte alumnos/han aprobado hasta (al rededor de... cerca de) veinte alumnos* (incluso o aproximandamente).

4.2.6.1.1. *Métodos para reconocer la función de sujeto*

Es ya tradicional indicar que la función de sujeto responde a la pregunta ¿quién? al verbo: *Antonio escribe cartas: ¿*quién escribe? *Antonio* (sujeto).

Pero este método sólo es válido cuando el sujeto es una persona; cuando el sujeto es de cosa, la pregunta es ¿qué?:

> *Juan se ha caído/¿quién?/Juan*
> *El vaso se ha caído/¿qué?/el vaso.*

Por otra parte, la pregunta ¿qué? nos sirve también, otras muchas veces, para la función de complemento directo; así:

Me agrada tu aprobado/¿qué?/Tu aprobado (sujeto)
Yo deseo tu aprobado/¿qué?/Tu aprobado (complemento directo)

Así, este método semántico no es más que un recurso pedagógico provisional e incompleto, y que no nos sirve como indicador sintáctico. Sólo el análisis de las relaciones gramaticales entre el sujeto y el verbo, y el hecho de que el sujeto generalmente no lleva preposición, nos pueden servir como indicadores sintácticos: por lo demás, el único método válido es el de la concordancia que se exige entre el sujeto y el verbo: si al cambiar de número el verbo, cambia el sustantivo, es que sí es el sujeto:

> *Me agrada tu aprobado* (sujeto)/*me agradan tus aprobados.*
> *Yo deseo tu aprobado* (complemento directo)/*nosotros*
> *deseamos tu aprobado.*

4.2.6.1.2. *Clases de sujeto*

Se pueden distinguir diferentes formas de sujeto según los distintos criterios de clasificación que se intenten aplicar.

En nuestro estudio no nos proponemos agotar todas las posibilidades de análisis de los distintos tipos de sujeto, sino sólo una aproximación de las clasificaciones más representativas:

a)   Según su relación oracional: *sujeto gramatical y sujeto lógico.*

- *El sujeto gramatical:* es el sujeto sintáctico, de quien o de los que se dice el predicado, y que concuerda con el verbo en número y persona:

> **Luis** *come pan.*
>
> **El pan** *es comido por Luis.*

- *El sujeto lógico:* Viene a coincidir con el actor en torno al cual gira la acción expresada en el predicado; puede coincidir o no con el sujeto gramatical:

> **Luis** *come pan (Luis* sujeto lógico y gramatical).
> **El pan** *es comido por Luis (Luis* sujeto lógico*).*
> *Se venden* **bocadillos** *en el bar* (los que venden los
> bocadillos, sujeto lógico).

b) Por su función significativa: *agente, paciente, pseudoagente y causativo:*

- *Sujeto agente:* Cuando realiza la acción indicada en el verbo:

    El niño *llamó a su papá*

- *Sujeto paciente:* Cuando no realiza la acción, sino que la recibe o padece:

    Los hijos *son amados por los padres.*
    Se venden **bocadillos.**

- *Sujeto pseudoagente:* Cuando el sujeto aparentemente es agente, pero significativamente es paciente:

    Juan *se cortó el pelo en esta peluquería* (se lo cortó el peluquero).
    Juan *arregló el coche en el taller* (lo arregló el mecánico)

- *Sujeto causativo:* Cuando el sujeto es la causa mediata, y no el agente inmediato de la acción:

    Felipe II construyó El Escorial (lo mandó construir).
    Los Reyes Católicos *descubrieron América* (dirigieron el descubrimiento).

c) Por su formación: *simple, complejo y múltiple:*

- *Sujeto simple:* Está formado por un solo núcleo:

    Juan *come;* **el niño** *llora.*

- *Sujeto complejo:* Cuando junto al núcleo del sujeto aparecen funciones secundarias (complemento del nombre o aposición):

    La hija de Antonio *es muy hermosa.*
    Antonio, el hijo de Pilar, *es arquitecto.*

- *Sujeto múltiple: Cuando está formado por dos o más núcleos:*
  Luis y Antonio *trabajan juntos.*

4.2.6.2. La función de atributo

Es la función que utilizamos para indicar cualidades del sujeto: *Juan es* **médico***; María es* **cariñosa***.*

El *atributo* es la identificación que hacemos del sujeto a través de un verbo atributivo o copulativo (ser y estar): *el niño es* **travieso** (niño = travieso).

No es una función exclusiva del sustantivo; también otras formas léxicas pueden representar la función de atributo. Por ejemplo:

— Un sustantivo: *el niño es* **arquitecto***.*
— Un adjetivo: *el niño es* **educado***.*
— Un pronombre: *mi hija es* **aquélla***.*
— Un adverbio calificativo: *Luis es* **así***.*
— Un infinitivo: *eso es* **vivir***.*
— Una proposición sustantiva o sustantivada: *Juan es* **el que habla***.*

Algunos gramáticos incluyen entre las distintas formas de atributo *las locuciones o frases atributivas: Antonio es* **de Madrid***; la mesa es* **de metal***. De Madrid* y *de metal* no son propiamente atributos; son sintagmas preposicionales (el atributo no lleva preposición) con forma de complementos circunstanciales, aunque significativamente coinciden con la función de atributo: *Juan es* **de Madrid** (madrileño); *la mesa es* **de metal** (metálica).

Cuando el atributo es un sustantivo o una forma léxica equivalente, las funciones de sujeto y atributo son reversibles: *Juan es médico, el médico es Juan.*

4.2.6.3. La función de complemento directo.

Es la función que se utiliza para expresar lo que se dice del sujeto a través del verbo: *Juan estudia* **matemáticas***; el mecánico arregló* **el coche***.*

Además, el complemento directo sirve para fijar, precisar o concretar el significado de los verbos transitivos, cuya significación es vaga e imprecisa; así, en *Juan escribe*, conocemos qué acción realiza Juan, pero desconocemos el término del proceso o acción, que puede ser diverso: *Juan escribe* **cartas, poemas, novelas, ensayos,** etcétera.

El complemento directo, aunque es una de las funciones básicas del sustantivo, es una categoría muy compleja:

Coincide formalmente en algunos usos con el complemento indirecto:

> *El profesor suspendió* **a Juan**
> c.d.
> *El profesor suspendió* **las matemáticas a Juan**
> c.d. c. i.
> *El padre ama* **a sus hijos**
> c.d.
> *El padre da* **su amor a sus hijos**
> c.d. c. i.

Esta coincidencia formal sólo se da cuando el complemento directo es de persona y va precedido de la preposición *a,* marca característica, asimismo, del complemento indirecto. A veces, esta indentidad formal causa equívocos en la expresión lingüística; así ocurre, por ejemplo, en *Juan presentó a su amigo a mi hijo;* aunque en el uso lingüístico el idioma presenta varios recursos para la diferenciación, por ejemplo: que el complemento directo es el que aparece colocado más cerca del verbo.

También la función de complemento directo está semánticamente próxima, en algunos usos, a la función de complemento circunstancial. Por ejemplo:

> *Juan piensa* **eso**
> c.d.
> *Luis piensa* **en eso**
> c.c.

Luis cree **tu verdad**
c.d.

Luis cree **en tu verdad**
c.c.

En estos ejemplos, sin embargo, la distinción formal es clara, ya que el complemento directo no admite el uso de las preposiciones *en* y *de* (Algunos gramáticos utilizan el término de *suplemento* para este tipo de complemento circunstancial).

El complemento directo sólo admite el uso de preposición, de la preposición *a*, cuando es de persona. Este uso de la preposición *a* es una de las características propias de nuestra lengua. En principio, el uso de la preposición *a* con complemento directo que designa persona, generalizado desde el siglo XVII, se debe a que, al ser libre el orden en español, es necesario, a veces, marcar qué elemento sintáctico no es el sujeto oracional.

Así, en *el hijo ama el padre, el hijo y el padre* podrían interpretarse como sujeto, de la oración; la confusión se evita colocando la preposición *a* al sintagma que no funciona como sujeto: *al hijo ama el padre/al padre ama el hijo.*

Otras veces, la preposición *a* responde a criterios significativos o estilísticos. Además, no siempre aparece la preposición *a* con complemento directo de persona, y ello ocurre generalmente cuando el complemento directo tiene una significación imprecisa o indeterminada: *busco* **secretaria**/*busco* **a la secretaria**; *veo* **niños** *en el patio*/ *veo* **a los niños** *en el patio.*

Por el contrario, otras veces aparece el complemento directo, sin ser de persona, precedido de la preposición *a* ; ello ocurre cuando el complemento directo está de alguna forma personificado: *Juan ama* **la vida**/**a la vida**; *Antonio teme* **la muerte**/ **a la muerte**.

4.2.6.3.1. *Métodos para reconocer el complemento directo*

En la enseñanza de la lengua aparecen diversos métodos que, como pautas pedagógicas, intentan facilitar el análisis del complemento directo; pero, por la complejidad que presenta esta función, estos métodos carecen, a veces, de rigor lingüístico, y otras, presentan ambigüedad o confusión. Entre ellos:

— *Método semántico:*

Consiste en preguntar ¿qué? o ¿a quién? al verbo.
La pregunta ¿qué? es válida para reconocer el complemento directo de cosa: *Juan come pan, ¿qué come?/pan* (c.d.). Pero también la pregunta ¿qué? responde otras veces a la función de sujeto: *crecen flores, me duele la cabeza* (sujetos).
La pregunta ¿a quién? es válida cuando el complemento directo es de persona, pero sirve, asimismo, para localizar la función de complemento indirecto:

> *Luis ve a María / ¿a quién? / a María* (c.d.)
> *Luis da un regalo a María / ¿a quién? / a María* (c.i.)

Por ello, este método semántico no nos sirve como pauta de distinción de funciones, y sólo, a veces, nos puede ayudar a distinguir y comprender el valor de las distintas funciones de la oración.

— *Método de la voz pasiva:*

Las oraciones pasivas no son más que oraciones activas transitivas transformadas: *Luis ve a los amigos / los amigos son vistos por Luis.*
Por ello, esta posibilidad de transformación sí que nos sirve para la determinación del complemento directo, ya que el complemento directo de la oración activa transitiva pasa a ser sujeto en la oración pasiva: *yo como pan/el pan es comido por mí.*
Este método es válido como recurso lingüístico y pedagógico; pero no siempre es útil para el hablante, por las limitaciones formales de la voz pasiva, y porque la pasiva es muy poco utilizada en español, y no se está acostumbrando a estas formas de expresión:

> *Antonio ama **a su madre**/su madre es amada por Antonio.*
> c.d.

*Yo tengo **hambre**/ ¿el hambre es tenida por mí???*
　　　c.d.

— *Método de la sustitución pronominal:*

El uso etimológico de las formas pronominales átonas de tercera persona que funcionan como objeto (directo e indirecto) presenta el siguiente esquema, que resulta elemental y de fácil comprensión:

	singular	*plural*
c. d. :	**lo, la, lo**	**los, las**
c. i. :	*le*	*les*

Así, será fácil distinguir las funciones de complemento directo y complemento indirecto:

*Juan compró **un mueble**/lo compró*
　　　　　　c. d.
*Juan compró un mueble **a su madre**/le compró un mueble.*
　　　　　　　　　　c. i.

La sustitución pronominal *lo* (mueble) y *le* (a su madre) nos permite determinar las funciones de complemento directo y complemento indirecto, respectivamente, para los sintagmas sustituidos.

Pero en el uso lingüístico este esquema etimológico no siempre se da, sino que, por el contrario, aparecen frecuentemente usos no etimológicos, normativos unos y no normativos otros, que dificultan o hacen inservible el método de la sustitución pronominal. Nos referimos a los usos de *leísmo, laísmo y loísmo.* Así, por ejemplo, en *yo vi a Juan,* la sustitución por *le* (leísmo permitido): *yo le vi* (*le* = c.d.), aunque según el criterio etimológico *le* sea la forma pronominal del complemento indirecto.

Veamos los usos no etimológicos de estas formas pronominales:

a)　*El leísmo:*

Es la utilización de *le/les* como complemento directo:

Luis vio a Juan/Luis le vio (correcto).
Luis vio a María/Luis le vio (incorrecto).
Luis vio un árbol/Luis le vio (incorrecto).

El leísmo no es un fenómeno nuevo, sino que se da desde antiguo; desde los siglos XVI y XVII es frecuente el leísmo en la lengua de Castilla. En la actualidad, el leísmo es muy frecuente en la zona centro de la Península Ibérica, y se va generalizando su uso en la producción literaria hispanoamericana; en cambio, en la lengua hablada de Navarra, Andalucía y América se rechaza el uso del leísmo y se prefiere el uso de las formas etimológicas *lo* y *la*.

La Academia sólo admite como normativo el uso del leísmo referido a personas en masculino y singular, y rechaza los otros usos de *le/les* como complemento directo por incorrectos:

Luisa vio a Juan/Luisa le vio (leísmo permitido).
Luisa vio a María/Luisa le vio (leísmo no permitido).
Luisa vio un árbol/Luisa le vio (leísmo no permitido).
Luisa vio a los niños/Luisa les vio (leísmo no permitido por
        la Academia, aunque su uso está muy extendido).

b) *Laísmo:*

El laísmo es la utilización de *la/las* como complemento indirecto: *Antonio dio un abrazo a su madre/la dio un abrazo* (incorrecto).

Aunque el laísmo es muy frecuente en el habla popular e, incluso, en el habla culta y en la lengua literaria en Madrid y Castilla, es un fenómeno lingüístico que no ha logrado consolidarse en el uso general, por lo que su uso es criticado y desaprobado por la Real Academia.

c) *Loísmo:*

Es la utilización de *lo* como complemento indirecto: *Juan dió un abrazo a su amigo/lo dio un abrazo* (incorrecto).

El loísmo es un fenómeno poco extendido; se da en algunas áreas de Madrid, pero su uso es incorrecto y, además, resulta vulgar. Así, en *si le cojo, lo pego una bofetada a Juan,* se da un leísmo permitido y un loísmo que, además de inadecuado, resulta vulgar.

Observemos, así, que el método de la sustitución pronominal es válido si su utilización es etimológica, pero como presenta variedades de expresión correctas e incorrectas, no nos permite la determinación precisa de las funciones sintácticas.

4.2.6.4.   La función de complemento indirecto

El complemento indirecto es la función sintáctica que indica la persona o cosa personificada que recibe el beneficio, provecho, daño o perjuicio de la acción verbal:

*La madre prepara la comida **a su hijo***
c.i.

*El niño dio una bofetada **a su amigo***
c.i.

El complemento indirecto va precedido de las preposiciones *a* o *para*: *Juan trajo un libro **a su sobrina/para su sobrina**.*

Algunos gramáticos indican que si el elementos sintáctico va introducido por la preposición *para*, no es complemento indirecto, sino complemento circunstancial, ya que la persona a la que hace referencia no se beneficia de la acción verbal, y que es un mero término de finalidad. Así, en *Juan trajo un libro **para su sobrina***, habría que entender que Juan no entregó el libro a su sobrina, y que todavía lo tiene en su poder.

Creemos, con todo, que esta diferencia significativa no siempre es clara en el uso lingüístico, y que para la mayoría de los hablantes las dos expresiones: *a su sobrina*, y *para su sobrina* son equivalentes.

La determinación de la función de complemento indirecto no siempre es clara; ya hemos comentado la coincidencia formal que presenta con el complemento directo y otras veces coincide, también, con el complemento circunstancial:

*Juan dio una patada **al perro***
c.i.

*Juan dio una patada **a una piedra***
                        c.c.

La piedra no recibe el daño de la acción; no la vemos como la que recibe algo, sino como el lugar a donde Juan dio la patada, aunque formalmente coincida con la función de complemento indirecto e, incluso, admita la sustitución pronominal: *Juan le dio una patada.*

4.2.6.5. La función de complemento circunstancial

Es la función que indica en qué circunstancias (lugar, tiempo, modo, cantidad, compañía, etc.) se desarrolla la acción verbal:

*Juan trabaja **en Madrid/todos los días/con ilusión/cinco horas diarias/con su hermano**...*

El complemento circunstancial puede llevar cualquier preposición, aunque pueda aparecer, también, sin preposición: *Juan come **en casa todos los días.***

Por la diversidad de valores significativos que puede presentar y por admitir el uso de todas las preposiciones, el complemento circunstancial es una categoría funcional que nos sirve de «cajón de sastre» donde incluimos la mayoría de los complementos de difícil categorización. Por ejemplo:

*El niño piensa **eso**/el niño piensa **en eso***
              c.d.   c.c.
*Antonio es **madrileño**/Antonio es **de Madrid***
    atributo   c.c.

4.2.6.6. La función de complemento del nombre

Es la función que está representada por un nombre que complementa a otro nombre (por eso también se denomina *complemento determinativo* y *complemento adnominal*): *el libro de Juan es grande.*

Lleva siempre preposición; la preposición más utilizada es la preposición *de*: *libro de Juan, mesa de metal...*, pero pueden aparecer, también, otras preposiciones:

*Compro carne **para perros***

*Papá bebe café **con leche***

*Pilar come fresas **sin azúcar***

*El sacerdote leyó el evangelio **según S. Lucas***

*Llevaba un vestido **a rayas**...*

También el complemento del nombre puede referirse y complementar a un adjetivo referido a un nombre; los ejemplos son muy numerosos en el uso lingüístico: *limpio **de corazón**, apto **para el estudio**, experto **en matemáticas**, ancho **de espalda**...*

4.2.6.7. La función de aposición

Es la función que está representada por un sustantivo que complementa a otro sustantivo al que va apuesto; no lleva nunca preposición:

*Juan, **mi hermano**, es generoso*

*Madrid **ciudad** me gusta más que Madrid **provincia***

Según el valor funcional y significativo podemos distinguir dos tipos de aposición: *especificativa*, y *explicativa*.

La *aposición especificativa* determina y precisa el significado del sustantivo al que complementa. El sustantivo apuesto va unido directamente al sustantivo, sin pausa de entonación ni comas en la escritura, y, significativamente, no se puede suprimir sin que varíe el significado oracional: *vivo en Madrid* **provincia**.

La *aposición explicativa* sólo añade al sustantivo al que se refiere una nota ornamental y referencial que significativamente puede suprimirse sin alterar el significado oracional; va separada por pausas y comas en la escritura:

> *Cervantes, **novelista famoso**, nació en Alcalá de Henares.*
>
> *Juan, **mi hermano**, trabaja en Valladolid.*

4.2.6.8. La función de vocativo

El vocativo no es propiamente una función oracional, sino que es una forma expresiva que se utiliza con valor apelativo o exclamativo:

> **Juan**, *ven aquí.*

El vocativo puede aparecer dentro del enunciado oracional, o aislado; cuando aparece dentro del enunciado oracional, va entre comas, y tiene una función apelativa o señalativa: *dime tú,* **hija**, *qué has hecho;* **Luis**, *ven ahora mismo.* Cuando va aislado, fuera del enunciado oracional, suele ir marcado con los signos de exclamación, y adquiere valor exclamativo, de llamada o de sorpresa:

> *¡Antonio!*
> *¡Dios mío!*
> *¡Niña!...*

4.2.6.9. Otras funciones sintácticas

En los distintos estudios gramaticales han ido apareciendo nuevos intentos de sistematización en el análisis de las funciones sintácticas. En la mayor parte de los estudios, se parte de la sintaxis tradicional y sólo se añaden algunas innovaciones que no son especialmente significativas; en otros, los gramáticos han acuñado nuevos términos sintácticos, que consideran más precisos que los utilizados en la gramática tradicional; entre ellos, citamos la terminología empleada por E. Alarcos Llorach.

Alarcos utiliza los términos de: *implemento*, *complemento*, *aditamento* y *suplemento*:

— El *implemento* es el complemento directo tradicional: *Luis ama* ***a María***.

— El *complemento* es el complemento indirecto tradicional: *Luis da un regalo* ***a María***.

— El *aditamento* es el complemento circunstancial tradicional: *Luis pasea* ***con María***.

— El *suplemento* es el término que utiliza para referirse a una serie de complementos preposicionales que, por su forma, ,son complementos circunstanciales y que, significativamente, están muy próximos al complemento directo:

Juan piensa <u>*eso*</u>/*Juan piensa* <u>***en eso***</u>
c.d.   c.c.
Juan habla <u>*eso*</u>/*Juan habla* <u>***de eso***</u>
c.d.   c.c.
Juan comió <u>*todo*</u>/*Juan comió* <u>***de todo***</u>
c.d.   c.c.

En eso, de eso, de todo son para Alarcos suplementos.

Además de las variantes sintácticas y terminológicas a las que hemos hecho referencia, debemos anotar otras funciones que son variantes de las funciones sintácticas estudiadas: *el complemento agente* y *el complemento predicativo*.

4.2.6.9.1. *El complemento agente*

El *complemento agente* es la función que utilizamos en las oraciones pasivas para indicar quién es el agente de la acción expresada: *el libro es leído por los alumnos*; *la lección fue estudiada por los alumnos.*

Por los alumnos, es el complemento agente de las oraciones pasivas, y a la vez, el sujeto lógico de la acción oracional expresada: *los alumnos leen el libro/estudian la lección.*

El complemento agente va introducido en la lengua moderna casi exclusivamente por la preposición *por*: *el pan es comido por el perro.*

En algunos usos lingüísticos, fundamentalmente con verbos que indican conocimiento, puede alternar en el uso la preposición *de*: *la noticia es conocida por todos/de todos.*

Pero es ya bastante raro el uso de la preposición *de* en otro tipo de expresiones, que sí eran frecuentes entre los clásicos: *de muchos era temido/era aborrecido de todos*, etcétera.

4.2.6.9.2. *El complemento predicativo*

El complemento predicativo es uno de los términos sintácticos que se han ido introduciendo, junto a los otros términos ya clásicos, en los estudios gramaticales. Se utiliza para denominar a los sustantivos o adjetivos que acompañan a verbos no copulativos y que se caracterizan por complementar a la vez al verbo y a un sintagma nominal que funciona como sujeto o complemento directo:

*Juan llegó **cansado***
c.p.
*El entrenador vio a los jugadores **cansados***
c.p.
*Nombraron a Juan **presidente***
c.p.

Propiamente, el complemento predicativo no es más que una variante del atributo o del complemento directo:

— El complemento predicativo es el atributo que va con los verbos atributivos que no sean ser y estar:

Juan es feliz
atrib.
Juan está feliz
atrib.

$$\left.\begin{array}{l} \textit{Juan se encuentra} \\ \textit{parece} \\ \textit{vive} \\ \textit{anda} \\ \textit{se halla} \end{array}\right\} \begin{array}{l} \textit{\underline{feliz}} \\ \text{c.p.} \end{array}$$

— Es, también, el término que utilizamos para determinar el complemento directo de cosa de una serie de estructuras oracionales heredadas del latín que admiten el uso de dos complementos directos: uno de persona y otro de cosa:

*Eligieron **a Juan** **presidente***
c.d.   c.p.

4.2.6.10. Funciones del sintagma preposicional

Los *sintagmas preposicionales* son las funciones sintácticas que llevan preposición, y que quedan comprendidas entre algunas de las funciones ya estudiadas.

No todas las funciones sintácticas admiten el uso de preposición, como ya ha quedado anotado. Así, las funciones de sujeto, atributo, aposición, vocativo y complemento predicativo no admiten, en principio, el uso de preposiciones; el resto de funciones, sí pueden llevarlas:

— El complemento directo lleva la preposición *a* cuando es de persona o personificado: *yo veo **a mi madre**.*

— El complemento indirecto lleva la marca de las preposiciones *a* y *para*: *trajo un regalo a/para su mujer.*

— El complemento circunstancial admite el uso de todas las preposiciones: *Juan trabaja en, para, por, de, con...*

— El complemento del nombre es, asimismo, un sintagma preposicional: *libro del profesor, café con leche...*

— El complemento agente va introducido por la preposición *por* y, ocasionalmente, por *de*: *la noticia es conocida por todos/de todos.*

4.2.7. EL ORDEN DE LOS ELEMENTOS EN LA ORACIÓN

Los elementos oracionales: sujeto, verbo y complementos, guardan entre sí una relación interna que viene expresada lingüísticamente por las relaciones de concordancia. En cambio, la posición relativa de cada elemento en la oración viene marcada por razones lingüísticas diversas; unas veces, por su valor funcional, y otras, por el estilo personal o intencionalidad significativa de los hablantes, y, también, por hábitos rítmicos o de pronunciación, que dejan sentir su influencia de un modo constante dentro de la comunidad lingüística. Además, nuestra lengua raramente presenta exigencias de colocación fija de los elementos oracionales, salvo las que se refieren al artículo, preposiciones y conjunciones, que van siempre delante del término lingüístico al que se refieren.

Así, de alguna forma, podemos decir que en nuestra lengua el orden de los elementos es libre; pero sin que esa libertad suponga una colocación anárquica en el uso lingüístico, sino que el orden de colocación responde a alguna de las razones lingüísticas ya apuntadas.

Con todo, el hablante sigue un proceso lógico de creación en el acto de comunicación. En la línea de pensamiento los elementos oracionales aparecen en una secuencia lineal ordenada: sujeto, verbo y complementos.

Si los elementos aparecen en este orden en la expresión lingüística, decimos que la oración presenta un *orden o estructura lineal o progresiva*, en la que el sujeto irá seguido del verbo, y a éste seguirán el complemento directo, indirecto y los complementos circunstanciales: *el niño escribió una carta a su abuelo*.

Pero esta tendencia a la construcción lineal, que es cada vez más general en las lenguas modernas (más en francés o en inglés, por ejemplo, que en español) no es exclusiva, ni siquiera predominante, en el uso lingüístico, donde es frecuente la anteposición o posposición de algunos de los elementos oracionales.

Cuando los elementos no siguen el orden lógico de colocación, decimos que la oración presenta un *orden o estructura envolvente*. Este «desorden» de alguno de los elementos oracionales responde siempre a razones lingüísticas de función, significación o de hábitos de estilo y pronunciación. Así, el orden de colocación de los cuatro elementos en la oración *el criado trajo una carta para mí*, nos presenta veinticuatro modalidades de combinaciones posibles:

El criado trajo una carta para mí.
El criado trajo para mí una carta.
*El criado una carta trajo para mí.
*El criado una carta para mí trajo.
*El criado para mí una carta trajo.
*El criado para mí trajo una carta.

*Una carta el criado trajo para mí.
*Una carta el criado para mí trajo.
Una carta trajo el criado para mí.
Una carta trajo para mí el criado.
Una carta para mí el criado trajo.
Una carta para mí trajo el criado.

Trajo el criado una carta para mí.
Trajo el criado para mí una carta.
Trajo una carta el criado para mí.

Trajo una carta para mí el criado.
Trajo para mí el criado una carta.
Trajo para mí una carta el criado.

*Para mí el criado trajo una carta.
*Para mí el criado una carta trajo.
Para mí trajo el criado una carta.
Para mí trajo una carta el criado.
*Para mí una carta el criado trajo.
*Para mí una carta trajo el criado.

Todas las combinaciones anotadas son posibles, pero las que van señaladas con asterisco están fuera del uso moderno corriente; aunque alguna de estas estructuras pueden hallarse en estilos afectados o en poesía, donde aparece un uso anormal intencionado de las unidades lingüísticas como recurso poético que se denomina *hipérbaton*.

Son las otras doce combinaciones, las que pueden aparecer en un uso generalizado y normativo de la lengua, aunque las posibilidades de colocación de los elementos sean diferentes.

Con todo, algunos de los elementos oracionales siguen un orden de colocación frecuente en el uso de la lengua. Por ejemplo:

- *El sujeto* va generalmente delante del verbo, y suele ser el primer elemento oracional. La posposición responde siempre a razones significativas o de estilo: *¿Ha venido Juan? Vuelve la alegría a esta casa.*

- *El verbo* suele ir colocado entre el sujeto y los complementos. Cuando va antepuesto, como primer elemento de la oración, suele ser porque el sujeto está omitido o por razones de significación (el primer elemento que se coloca suele ser significativamente el más relevante): *iremos de excursión; vuelve Juan a casa por Navidad.*

- *Los complementos* suelen ir colocados detrás del verbo, y el orden de aparición lógico que presentan es: complemento directo, indirecto y circunstanciales: *Antonio dio un abrazo a sus hijos aquel día...*

Van antepuestos cuando indican una intencionalidad significativa especial. Cuando los complementos antepuestos son el complemento directo o el indirecto, es frecuente la *redundancia pronominal*: *a María la vi ayer*; *a Juan le di un regalo*.

4.3. CLASIFICACIÓN DE LA ORACIÓN

La oración, como unidad de contenido lingüístico que es, puede ser, por su forma gramatical, *simple* o *compuesta*.

La *oración simple* es la que está formada por un solo verbo, e indica, así, una sola acción verbal: *Juan come en casa*; *Juan tiene que comer en casa*; *Juan y Antonio comen en casa*.

La *oración compuesta* está formada por más de un verbo, e indica más de una acción verbal:

Antonio tiene la ilusión de que sus hijos triunfen.
Antonio se alegra cuando sus hijos triunfan.
Los hijos que valoran a los padres, se sienten felices.

4.3.1. CLASIFICACIÓN DE LA ORACIÓN SIMPLE

Para el análisis de los diferentes tipos de expresiones oracionales, seguimos las pautas marcadas por la mayoría de los gramáticos, y que ya son tradicionales.

De esta manera, analizamos los distintos tipos de oraciones según dos apartados:

a) *Según la naturaleza del predicado.*
b) *Según el contenido significativo expresado.*

4.3.1.1. Clasificación según la naturaleza del predicado

La naturaleza del predicado obedece a las relaciones entre el verbo y sus complementos, y el modo de significar de aquél. Así, podemos clasificar las oraciones en dos grandes grupos: *atributivas* y *predicativas*, según estén formadas por los denominados predicado nominal y predicado verbal: *Juan está enfermo/Juan trabaja en Madrid.* Con todo, la línea de separación entre oraciones atributivas y predicativas no siempre es precisa, y en muchos usos lingüísticos no es fácil determinar la diferencia formal y significativa entre ambas.

4.3.1.1.1. *La atribución y la predicación*

a) *La atribución* es la identificación que se hace del sujeto con el atributo a través de un verbo atributivo o copulativo, y que constituye el llamado *predicado nominal*, cuyo núcleo significativo es precisamente el atributo, ya que el verbo actúa como mera cópula o unión entre éste y el sujeto: *Juan está cansado*; *Juan es mi amigo.*

Significativamente, la atribución la utiliza el hablante para indicar cualidades del sujeto, y la expresa fundamentalmente con los *verbos atributivos: ser* y *estar.*

> *Antonio está furioso.*
> *Antonio es trabajador.*

Pero en la atribución pueden aparecer también otros verbos: los *verbos cuasiatributivos*, que sin ser propiamente atributivos funcionan como tales verbos; entre ellos, encontramos una serie de verbos pronominales: *hallarse, encontrarse, hacerse, creerse, ponerse, considerarse...*, y otros como *parecer, llegar, andar, resultar, vivir*, etcétera:

> *Juan es valiente.*
> *Juan se hace valiente.*
> *Juan parece valiente.*
> *Antonio está contento.*
> *Antonio vive contento.*
> *Antonio se encuentra contento...*

Cuando la atribución se expresa con los verbos cuasiatributivos, el elemento sintáctico que indica las cualidades del sustantivo se denomina *complemento predicativo*; así:

> *Juan está **alegre.***
> atributo
> *Juan se pone **alegre.***
> c. predicativo

b)   *La predicación* se da cuando a través del verbo expresamos (predicamos) el comportamiento del sujeto. El verbo es el núcleo significativo del predicado, que se denomina *predicado verbal*:

> *La madre ama a sus hijos.*

Significativamente, la predicación la utilizamos para expresar las acciones del sujeto; para indicar no cómo es, sino lo que hace: *Juan trabaja en Valladolid.*

Se construye en principio con los *verbos predicativos*, que son todos menos el *ser* y el *estar*, aunque ocasionalmente, el verbo *ser* y *estar* pueden funcionar, también, como predicativos:

— Principales usos del verbo *ser* como predicativo:

• Cuando indica tiempo: *son las siete.*
• Cuando indica suceso o causa: *eso no será así; esto es por vuestro bien.*
• Cuando indica lugar: *aquí es donde ocurrió.*
• En construcciones arcaicas: «*El Señor es contigo…*»

— Principales usos del verbo *estar* como predicativo:

• Cuando indica situación: *Pilar está en clase.*
• Cuando indica permanencia: *Juan estará quince minutos aquí.*

La predicación puede ser: *completa* e *incompleta*.

— *Completa*: cuando expresamos el comportamiento del sujeto sólo con el verbo, sin necesidad de complemento directo. Es la predicación con verbos que funcionan como intransitivos: *Juan vive; Luis existe; Pilar come en casa.*

— *Incompleta*: Cuando, además de expresar con el verbo el proceso de la acción, se necesita indicar en la significación oracional el objeto de ese proceso mediante el complemento directo. Es la predicación con verbos que funcionan como transitivos: *Juan come pan en casa; Pili saca muy buenas notas.*

La predicación incompleta se expresa, generalmente, mediante oraciones activas transitivas, pero puede adquirir otras formas o variantes oracionales: oraciones reflexivas, recíprocas y pasivas: *Juan lava su ropa; Juan se lava; Juan y María se lavan; la ropa es lavada por Juan.*

Con todo, la distinción entre atribución y predicación no siempre es clara y precisa; semánticamente, no siempre se da una diferencia clara entre cualidades y comportamientos del sujeto, y formalmente, en muchos usos la atribución y la predicación se expresan, incluso, con los mismos verbos, aunque significativamente su valor sea distinto:

> *Juan está enfermo* (atribución)
> *Juan está en clase* (predicación)
> *Juan vive en Madrid* (predicación)
> *Juan vive feliz* (atribución)

4.3.1.1.2. *Oraciones atributivas*

Son las que expresan cualidades del sujeto, y se construyen, fundamentalmente, con los verbos *ser* y *estar*; aunque pueden aparecer otros verbos, los llamados cuasiatributivos: *hallarse, encontrarse, parecer, vivir*, etc.: *Juan vive feliz; Juan está cansado; Juan parece cansado.*

Como en las oraciones atributivas el núcleo del predicado no es el verbo, que funciona como mera cópula o unión: *Juan es médico* (*Juan = médico*), es frecuente, especialmente en la lengua moderna, la supresión del verbo; a este tipo de oraciones se las denomina *frases nominales*: *año de nieves, año de bienes*; *cual la madre, tal la hija*; *el mejor camino, el recto...*

4.3.1.1.3. *Diferencias entre los verbos atributivos ser y estar*

Una de las características más destacada de la lengua española es la posibilidad de utilizar los verbos *ser* y *estar* como atributivos, a diferencia de lo que ocurre en la mayoría de las lenguas modernas, en que la atribución se expresa con un solo verbo (en francés, por ejemplo, con el verbo *être*), o en las que, si hay dos verbos atributivos, las diferencias de uso son claras y precisas.

En nuestra lengua, por el contrario, las diferencias entre ser y estar no siempre son claras y, además, no siempre han sido las mismas a lo largo de la historia de la lengua. Por ello, es frecuente entre los extranjeros que aprenden nuestro idioma oír expresiones del tipo *María está buena*, cuando lo que quieren indicar es que *María es buena*. Y es que las diferencias significativas y de uso entre los verbos ser y estar no siempre son precisas, ni se ajustan a normas gramaticales fijas; aunque los hablantes hayamos aprendido y conozcamos sus diferencias de valor y significación.

Por ello, a la hora de establecer criterios diferenciadores entre *ser* y *estar*, no vamos a hacer una exposición prolija, ni tampoco una recopilación de los estudios que sobre el tema han ido apareciendo en los distintos manuales, sino que anotamos, como pautas pedagógicas, sólo algunas de las principales diferencias que marcan en los distintos usos lingüísticos el empleo de los verbos *ser* y *estar*:

a)   El verbo ser atribuye *cualidades permanentes,* y el verbo estar, *cualidades accidentales o transitorias;* por ejemplo:

Juan es guapo/Juan está guapo.

La casa es oscura/la casa está oscura.

Con todo, la línea semántica que separa los límites entre lo permanente y lo transitorio, no siempre es precisa; es clara en la mayoría de los ejemplos (así, en los citados), pero no lo es en otros: *Luis es alto/Luis está alto* (aplicado a un joven), y, a veces, es contradictoria: decimos, por ejemplo, *Juan está muerto*, y *muerto* no indica una cualidad accidental.

b) El verbo ser atribuye *cualidades imperfectivas,* y el verbo estar, *cualidades perfectivas.*

Entendemos por cualidades perfectivas aquellas que para serlo necesitan llegar a su término (son el resultado de una transformación), e imperfectivas, aquellas cualidades que se dan en su duración o permanencia (sin que haya mediado transformación alguna):

La fruta es saludables/la fruta está madura.

La solución del problema es clara/está clara.

Pero los conceptos perfectivo/imperfectivo significan propiamente: término/no término de una acción: *yo comí, yo como*, y la atribución no expresa acciones, sino cualidades; por ello no en todos los usos se aprecia de forma clara esta diferencia de uso entre ser/estar.

Sí se aprecia, por ejemplo, en *Juan es elegante/está elegante*; pero en *Juan es negro*, nos es muy difícil entender que la cualidad es imperfectiva.

c) El verbo ser indica cualidades inherentes o consustanciales, y el verbo estar, cualidades adquiridas o añadidas:

Juan es nervioso/Juan está nervioso.

El café es amargo/el café está dulce.

Por ello, no podemos decir *el café es dulce*, y sí, *el café está amargo* (para indicar que no hemos añadido suficiente azúcar).

Los hablantes hemos aprendido estas y otras diferencias entre ser y estar en el dominio de la lengua, pero para muchos, sobre todo para los que el español no es su lengua materna, sigue resultando difícil precisar la diferencia significativa en muchos de los usos lingüísticos; así, entre *la reunión fue muy lucida/la reunión estuvo muy lucida.*

Además, en el uso de la lengua, los verbos ser y estar no siempre pueden alternar, sino que presentan limitaciones gramaticales; por ejemplo, cuando el atributo es un sustantivo, o una forma léxica equivalente, debemos emplear necesariamente el verbo ser: *Juan es médico*; *Juan es aquél.*

El verbo estar no admite directamente el nombre, y cuando en usos aislados lo admite, el sustantivo adquiere un marcado valor de adjetivo: *Juan está fenómeno*; *Juan está bomba...*

Por otra parte, algunos adjetivos, muy pocos en número, cambian de significado según se atribuyan con ser o con estar:

> *Ser bueno* (de carácter) /*estar bueno* (sano, saludable).
> *Ser malo* (de carácter) /*estar malo* (enfermo)
> *Ser listo* (inteligente) /*estar listo* (preparado)...

Finalmente, podemos anotar que los usos normativos de los verbos ser y estar no siempre coinciden en la lengua de España y América; así, en el español de América aparecen usos como *soy convencido de que...*, *está vistoso*, etc., que no utilizamos en España.

4.3.1.1.4. *Oraciones predicativas*

No indican cualidades del sujeto, sino que expresan acciones o comportamientos en los que el sujeto participa: *Juan escribe novelas.* Se construyen con los verbos predicativos (en principio, todos menos ser y estar) que son el núcleo significativo del predicado verbal expresado: *los niños juegan al fútbol.*

Las oraciones predicativas pueden presentar diferentes formas oracionales. Se dividen en *activas* y *pasivas*:

— *Activas*: Son aquellas en las que el sujeto realiza la acción verbal: *Juan trabaja en Valladolid; María se peina.*

— *Pasivas*: Aquellas en las que el sujeto no realiza la acción, sino que la recibe o la padece: *los libros son vendidos*; *se venden libros*.

4.3.1.1.4.1. Oraciones activas

Según las relaciones significativas y sintácticas que presentan, pueden ser: *transitivas, intransitivas, reflexivas, recíprocas* e *impersonales*.

a) Transitivas:

Son aquellas oraciones que se construyen con complemento directo:

> *Antonio escribe cartas.*
> *Luis hace recados todos los días.*
> *El profesor explica la lección a los alumnos.*

b) Intransitivas:

Son las oraciones que se construyen sin complemento directo:

> *Juan trabaja para Luis.*
> *Pilar come en casa.*
> *Antonio se va a su pueblo.*

c) Reflexivas:

Son una variante de las oraciones transitivas. Su característica definitoria es que el sujeto que realiza la acción y el objeto que la recibe, coinciden:

> *Juan lava a María* (transitiva)
> *Juan lava a Juan* = *Juan se lava* (reflexiva).

Podemos distinguir dos tipos de oraciones reflexivas: *directas* e *indirectas*.

Gramática práctica

- Las *reflexivas directas* son aquellas en las que es el objeto: el complemento directo (representado por un pronombre reflexivo), el que coincide con el sujeto:

  > *María se mira en el espejo.*
  > *Juan se afeita.*
  > *Pilar se peina.*

- Las *reflexivas indirectas* son aquellas oraciones en las que es el complemento indirecto (representado por un pronombre reflexivo) el que coincide con el sujeto:

  > *María se mira los ojos en el espejo.*
  > *Juan se afeita el bigote.*
  > *Pilar se peina el flequillo.*

Además, en el uso lingüístico aparecen frecuentemente oraciones que, sin ser reflexivas, coinciden formalmente con éstas; son las oraciones que admiten las formas pronominales *me*, *te*, *se*, pero que carecen de valor reflexivo: *yo me voy, tú te arrepientes de todo; él se comió toda la tarta.*

No son oraciones reflexivas, ya que no se da en ellas la característica definitoria: que el sujeto y el objeto coincidan.

En las oraciones reflexivas el sujeto que realiza la acción es a la vez el que la recibe. En un esquema simple, el valor reflexivo lo podríamos representar así:

sujeto: *yo, tú, él*/objeto directo/indirecto: *yo, tú, él.*

Esquema que en la expresión gramatical quedaría representado así:

Singular		Plural	
sujeto	objeto	sujeto	objeto
yo	*me*	*Nosotros/as*	*nos*
tú	*te*	*vosotros/as*	*os*
él/ella	*se*	*ellos/ellas*	*se*

Por tanto, los ejemplos anteriormente citados: *yo me voy, tú te arrepientes...*, no representan oraciones reflexivas, sino que son oraciones transitivas o intransitivas con formas pronominales (pronombres verbales y pronombres éticos[1]), que no son reflexivas.

d) Recíprocas:

Son una variante de las oraciones reflexivas; se diferencian de éstas en que son varios los sujetos que realizan y reciben la acción mutuamente:

Juan pega a María/María pega a Juan = Juan y María se pegan.

La línea semántica de reciprocidad viene expresada por el hecho significativo de que son varios los sujetos que actúan y que reciben las acciones que se intercambian:

Luis y Antonio se tutean (Luis tutea a Antonio y Antonio tutea a Luis).

Al igual que las oraciones reflexivas, las recíprocas pueden ser:

- *Directas*: Cuando el pronombre recíproco funciona como complemento directo: *Juan y Antonio se pegan.*
- *Indirectas*: Cuando el pronombre recíproco funciona como complemento indirecto: *Juan y Antonio se pegan patadas.*

e) *Impersonales*:

Son oraciones unimembres que carecen de sujeto.

Podemos distinguir cuatro tipos de oraciones impersonales: *impersonales de fenómeno meteorológico, impersonales gramaticalizadas, impersonales reflejas* e *impersonales ocasionales.*

— *Impersonales de fenómeno meteorológico*: Son las oraciones que carecen de sujeto, y que significativamente se refieren a fenómenos meteorológicos o de la naturaleza: *llueve.*

---

[1] Véase *Valores de la forma Se* (§ 4.7).

Se construyen con los verbos impersonales (impersonales naturales), que sólo se conjugan en tercera persona del singular: *truena, nieva.* Este tipo de oraciones tienen un pequeño porcentaje de frecuencia entre las distintas formas de expresión lingüística; pero son, sin duda, un ejemplo significativo de que no siempre coincide la realidad con la forma de expresión, ya que en la conciencia de los hablantes está muy clara la idea de que en la realidad de la vida en que vivimos no hay efecto sin causa (acción sin actor), aunque en la expresión lingüística estos fenómenos meteorológicos los pensemos sin sujeto: *llovía, nevaba...*

— *Impersonales gramaticalizadas*: Son las oraciones que carecen de sujeto, y que se construyen con verbos que en otros usos lingüísticos no son impersonales; fundamentalmente, con los verbos *haber*, *hacer* y *ser*:

> *Hay fiestas en el pueblo.*
> *Hace frío hoy.*
> *Es temprano todavía.*

Son oraciones que, en principio, tendrían sujeto (hipotético o real), pero que han ido sufriendo un proceso de gramaticalización hasta llegar a adquirir la forma impersonal.

En los ejemplos anteriores podríamos señalar sujetos más o menos indeterminados, tales como: **la gente** *tuvo fiestas*/**la estación, el tiempo, Dios...** *hace frío*/**el momento** *al que me refiero es temprano*, etcétera.

Pero como estos posibles sujetos no siempre son significativamente precisos, estas oraciones se expresan en forma impersonal.

Con todo, es frecuente en parte de la zona oriental de España y en algunos países hispanoamericanos el uso de algunas de estas oraciones en forma personal: **habían muchas personas en la plaza; *hicieron grandes heladas...*

Utilizan el verbo en plural concertando con el complemento plural, porque no lo sienten como complemento, sino como sujeto; pero estos usos no son normativos y deben evitarse.

— *Impersonales reflejas*: Son una variante de las oraciones pasivas reflejas, que se estudian más abajo.

El uso de este tipo de oraciones se ha visto favorecido por la tendencia de rechazo casi generalizada, sobre todo en la lengua hablada, al uso de la pasiva. Además, su significado impersonal favorece su uso en situaciones en que intencionadamente se quiere destacar la impersonalidad de lo contado o narrado; por ejemplo:

> *A los ladrones se los ha visto por la calle.*
> *Se ve a los alumnos en el patio.*
> *Se les ha dicho que trabajen más.*

En la mayoría de los usos coinciden formalmente con las oraciones pasivas reflejas; así, las oraciones *se vende piso* y *se alquila una habitación*, por su forma, pueden interpretarse como pasivas (*piso* y *habitación* serían los sujetos) o como impersonales (*piso* y *habitación* serían complementos directos).

Con todo, los gramáticos prefieren realizarlas como pasivas reflejas, ya que la pasiva refleja es la construcción primera y más propia en nuestra lengua.

Cuando el verbo va en plural: *se venden pisos, se alquilan habitaciones*, no hay posibilidad alguna de interpretarlas como impersonales (la impersonalidad se expresa con verbos en tercera persona de singular), son pasivas.

Por otra parte, es frecuente encontrar en la lengua hablada, sobre todo en Hispanoamérica, expresiones como *se vende pisos, se hace fotocopias, se vende pipas...*, que, aunque cada vez son más frecuentes, son gramaticalmente incorrectas e inadecuadas.

La extensión de estas frases, que consideramos vulgares, se ve favorecida por el descuido popular en las concordancias gramaticales y por la intención de expresar estas oraciones como impersonales.

De esta forma, el análisis como impersonales reflejas queda reducido al uso de oraciones con verbo en singular que carezcan de sujeto pasivo expreso: *se vive feliz*; *se está bien aquí*; *se habla*

de eso; *se admira a los valientes*..., o a oraciones que, significativamente, expresen con claridad la impersonalidad, aunque formalmente pudieran ser también pasivas reflejas: *se dice eso*, *se
comenta esto*...

— *Impersonales ocasionales*:

Son aquellas oraciones que, por razones de intencionalidad significativa o porque el sujeto es indeterminado o genérico, aparecen sin
sujeto expreso: *dicen que tocan*; *comentan que*...
Se construyen con verbos en tercera persona de plural, por lo
que, formalmente, no son impersonales propias: incluso, en muchos
usos de este tipo de expresiones, podemos conocer el sujeto por el
contexto o por la situación comunicativa.

4.3.1.1.4.2. *Oraciones pasivas*

Las oraciones pasivas, según las relaciones oracionales significativas y sintácticas que presenten, pueden ser:

a)   *Pasivas propias*:
   • *1ª de pasiva*
   • *2ª de pasiva*

b)   *Pasivas impropias o **pasivas reflejas.***

a.   *Las pasivas propias:* Son las oraciones que tienen significado pasivo (el sujeto recibe o padece la acción verbal), y forma pasiva
(verbo en voz pasiva):

El libro fue escrito por Luis en 1981.

Se llama *1ª de pasiva* a la que lleva el complemento agente
expreso: *el pastel fue comido por Antonio*, y *2ª de pasiva*, a la que no
lleva complemento agente expreso: *el libro fue escrito en 1981.*

b.   *Las pasivas impropias o pasivas reflejas:* Son las oraciones que tienen significado pasivo (el sujeto recibe o padece la acción verbal), pero no forma pasiva (el verbo se construye en voz activa):

Se venden pisos.

La pasiva refleja es una estructura muy utilizada en nuestra lengua desde los primeros tiempos del castellano.

En su origen y frecuencia de uso, hay que tener en cuenta la gran resistencia por parte del pueblo a utilizar la pasiva como forma de expresión, pero sin olvidar que el sujeto no era el agente, sino el receptor de la actividad indicada por el verbo: como queda expresado con este tipo de oraciones, con la pasiva refleja.

Se venden pisos = los pisos son vendidos.

La pasiva refleja sólo se utiliza en tercera persona, con el pronombre *se* (marca de pasiva refleja) como acompañante de la forma activa del verbo: *se hacen fotocopias.*

Puede llevar complemento agente, pero su uso se siente como inelegante: *se venden bocadillos por los camareros en el bar*, y aparece, casi generalmente, sin él: *se venden bocadillos en el bar*; con lo que adquiere, además, un significado impersonal, ya que el hablante intenta ocultar generalmente con el uso de este tipo de estructuras el agente de la acción expresada: *se venden pisos allí.*

4.3.1.2.   Clasificación según el contenido significativo expresado

Las oraciones, según la modalidad significativa que expresen, según la intencionalidad significativa comunicada por el hablante, pueden ser:

Enunciativas
Interrogativas

Exclamativas
Imperativas o exhortativas
Desiderativas u optativas
Dubitativas o de probabilidad.

Esta clasificación se basa en criterios semánticos o de significación, por lo que no es totalmente rigurosa, ya que la intencionalidad significativa de los hablantes no siempre responde a juicios lógicos, sino, también, a vivencias personales y subjetivas en muchas de las expresiones. Por ello, cada una de las distintas clasificaciones no se excluyen entre sí, sino que pueden superponerse. Así, *¡Ojalá apruebe!*, puede interpretarse como exclamativa o desiderativa. *¿Quieres callarte?*, puede ser interrogativa e imperativa, e incluso, en algunos usos determinados, exclamativa. *Me importa un comino*, puede interpretarse como afirmativa o negativa, etcétera.

4.3.1.2.1. *Oraciones enunciativas*

Las *oraciones enunciativas*, también llamadas *aseverativas* o *declarativas* son las que utiliza el hablante para informar objetivamente de un pensamiento o de cualquier hecho de comunicación:

Antonio llegó el lunes.
No ha salido hoy el sol.

Se expresan con el verbo en modo indicativo (modo de la realidad), y en ellas predomina la función representativa (la intención del hablante es informar objetivamente de algo).
Pueden ser: *afirmativas* y *negativas*.

Las *oraciones afirmativas* enuncian la conformidad objetiva del sujeto con el predicado: *Juan trabaja todos los días.*

Las *oraciones negativas* enuncian las disconformidad objetiva del sujeto con el predicado: *Juan no trabaja todos los días*, y se caracterizan por llevar alguna marca léxica de negación: *no, nunca, jamás, nada*, etcétera.

La partícula negativa más utilizada es el adverbio *no: este árbol no tiene hojas*. En algunas frases, *no* se ha gramaticalizado hasta perder su significación negativa; así, por ejemplo, en *temo que no se nos escape* (*temo que se nos escape*).

En español, a diferencia de lo que ocurre en otras lenguas, dos negaciones no afirman, sino que intensifican el significado negativo expresado: *no lo haré/nunca lo haré/no lo haré jamás/no lo haré nunca jamás...* Sólo en algunas frases, dos partículas negativas adquieren valor positivo; ello ocurre cuando se da el grupo *no sin*: *Juan trabaja no sin esfuerzo* (*trabaja con esfuerzo*).

Lo mismo ocurre con los adverbios de negación que modifican a adjetivos con prefijos de significado negativo o privativo: *un pueblo no despoblado; comportamiento no anormal...*; aunque en estos casos el valor negativo neutralizado no siempre equivale a una significación afirmativa: *un hecho no impopular*, no equivale significativamente a la expresión *un hecho popular*.

Hay otra serie de oraciones enunciativas que, aunque no tienen forma negativa, adquieren significado negativo. Son las oraciones que tienen algún elemento con significado de "poca o ninguna importancia": *bledo, pepino, comino, pimiento...*, que dan el valor negativo a la oración expresada: *eso me importa un bledo*.

4.3.1.2.2. *Oraciones interrogativas*

Son las oraciones que utiliza el hablante para preguntar algo: *¿qué hora es?*

Se construyen con verbos en modo indicativo, y en ellas predomina la función conativa o apelativa: (el hablante intenta conseguir del oyente una respuesta sobre algo que él desconoce.)

Podemos distinguir dos grandes grupos de oraciones interrogativas: *directas* e *indirectas*.

a. Las *interrogativas directas* son aquellas que se construyen entre signos de interrogación ¿...?, y que expresan preguntas que el hablante hace directamente a su interlocutor: *¿qué está haciendo usted?*

b. Las *interrogativas indirectas* son aquellas que no van entre signos de interrogación. La pregunta se expresa de forma indirecta, y por ello, van introducidas por oraciones con verbos que expresan, fundamentalmente, lengua o pensamiento: *decir, contar, pensar, preguntar...*: *dime si viene Juan; pregúntale qué desea; piensa qué quieres...*

Formalmente, la interrogación indirecta forma un período oracional complejo o compuesto; las interrogativas indirectas son proposiciones sustantivas dependientes de la oración principal. Por ello, el estudio funcional de este tipo de oraciones aparece en el apartado de las proposiciones sustantivas [1].

El uso de interrogativas indirectas contribuye a suavizar en la expresión la carga de brusquedad que puede suponer para el interlocutor la pregunta directa. Es clara esta diferencia de matiz significativo en expresiones como: *¿qué te pasa?* y *cuéntame qué te pasa.*

Otras veces, este tipo de expresiones permiten al hablante trasladar preguntas a interlocutores que no están en la misma situación comunicativa: *pregúntale a mamá qué quiere.*

A su vez, según la extensión de la pregunta en el enunciado interrogativo, podemos distinguir dos tipos de interrogativas: *totales* y *parciales.*

- *Las interrogativas totales* son aquellas en las que preguntamos sobre todo el contenido interrogativo, ya que lo desconoce el hablante.

  No llevan partícula interrogativa, y pueden expresarse de forma directa o indirecta: *¿tienes hora?, ¿han llamado?/dime si tienes hora; pregúntale si han llamado.*
- *Las parciales* son las interrogativas en las que se pregunta solamente una parte del enunciado: *¿quién ha venido?* (sabe-

---

[1] Véase *Proposiciones sustantivas en función de Complemento Directo.* (§ 4.4.4.1.).

mos que ha venido alguien, conocemos una parte del enunciado; sólo desconocemos quién ha venido).

Llevan siempre partículas interrogativas: *qué, cuál, quién,
cuánto, dónde, cómo, cuándo*..., que representan la parte del
enunciado que se pregunta, y que desconoce el hablante.

Pueden expresarse de forma directa o indirecta: *¿qué hora
tienes?; ¿quién ha llamado?/dime qué hora tienes; pregúntale
quién ha llamado.*

4.3.1.2.3. Oraciones exclamativas

Las utiliza el hablante para expresar sus sentimientos o emociones. Se construyen, generalmente, con verbos en modo indicativo:
¡qué contento estoy!, aunque pueden aparecer, también, en subjuntivo: *¡que no sufra más Juan!*, y, entonces, su valor significativo
adquiere matices desiderativos.

En las oraciones exclamativas predomina la función expresiva: el
hablante manifiesta en ellas toda su emoción, y la expresión más
vigorosa de sus sentimiento: *¡qué bonito es vivir!*

Como expresiones lingüísticas, las oraciones exclamativas, en
muchos casos, no son más que oraciones enunciativas transformadas.
Así, la oración enunciativa *esta película es interesante*, se convierte
en exclamativa *¡qué interesante es esta película!*, con sus características lingüísticas propias:

— Marca gráfica: *signos de admiración ¡...!*
— Marca léxica: partícula exclamativa: *qué*
— Cambio de orden de los elementos oracionales.
— Entonación expresiva.

Según la forma que presenten, las oraciones exclamativas pueden ser de dos tipos: *analíticas* y *sintéticas*.

• *Las exclamativas analíticas* son las que presentan forma oracional: *¡qué contento estoy!*
• *Las exclamativas sintéticas* son las que se expresan de forma

abreviada o reducida, aunque significativamente equivalen a oraciones exclamativas analíticas o enteras. Son las que se expresan mediante interjecciones: *¡ah!, ¡oh!, ¡ay!...,* vocativos: *¡Juan!, ¡niño!...* o frases exclamativas: *¡Santo Dios! ¡Virgencita de mi alma! ¡Madre mía!...*

4.3.1.2.4. *Oraciones imperativas o exhortativas*

Son las oraciones que utiliza el hablante para expresar mandato o ruego: *volved pronto*; *no entréis aquí*.

Significativamente, pueden confundirse con las oraciones optativas o desiderativas, ya que el mandato o el ruego no son más que deseos expresados en grado máximo; aunque en las oraciones imperativas, predomina la función apelativa: el hablante intenta influir en el oyente para que actúe de una forma determinada: *no hagáis eso*.

Se construyen, fundamentalmente, con verbos en imperativo: *venid*, o en presente de subjuntivo, si el mandato es negativo: *no vengáis*. Pero pueden aparecer, también, otras formas de expresión imperativa:

— Con *a* + infinitivo: *a callar todos*. Es frecuente en la lengua conversacional el uso del infinitivo sin *a* con valor de imperativo: **callar todos*; **hacer esto...* Son usos no normativos que deben evitarse, aunque sean cada vez más frecuentes en la lengua popular, ya que se utilización se ve favorecida por el hecho de que coincide fonéticamente, en una pronunciación relajada, con la forma del imperativo plural *(callad)* y, sin embargo, la *r* del infinitivo presenta una articulación más clara *(callar)*.
— Con gerundio: *marchando todos...* Su uso es más frecuente en la lengua coloquial, y no es raro que, a veces, vaya intensificado con la muletilla «que es gerundio»: *marchando, que es gerundio*.
— Con verbos en futuro de indicativo: *no matarás*; *no robarás*.
— Con verbos en presente de indicativo: *tú te vas de clase ahora*.

— Con oraciones en forma interrogativa: ¿*qué haces*? (no hagas eso).

4.3.1.2.5. *Oraciones desiderativas u optativas*

Son las oraciones que indican deseo. Se construyen con verbos en modo subjuntivo, ya que todo deseo implica irrealidad y subjetivización del enunciado expresado, aunque el hablante desee que se cumpla; por ello, se llaman *oraciones optativas.* La gramática tradicional distingue dos tipos de oraciones desiderativas:

— Las que indican deseo realizable o posible: ¡*Ojalá haya llegado ya!*

— Las que indican deseo irrealizable o imposible: ¡*Así lo hubieras oído tú!*

Suelen llevar marcas léxicas que refuerzan el valor significativo: ¡*Ojalá apruebes!*; y es frecuente que adquieran valor exclamativo, y se escriban con signos de admiración.

4.3.1.2.6. *Oraciones dubitativas o de probabilidad*

Son las oraciones que expresan duda o posibilidad: *quizá venga hoy Juan.*

Hay gramáticos que estudian por separado las oraciones que indican duda, las que indican posibilidad y las que indican probabilidad; pero nosotros, las incluimos como un solo grupo oracional, ya que las diferencias entre estos matices significativos no siempre son claras: *tal vez sean las siete*; *serán las siete*; *probablemente sean las siete.*

Significativamente, este tipo de oraciones no son más que oraciones enunciativas que presentan partículas léxicas especiales, generalmente, adverbios: *quizá/ás, acaso, tal vez,* etc., y determinadas formas verbales, que marcan el valor significativo de duda o probabilidad. Así, la oración enunciativa *tú conoces a este hombre*, puede adquirir distintas formas como matiz de duda o probabilidad: *acaso conoces a este hombre/tal vez conozcas a este hombre/quizá conozcas a este hombre...*

Otras veces, es el uso de algunas formas verbales el que marca el matiz significativo de duda o probabilidad: *serán las diez*; *serían las diez cuando llegó*; *deben de ser la diez...*

4.4. LA ORACIÓN COMPUESTA

Ya hemos definido la oración como «unidad mínima del habla que tiene sentido completo en sí misma»; y distinguíamos, asimismo, dos tipos de oraciones, de expresiones oracionales: oración simple y oración compuesta.

La oración simple y la oración compuesta coinciden en cuanto que forman un período oracional que expresa una unidad de comunicación sentida como tal por los hablantes; se diferencian en la expresión o en la forma gramatical que presentan:

> *Juan desea mi venida* (oración simple).
> *Juan desea que yo venga* (oración compuesta).

La oración compuestas es, gramaticalmente, un período oracional complejo, formado por dos o más oraciones simples que indican una sola unidad de comunicación, o unidad significativa. Así, ante la pregunta *¿qué hace Juan?*, el hablante piensa una sola respuesta, una sola intención comunicativa, que luego puede expresar mediante un período oracional simple, si el contenido significativo indica una sola acción, o mediante un período complejo, si en la unidad significativa aparecen dos o más acciones expresadas: *Juan trabaja/Juan trabaja y estudia*.

La oración compuesta no es, por lo tanto, la expresión de dos o más oraciones simples agrupadas, sino la expresión de un contenido unitario que se estructura en varias oraciones gramaticales:

> *Juan desea que su hermano apruebe* (desea su aprobado).

Además, la línea de separación entre oración simple y compuesta no siempre es precisa. Hay gramáticos que interpretan como oraciones compuestas, oraciones simples en que aparecen elementos sintácticos análogos unidos por conjunciones, que según la gramática tradicional son «elementos lingüísticos que unen oraciones». Así, *Juan y Antonio trabajan en Valladolid*, y *Pilar estudia Derecho y Medicina*, serían oraciones compuestas con elementos elípticos: *Juan trabaja en Valladolid*, y *Antonio trabaja en Valladolid/Pilar estudia Derecho*, y *Pilar estudia Medicina*.

Pero creemos que no es acertado este análisis, ya que, aunque podemos ver en los elementos análogos coordinados equivalentes lógicos de oraciones elípticas, en la realidad expresada, no son más que oraciones simples con sujetos y objetos múltiples.

Por otra parte, también en la oración simple, las conjunciones pueden unir elementos sintácticos análogos coordinados entre sí:

Juan y Pedro juegan al fútbol: ellos juegan al fútbol.

4.4.1. CLASIFICACIÓN DE LA ORACIÓN COMPUESTA

Las interrelaciones que pueden presentar las oraciones que forman los períodos oracionales complejos no siempre responden a criterios gramaticales fijos; las formas oracionales y los matices de intencionalidad comunicativa no siempre coinciden en la expresión lingüística. Así, por ejemplo, los períodos *no vengas, yo no iré/no vengas, porque no iré*; *llovió tanto que se caló/se caló porque llovió tanto*; *quería verte y no pude encontrarte/quería verte pero no puede encontrarte...*, aunque están formados por oraciones distintas, son significativamente coincidentes.

Por ello, no es fácil anotar una clasificación de la oración compuesta que sea definitiva. Los criterios de clasificación pueden responder a valores lingüísticos diferentes. Con todo, creemos que en el análisis gramatical han de ser los criterios de la forma de expresión oracional los que predominen.

El período oracional compuesto puede estar formado por *oraciones* y *proposiciones*.

Denominamos *oración* a la expresión oracional con sentido completo, y *proposición*, a la expresión oracional sin sentido completo. Es decir, *oraciones* son las que tienen forma y sentido oracional, y *proposiciones*, las que tienen forma oracional, pero carecen de sentido completo:

> *Juan no ha venido a clase porque está enfermo.*
>   oración   proposición
> *Si no estudias no aprobarás.*
>   proposición   oración
> *Juan estudia y trabaja.*
>   oración   oración
> *Juan quiere que seáis felices.*
>   oración   proposición

Los términos *oración* y *proposición* coinciden en parte con los ya tradicionales de *oración principal* y *oración subordinada*, aunque en nuestro estudio reservamos el término de subordinada para un subapartado de la proposición [1].

Pero no siempre es clara la distinción entre oración y proposición en un análisis oracional. Aunque la proposición presenta dependencia gramatical y significativa de la oración, y funciona como un elemento sintáctico o como complemento de ella, puede absorber el interés expresivo dominante del período oracional; así, en *si no vienes, no te veré*, la proposición: *si no vienes,* es significativamente más relevante, ya que condiciona el significado de la oración.

Además, la oración no siempre tiene significado independiente; en muchas expresiones el significado de la oración no se entiende sin la proposición, que puede ser, incluso, un elemento de la oración.

---

[1] En otros manuales de Gramática se utiliza el término *proposición* para señalar cada una de las oraciones que forman un período oracional complejo.

Por ejemplo, en *que vengas con nosotros me agrada*, la oración: *me agrada,* por sí sola carece de significado completo, aunque sea sentida como más expresiva o principal.

Son las relaciones gramaticales que presentan: subordinación temporal de la proposición, uso de nexos o conjunciones, etc., las que marcan la diferencia entre oración y proposición.

Con todo, a lo largo de nuestro estudio, irán apareciendo ejemplos de oraciones de difícil determinación, o con varias posibilidades de interpretación, que analizaremos en el momento de su aparición.

Anticipamos en esquema el cuadro de la clasificación de la oración compuesta que iremos desarrollando a continuación:

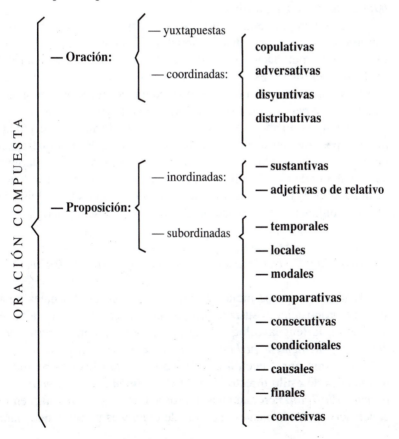

4.4.2. ORACIONES YUXTAPUESTAS

Son las que aparecen formalmente sin nexo, y tienen independencia semántica, aunque adquieran una significación conjunta expresada en el período oracional que forman: *llegué, vi vencí*. En la escritura, suelen ir separadas por comas o punto y coma: *vaya al teatro esta noche; allí nos veremos*.

Algunos gramáticos incluyen, también, entre las yuxtapuestas una serie de oraciones, generalmente de significación enumerativa-narrativa, aunque vayan separadas por punto: *Llovía. Nadie caminaba por las calles a esas horas. Los perros ladraban. De un coche bajó un señor con gabardina...*

Pero no son propiamente oraciones yuxtapuestas, sino, oraciones simples que forman períodos oracionales diferentes. Con todo, como los signos de puntuación dependen en parte del estilo personal del hablante o narrador, estas mismas oraciones pueden aparecer en la escritura separadas por coma o punto y coma, porque se las considere como un solo período oracional, y, formalmente, yuxtapuestas.

Existen, asimismo, una serie de oraciones formalmente yuxtapuestas, pero que presentan una relación semántica de coordinación o de dependencia o subordinación. Son muy frecuentes en la lengua coloquial, donde es más utilizada la construcción oracional asindética o sin nexo, por la dificultad y trabazón lingüística que exige el uso de algunas conjunciones. Ello ocurre en expresiones oracionales como:

No vengas, no iré (no vengas porque no iré).
Vino ayer Juan; volverá mañana (vino ayer Juan y volverá mañana)...

También podemos incluir entre las yuxtapuestas formales, una serie de proposiciones sustantivas que, por brevedad o concisión, se utilizan en la lengua coloquial sin partícula de unión: *necesito me envíes urgentemente el pedido... (necesito que me envíes...)*.

La misma construcción asindética presentan los dos períodos oracionales de estilo directo: *Juan dijo: iré mañana; te regalaré mi broche, dijo Juan*. Pero, aunque son formalmente yuxtapuestas, en la conciencia de los hablantes este tipo de oraciones presenta una clara dependencia funcional (como un elemento sintáctico de la principal) y significativa. Por ello, en un correcto análisis gramatical, deberemos analizarlas como proposiciones, aunque carezcan de nexo.

4.4.3. ORACIONES COORDINADAS

Son las oraciones que están unidas por conjunciones o nexos coordinantes; tienen significado completo en sí mismas, y son funcionalmente equivalentes.

Según los matices significativos de suma, oposición o enfrentamiento, contrariedad y alternancia que se expresen en el período oracional, pueden ser: *copulativas, adversativas, disyuntivas,* y *distributivas.*

4.4.3.1. Coordinadas copulativas

Las *oraciones copulativas* expresan una relación de suma o adición, y van unidas por las conjunciones coordinantes copulativas *y* (*e*, ante *i*) en oraciones afirmativas, *ni* en frases negativas:

> *Juan estudia y trabaja.*
> *Juan no estudia ni trabaja.*

También la conjunción *que* puede adquirir, en algunos usos, valor copulativo: *dale que dale: erre que erre...*

Y es la conjunción más utilizada en la lengua coloquial. Es, asimismo, la primera conjunción que aparece en el lenguaje infantil, y, por ello, es frecuente en la lengua de los niños el uso repetido y pleonástico de esta conjunción como forma de expresión sucesiva de enunciados: *ese hombre pegaba y era malo y decía palabrotas y se enfadaba y me asustaba y era feo...* Incluso, no es raro que este uso pleonástico perdure en el habla adulta en la lengua popular de las narraciones.

Por otra parte, es también frecuente el uso de la conjunción *y* como nexo de oraciones que, semánticamente, pueden presentar otros valores significativos distintos:

Lo veo y no lo creo (adversativo).
Piensa mal y acertarás (consecutivo).
No le ha invitado nadie y se ha presentado a la fiesta (concesivo).

Ni se utiliza en oraciones negativas, y es frecuente que aparezca repetida al principio de cada una de las oraciones, por lo que adquiere, entonces, valor distributivo:

> *No quiere trabajar, ni estudiar* (copulativo).
> *Ni quiere trabajar, ni estudiar* (distributivo).

4.4.3.2. Coordinadas adversativas

Expresan la unión de dos enunciados oracionales enfrentados total o parcialmente: *estudia mucho, pero no aprueba*; *no estudia, sino que trabaja*.

La contrariedad expresada puede ser parcial o total. Por ello, distinguimos dos tipos de oraciones adversativas:

a) *Adversativas restrictivas*: Indican una contrariedad de enunciados, pero sin ser incompatibles (pueden darse los dos enunciados a la vez): *Juan no tenía dinero, pero supo arreglarse.*

b) *Adversativas exclusivas*: Expresan enunciados incompatibles (un enunciado excluye al otro): *no escribe novelas, sino (que) pinta cuadros.*

Cada clase de oraciones adversativas tiene sus conjunciones propias:

a)   Nexos de las adversativas restrictivas:

— *Pero*: Es la conjunción con valor restrictivo más usada en la lengua actual: *el niño quiere hacerlo, pero no se atreve.* Cuando el primer término del período oracional es negativo, es frecuente el refuerzo del adverbio *sí* en el segundo: *no corría mucho, pero sí jugaba bien al fútbol.*

— *Mas*: Tiene valor restrictivo. En la lengua antigua era muy utilizada, pero ha ido decayendo hasta desaparecer de la lengua coloquial. Hoy se siente como conjunción restrictiva atenuada, y se utiliza sólo en la lengua literaria, en la que alterna con *pero*: *lo intentó, mas (pero) no lo consiguió.*

— *Empero*: En la actualidad, pertenece exclusivamente al estilo literario afectado, y su uso se considera como un arcaísmo: *lo intentamos, empero no lo conseguimos.*

— *Aunque:* Originariamente sólo tenía valor concesivo, pero en la actualidad ha adquirido, también, el valor adversativo, y alterna en el uso lingüístico con *pero*: *son muy ricos, aunque (pero) no lo parecen.*

b)   Nexos de las adversativas exclusivas:

— *Sino*: Es el nexo exclusivo más utilizado: *no corre, sino vuela.* En las oraciones adversativas exclusivas es frecuente que los elementos de la segunda oración estén omitidos, si éstos se hallan en la primera: *No lo hice yo, sino un hermano (lo hizo); ésta no es mi opinión, sino (ésta es) la tuya.*

También pueden aparecer los nexos *sino que* y, a veces, *que* con valor exclusivo: *no corre, sino que vuela; no corre, que vuela.*

Existen, además de las conjunciones señaladas, una serie de frases conjuntivas y adverbios lexicalizados que han adquirido valor adversativo restrictivo o exclusivo: *sin embargo, no obstante, con todo, excepto, salvo, menos, antes bien,* etcétera:

Le faltan condiciones para el cargo, con todo, ha sido elegido.
Aquí están todos, excepto (salvo, menos...) Juan.
No quedó descontento, antes bien sonreía satisfecho.

4.4.3.3.   Coordinadas disyuntivas

Las oraciones disyuntivas marcan una alternancia exclusiva de enunciados: *escucha, o vete a la calle.*

Van unidas por la conjunción *o* (*u*, ante *o*), que puede aparecer colocada, también, delante de las dos oraciones coordinadas: «*O arráncame el corazón o ámame, porque te adoro*» (Zorrilla).

Esta conjunción, a fuerza de uso, se ha debilitado, y adquiere, a veces, el valor de equivalencia o identidad:

> *Váyase usted al patio o váyase a la calle.*
> *Esto es la guerra o (esto es) la destrucción.*

Otras veces, incluso, puede adquirir valor copulativo:

> *Come o (y) bebe lo que quieras.*

4.4.3.4. Coordinadas distributivas

Las *oraciones distributivas* marcan la alternancia de los enunciados que se expresan en el período oracional: *unos nacen, otros mueren*. Suelen llevar alguna marca léxica que, repetida al principio de cada oración, marca el valor distributivo: *ya...ya*, *ora...ora*, *sea...sea*, *bien...bien*, *ni...ni* (con significado negativo), etcétera:

> *Ya estudia, ya trabaja.*
> *Ni estudia, ni trabaja.*

Es frecuente, además, que este tipo de oraciones aparezcan sin nexo, en forma yuxtapuesta, y que la coordinación entre ellas se establezca empleando palabras correlativas, generalmente, pronombres y adverbios, colocados al principio de cada oración:

> ***Unos*** *naces,* ***otros*** *mueren.*
> ***Allí*** *se trabaja,* ***aquí*** *se descansa.*
> ***Éstos*** *ríen,* ***aquéllos*** *lloran.*

4.4.4. LA PROPOSICIÓN

Las *proposiciones* son, como ya hemos señalado, oraciones formales que dependen semántica y funcionalmente de la oración, de la oración principal.

Son oraciones dependientes porque funcionan como elemento sintáctico, o como complemento semántico de la oración principal del período, con la que presentan correlaciones de dependencia (subordinación temporal, modo subjuntivo (generalmente), nexos subordinantes, etc.):

> Antonio quiere **que viváis felices**
> pro. sustan. c. directo
> Antonio trabaja **para que sus hijos puedan ser felices.**
> prop. final (c. de finalidad)

Podemos distinguir dos tipos de proposiciones: *inordinadas* y *subordinadas*:

a) Las *proposiciones inordinadas*: Son las oraciones dependientes que funcionan como un elemento sintáctico, o se refieren a un solo elemento de la oración principal del período. Se las llama inordinadas porque van «colocadas dentro» de la oración; son las *proposiciones sustantivas* y las *proposiciones adjetivas o de relativo*:

— Las *proposiciones sustantivas* ocupan en el esquema oracional el papel del sustantivo, y desempeñan las funciones sintácticas propias de éste: **que estudiéis** *es bueno; quiero* **que estudiéis.** prop. sus. sujeto
prop. sus. c. directo

— Las *proposiciones adjetivas o de relativo* son formas analíticas que utiliza el hablante para expresar cualidades del sustantivo al que se refieren: *los niños* **que estudian** *(estudiosos) aprobarán.* prop. adjet.

b) Las *proposiciones subordinadas*: Son las oraciones dependientes que desempeñan la función de complemento de toda la oración prin-

cipal del período oracional. Se las llama subordinadas porque van
«colocadas debajo» de la oración. *Juan no viene **porque está enfermo**,*
                                                              prop. subord. causal.

4.4.4.1. Proposiciones inordinadas sustantivas

Las *proposiciones sustantivas* desempeñan en la oración compuesta las mismas funciones que el sustantivo en la oración simple.
Son expresiones lingüísticas desarrolladas o analíticas que
equivalen a sustantivos, aunque esta equivalencia no siempre se
corresponda con sustantivos léxicos; así, *en Juan desea **que tú
vengas/que se haya retrasado** es inquietante/dijo **que estaría
aquí***, las proposiciones *que tú vengas* y *que se haya retrasado*, las
podemos sustituir por *tu venida* y *su retraso*, respectivamente:
Juan desea tu venida/su retraso es inquietante; pero la proposición
que estaría aquí, no la podemos sustituir por ningún sustantivo
léxico, aunque sí por la forma pronominal de significación genérica *eso*: *dijo eso*.
Las proposiciones sustantivas van introducidas por los nexos:
que, el que, el hecho de que, etcétera:

> *Que comprendáis la gramática es difícil.*
> *El que comprendáis la gramática es difícil.*
> *El hecho de que comprendáis la gramática es difícil.*

Pero pueden aparecer, también, sin nexo: *comprender la gramática es difícil.*

Según la función sintáctica que desempeñen, las proposiciones
sustantivas pueden ser:

— **De sujeto:** Van introducidas por la conjunción subordinante
que, por la frase conjuntiva *el hecho de que*, o por una partícula interrogativa:

Que vengáis me agrada.
El hecho de que hayáis venido me agrada.
A nadie le interesa *quién ha venido.*

Aparecen sin nexo cuando llevan el verbo en forma no personal: *ayudar al necesitado* es una obra de caridad.

— **De atributo:** Como el atributo es la función que expresa las cualidades del sustantivo, es raro, encontrar proposiciones sustantivas que desempeñen esta función, a no ser que significativamente indiquen definición o identificación: *la gran ilusión de los padres es que sus hijos sean felices.*

En cambio, sí que es frecuente que funcionen como atributo las proposiciones adjetivas o de relativo sustantivadas: *Antonio es el que decide; ellos son los que trabajan.*

Con todo, este tipo de oraciones son reversibles, y pueden analizarse, también, como proposiciones sustantivas en función de sujeto: *los niños son los que se ríen, los que se ríen son los niños.*

— **De complemento directo:** son las proposiciones sustantivas más utilizadas, tanto en la lengua hablada como en la lengua escrita.

Van introducidas por la conjunción *que: quiero que vengas, el padre desea que sus hijos triunfen*; pero pueden adoptar, también, otros nexos. Por ejemplo, en las interrogativas indirectas, que son proposiciones en función de complemento directo, no suele usarse la conjunción *que*; las interrogativas indirectas totales van introducidas por la conjunción *si: dime si ha venido tu padre; pregúntale si va a venir con nosotros*, y las interrogativas indirectas parciales llevan como partícula de unión el pronombre o adverbio interrogativo: *averigua cuánto vale; dime quién lo ha hecho.* Sólo en el habla popular aparecen ejemplos de interrogativas indirectas introducidas, también, por el nexo *que: pregúntale que si va a venir; dile que qué quiere;* pero el uso de *que* resulta redundante y, frecuentemente, inelegante.

Otro ejemplo claro de proposiciones sustantivas en función de complemento directo nos lo ofrecen las llamadas construcciones en estilo indirecto.

Se llama *estilo indirecto* cuando el que habla o escribe refiere por sí mismo lo que otro ha dicho: *Raúl dijo **que vendría con nosotros; Pilar pensó que ella no lo haría.*** En el estilo indirecto la proposición va unida por el nexo *que*: *dijo **que fuera yo allí.***

También son, significativa y funcionalmente, proposiciones sustantivas en función de complemento directo las oraciones expresadas en *estilo directo* (cuando el que habla o escribe reproduce textualmente las palabras con que se ha expresado el propio autor de ellas), aunque formalmente sean yuxtapuestas, ya que se construyen sin nexo, y van separadas por comas, por guión o por dos puntos: *Juan dijo: **iré con vosotros; iré con vosotros,** (-) dijo Juan.*

Hay otras proposiciones sustantivas en función de complemento directo que sin perder su valor sustantivo, pueden aparecer sin nexo; son las que se construyen con verbos de voluntad y de temor, generalmente: *les ruego (que) **me digan siempre la verdad;** temí (que) **se perdiese la ocasión...,** y que han perdido el nexo *que* por rapidez o concisión en la expresión.

También aparecen sin nexo las proposiciones que se construyen con verbos en forma no personal: *le mandó **caminar lentamente** (que caminase lentamente).*

— **De complemento indirecto:** Como el complemento indirecto es la función que indica la persona o cosa personificada que recibe el provecho o daño de la acción verbal, en principio, no hay proposiciones sustantivas propias que funcionen como complemento indirecto, aunque algunos gramáticos consideran como tales las proposiciones que indican finalidad, y que nosotros incluimos entre las proposiciones subordinadas finales: *te he llamado **para que me lo expliques*** (prop. final).

En cambio, sí podemos analizar como proposiciones sustantivas en función de complemento indirecto una serie de proposiciones adjetivas o de realtivo sustantivadas) que indican persona o cosa personificada: *le daré el premio al que se lo merezca.*

— **De complemento circunstancial:** Son las proposiciones sustantivas que indican las circunstancias en que se desarrolla la acción del verbo principal.

Van introducidas por cualquiera de las preposiciones que admite el complemento circunstancial, seguidas de la conjunción *que: me conformo con que vengas; me alegro de que vengas; hacedlo sin que os canséis...*

— **De complemento del nombre:** Son las que funcionan como complemento del nombre o de un adjetivo referido al nombre.

Cuando la proposición complementa al nombre, va introducida por la preposición *de* seguida del nexo *que: los padres tienen deseos de que los hijos triunfen;* en cambio, cuando complementa a un adjetivo, pueden aparecer, además, otras preposiciones: *parecían contentos de que (con que) hayáis venido; muchos estaban conformes en que no tenía razón; los hijos están dispuestos a que les castiguen...*

No es frecuente que las proposiciones sustantivas desempeñen en el uso lingüístico la función de *aposición,* aunque en la lengua escrita pueden aparecer algunos usos: *vuestra vida, que viváis así, me preocupa; tu trabajo, que seas agricultor, me fascina.*

Tampoco una proposición sustantiva puede desempeñar la función de *vocativo,* función que se utiliza para expresar una llamada de atención al oyente.

4.4.4.2. Proposiciones inordinadas adjetivas o de relativo

Desempeñan en el enunciado oracional la función de adjetivo.

Se denominan proposiciones *adjetivas* porque equivalen a un adjetivo: *los niños que estudian (los niños estudiosos)*, y *de relativo,* porque van introducidas por un pronombre relativo, que, además de pronombre, desempeña la función de nexo oracional: *el niño que vimos es mi hijo.* Las proposiciones adjetivas pueden ser[1] **especificativas:** *los gatos que arañan no me gustan*, y **explicativas:** *los gatos, que arañan, no me gustan.*

Además, del mismo modo que un adjetivo puede adquirir la función de sustantivo (*el bueno, lo deseable*, etc.), las oraciones adjetivas pueden sustantivarse y adquirir cualquier función propia de las proposiciones sustantivas: *aprueban los que saben* (pro. adj. sustantivada en función *de sujeto*)...

4.4.4.3. Proposiciones subordinadas

Las proposiciones subordinadas funcionan como complemento de toda la oración principal, y van unidas a ésta por una conjunción impropia subordinante (a veces, por auténticos adverbios o preposiciones que funcionan como nexo):

> *Se alegró **porque llegó su hermano.***
> *Se alegró **como si fuera verdad.***
> *Se alegró **tanto que se puso a llorar.***
> *Se alegró **aunque la vio triste.***

Son, semántica y gramaticalmente, dependientes, y, según la relación significativa de subordinación que las une a la principal, pueden indicar:

---

[1] Véase *La adjetivación analítica* (§ 3.5.2.).

a) Relación circunstancial:
   - espacio (locales),
   - tiempo (temporales),
   - modo (modales).

b) Relación cuantitativa:
   - comparativas,
   - consecutivas.

c) Relación causativa:
   - condicionales,
   - finales,
   - concesivas,
   - causales.

4.4.4.3.1. *Circunstanciales locales (Subordinadas de lugar)*

Las *proposiciones subordinadas de lugar* marcan la situación espacial de la oración principal: *fuimos a donde nos mandaron.* Van introducidas por el nexo *donde* (adverbio relativo), que puede aparecer con o sin preposición, según los diversos matices significativos de ubicación, procedencia, destino, dirección, tránsito, etc., que pueda expresar la proposición subordinada que introduce: *en donde, de donde, desde donde, adonde, a donde, por donde, hasta donde...*:

> *Voy **donde me llamen**.*
> *Voy **a donde me digas**.*
> *Fue a Valladolid **adonde fuimos**.*
> *Llegamos **hasta donde nos dijo Juan**.*
> *Vinimos **por donde nos dijeron**.*
> *Se acercaron **desde donde los encontraste tú**.*

4.4.4.3.2. *Circunstanciales temporales (subordinadas de tiempo)*

Indican la circunstancia temporal de la oración principal. Van introducidas fundamentalmente por el nexo *cuando* (adverbio relativo), pero pueden aparecer otros nexos o frases conjuntivas, según los distintos matices significativos de anterioridad, simultaneidad, inmediatez, posterioridad, reiteración, etc., que puedan expresar las proposiciones temporales: *antes que, antes de que, primero que, mientras, mientras que, mientras tanto, entre tanto que, en cuanto, apenas, luego que, así que, después que, desde que, cada vez que, siempre que...*:

> *Llegamos* **cuando tú salías.**
> **Antes que te cases,** *mira lo que haces.*
> **Mientras seas rico,** *tendrás muchos amigos.*
> **En cuanto los vea,** *les daré un abrazo.*
> **Después que comamos,** *hablaremos.*
> **Siempre que salía a la calle,** *cogía frío.*

También el valor circunstancial de tiempo puede expresarse en infinitivo precedido de *al*: **al salir de clase** *fumamos un cigarrillo*, en gerundio: **corrigiendo los exámenes** *me divierto mucho*, y en participio: **arreglado el coche,** *nos fuimos de excursión.*

4.4.4.3.3. *Circunstanciales modales (Subordinadas de modo)*

Las *proposiciones subordinadas modales* marcan el modo de desarrollo de la oración principal.

El nexo más frecuente de estas oraciones es *como* (adverbio relativo), pero, también, pueden aparecer como nexos una serie de frases conjuntivas: *del mismo modo que, igual que, tal cual, según, según que, como si...*:

*Hacedlo **como se os ordena.***
*Hacedlo **igual que lo hizo Juan.***
***Según nuestro maestro lo dice,** así lo digo yo.*
*Lo encontraron **tal cual lo habíamos dejado.***
*Se alegró **como si fuera verdad.***

Las oraciones modales indican, generalmente, igualdad o semejanza, por lo que están estrechamente relacionadas con las proposiciones comparativas de igualdad: *el examen fue **como lo esperaban los alumnos**/tal **como lo esperaban los alumnos***.

Otras veces, las proposiciones modales adquieren valores expresivos temporales: ***según avanzaban unos,** retrocedían otros; **cuando avanzaban unos,** retrocedían otros*.

4.4.4.3.4. *Subordinadas comparativas*

Las *proposiciones subordinadas comparativas* funcionan como término de comparación del enunciado de la oración principal: *tendrás tantos libros **como desees***.

El período oracional comparativo es complejo; por una parte, las proposiciones comparativas adquieren en muchos enunciados una independencia significativa que les da aspecto de coordinadas; por otra, semánticamente coinciden en muchos usos con las subordinadas modales (ya visto) y con las proposiciones consecutivas, en cuanto que expresan una correlación cuantitativa.

Con mucha frecuencia, los elementos de la comparativa aparecen elípticos: *María es más trabajadora **que yo** (que yo soy trabajador)*, y, entonces, podemos considerar el enunciado oracional, formado, indistintamente, por una sola oración simple con elementos comparados, o por dos enunciados oracionales comparados:

Los niños estudian más que las niñas (oración simple con segundo término de comparación).
*Los niños estudian **más que las niñas** estudian* (oración compuesta).

La comparación expresada entre los dos enunciados oracionales puede referirse a la cualidad o a la cantidad:

> *Esta casa es más cómoda **que la mía (es cómoda)**.*
> *Yo tengo tantos recuerdos **como tú (tiene recuerdos)**.*

Según la relación que presenten entre sí los enunciados comparados, las comparativas pueden ser de *igualdad, inferioridad* y *superioridad*. Los esquemas más frecuentes que presentan son:

a) Igualdad:

> — cualidades: *tal cual* .... *(como)*
> — cantidad: *tanto* .... *cuanto*
> *tanto (tan)* .... *como*
> *todo* .... *cuanto*

b) Superioridad: *más que* ....⨯...... *(de)*
> *Adjetivo comparativo: mejor, mayor*................ *que*

c) Inferioridad: *menos que*.................... *(de)*
> *Adjetivo comparativo: inferior* .... *que*

Ejemplos:

> *El examen fue tal **cual (tal como)** lo esperaban los alumnos.*
> *Llamó tanto **cuanto quiso**.*
> *Hizo todo **cuanto quiso**.*
> *Comió tantos pasteles **como quiso**.*
> *Tiene más dinero **que tú (tienes dinero)**.*
> *Esto vale más **de lo que piensas**.*
> *Mi trabajo es mejor **que el que tú haces**.*
> *No trabajar es peor **que trabajar**.*
> *El esfuerzo es inferior **que el deseo de triunfo**...*

4.4.4.3.5. *Subordinadas consecutivas*

Marcan la consecuencia de un enunciado previo, el de la oración principal: *trabaja tanto **que siempre está cansado**.*

El enunciado principal suele llevar alguna marca léxica: *tanto, tal, tan, de tal modo*, etc., que intensifica la circunstancia, cualidad o acción que indica, y cuya consecuencia queda expresada en la proposición subordinada: *su furor es tal (tanto, tan grande, de tal modo...)*, **que asusta.**
Guardan, así, relación con las comparativas en cuanto que tienen ese elemento antecedente de referencia, aunque, a veces, el elemento intensificador, sobre todo en la lengua coloquial, no aparece expresado, y, entonces, la intensificación viene marcada por el matiz intensivo de la significación del enunciado total de la oración: *había una muchedumbre,* **que parecía aquello un hormiguero;** *trajeron la sopa,* **que quemaba;** *está,* **que rabia.**
En otros casos, se refuerza enfáticamente el enunciado principal con la supresión de toda la consecutiva, que queda sobreentendida en el contexto o situación del hecho comunicado: *¡Está la sopa* **que...!**
Otras veces, la consecutiva es reemplazada por una interjección, un apoyo coloquial o una exclamación:

Está de unos humos **que...** *¡Uf! /¡Vaya! Válgame Dios!...*

Las proposiciones consecutivas van introducidas, generalmente, por el nexo *que: tenía tanto miedo,* **que grité:** pero pueden aparecer, también, otras partículas o frases conjuntivas: *luego, por tanto, por lo tanto...: pienso,* **luego existo;** *estoy equivocado,* **por lo tanto debo rectificar.**
Semánticamente, las consecutivas coinciden con las causales, en cuanto que en el período oracional se indica la causa y el efecto del enunciado oracional expresado. Las consecutivas vienen a ser las causales invertidas, aunque no siempre se puede invertir la expresión causa-efecto en la expresión lingüística. Así:

— Las consecutivas: Marcan la causa-efecto de lo enunciado: *tanto fue el cántaro a la fuente (causa)* **que se rompió** *(efecto).*
— Las causales: Marcan el efecto-causa de lo comunicado: *se rompió el cántaro* (efecto), **por tanto ir a la fuente** (causa).

En el idioma, se prefiere el período consecutivo (la relación causa-efecto) porque refleja mejor la experiencia de las sensaciones vividas: *llovía tanto,* **que se caló;** y por ello, a veces, cuando se utiliza el período causal, la proposición subordinada causal suele aparecer el principio del período oracional, y se siente, incluso, como más importante significativamente: *porque llovía tanto, se caló; porque te quiero tanto, hija, te castigo.*

4.4.4.3.6. *Subordinadas condicionales*

Las *proposiciones condicionales* supeditan el enunciado de la principal al cumplimiento de la subordinada: *si tuviera dinero, me compraría un pastel.*

Por ello, en muchos enunciados oracionales se siente como más importante significativamente la proposición que la oración principal, y es frecuente que la proposición subordinada ocupe el primer lugar del período oracional, que consta fundamentalmente de dos partes:

Condicionante	Condicionada
Subordinada	Principal
Prótasis	Apódosis
Si viniera Juan	*me iría con él.*

De estas diversas denominaciones de las partes del período condicional, las más usuales son las de *condicionante-condicionada* y *subordinada-principal*; los términos cultos de origen griego *prótasis* (primera parte del período) y *apódosis* (segunda parte del período) se prestan a confusión, ya que el orden de las oraciones del período puede aparecer invertido:

      Si viene, iré con él **/** *iré con él,* **si viene.**
      prótasis apódosis   *prótasis apódosis*

La relación que se establece entre las oraciones del período (condicionante y condicionada) puede presentar matices significativos diversos.

La gramática de la Real Academia, que sigue la tradición gramatical latina, distingue tres tipos de relaciones:

— Relación necesaria entre ambas partes del período, expresada con verbos en modo indicativo en la condicionante: *si haces esto, te felicitaré.*

— Relación contingente, presentada con visos de probabilidad, y que se expresa con verbos en futuro imperfecto de subjuntivo en la condicionante: *si te pidiera dinero, dáselo*; *si así lo hicieras, Dios te lo premie.*

— Relación imposible, con verbos en pretérito imperfecto o pretérito pluscuamperfecto de subjuntivo en la condicionante: *si hubieras venido, te habría visto*; *si vinieras a la fiesta, te vería.*

Pero esta clasificación, habitual en las gramáticas latinas, es, sin embargo, inaplicable al español actual; primero, porque el futuro de subjuntivo ha quedado prácticamente en desuso, y, segundo, porque la diferencia entre relación posible, contingente e imposible, es sólo de grado y, en muchos usos, inapreciable: *si vienes, iré contigo/si mañana vinieses, iría contigo...*

Además, el uso de los tiempos verbales en las condicionales ha variado enormemente a lo largo de la historia del español.

Como esquema del uso de los tiempos verbales en la lengua actual, anotamos el que sigue:

CONDICIONANTE	*CONDICIONADA*
Indicativo: **menos** *el pretérito anterior, los futuros y condicionales.*	*Imperativo.* **Cualquier tiempo** *del indicativo,* **menos** *el pretérito anterior.* *Subjuntivo,* **menos** *los futuros.*
Subjuntivo: *Pretérito imperfecto* **(para expresar tiempo presente y futuro)**	*Condicional simple.* *Pretérito imperfecto de subjuntivo en -ra.*
Pretérito pluscuamperfecto **(para indicar tiempo pasado)**	*Pretérito pluscuamperfecto subjuntivo en -ra.* *Condicional compuesto.*
Futuros de subjuntivo	*Presente o futuro de indicativo.* *Pretérito anterior.* *Oración exhortativa.*

Por otra parte, es frecuente en gran parte de la zona norte de España: fundamentalmente, en el área vasco-cantábrica, y, también, en parte de Hispanoamérica, el uso no normativo del condicional en sustitución del pretérito imperfecto de subjuntivo en la oración condicionada: **si vendría Juan, me iría con él (si viniera...).*

El uso de los tiempos verbales nos permite clasificar las proposiciones condicionales en dos grandes grupos:

a) Condición expresada con el verbo en indicativo: *si tengo yo el regalo, te lo daré.*

b) Condición expresada con el verbo en subjuntivo: *si tuviera yo el regalo, te lo daría.*

Algunos gramáticos llaman a las primeras de *condición real*: *si me compras eso, te doy esto,* y a las segundas, de *condición irreal*: *si me compraras eso, te daría esto.* Pero la realidad/irrealidad de la condición debe interpretarse de modo menos categórico, ya que toda condición es por naturaleza eventual e hipotética; y, así, la diferencia que podemos observar entre *si juegas, ganaremos,* y *si mañana jugaras, ganaríamos,* no es una diferencia entre realidad/irrealidad, sino una diferencia de grado con matiz significativo más o menos dubitativo.

La conjunción condicional más utilizada es *si,* pero también pueden utilizarse como condicionales algunas conjunciones de otro origen, y numerosas frases conjuntivas: *como, cuando, ya que, siempre que, puesto que, con sólo que, a condición de que...*

> *Si me invitas, iré a tu fiesta.*
> *Como me invites, iré a tu fiesta.*
> *Con sólo que me invites, iré.*
> *Cuando tú lo dices, será verdad.*
> *A condición de que me dejaseis jugar, iría.*

También las oraciones condicionales pueden expresarse con verbos en forma no personal:

— En infinitivo: *de haberlo sabido, habría venido.*

— En gerundio: ***trabajando todos,*** *superaremos las dificultades.*
— En participio: ***sentadas algunas premisas,*** *dialogaré contigo.*

4.4.4.3.7. *Subordinadas finales*

Indican la finalidad del enunciado de la oración principal: *el niño se ha encerrado en su habitación **para que no le molesten.*** Algunos gramáticos incluyen erróneamente este grupo de proposiciones entre las subordinadas sustantivas en función de complemento indirecto. Esta confusión nace de la forma que presentan estas oraciones, y del nexo que las introduce: *a que, para que...: hago esto **para que tú te sientas bien.*** Pero *para que tu te sientas bien*, no expresa el elemento que recibe al provecho o daño de la acción verbal (no es complemento indirecto), sino la finalidad, como circunstancia externa, en que revierte el enunciado principal.

Por otra parte, las proposiciones finales están, semánticamente, muy próximas a las causales, ya que la finalidad, con frecuencia, no es más que la causa eficiente que mueve al sujeto a actuar: *lo hice **porque me vieran**/lo hice **para que me vieran.***

El verbo de las proposiciones finales va en subjuntivo, puesto que la finalidad marca, necesariamente, un matiz de deseo: *ha ido **a que le saquen una muela.***

Los nexos que las introducen son: *a que, para que, a fin de que, porque,* etcétera:

> ***Para que no le molestaran,*** *se fue.*
> *Ha venido **a que lo vean.***
> *Ha venido **porque lo vean.***

Pueden aparecer, también, en infinitivo: *a, por, para, a fin de +* infinitivo: *ha salido **a buscar agua.***

El uso del infinitivo final aparece frecuentemente en frases cuyo sujeto es el mismo que el de la oración principal: *vinieron **a pedir información.***

4.4.4.3.8. *Subordinadas concesivas*

Las *proposiciones concesivas* expresan una objeción o dificultad para el cumplimiento de lo que se dice en el enunciado principal. Guardan alguna relación de semejanza de sentido con las condicionales, ya que la objeción que expresan no impide la realización del enunciado principal, sino que es como una condición que se considera desdeñable e inoperante: *aunque haga mal tiempo, iremos de excursión.*

Aunque es la conjunción concesiva más utilizada: *aunque la mona se vista de seda, mona se queda.* Pero pueden aparecer otros nexos: *a pesar de que, aun cuando, así, si bien*, etc.: *así lo maten, no dirá una palabra*; *si bien la ocasión no era oportuna, quiso probar su suerte.*

Es muy frecuente, también, la forma *por...que*, con un adverbio o adjetivo intercalado: *por más que lo repitas, no te creerán*; *por muy influyente que sea, no lo conseguirá.*

Las proposiciones concesivas pueden aparecer, asimismo, en formas verbales no conjugables:

— En infinitivo: *con ser tan rico, no sabe disfrutar de sus riquezas; a pesar de haber venido, no nos ha visto.*
— En gerundio: *aun siendo tan listo, ha dejado que lo engañen.*
— En participio: *estaré de acuerdo, si bien modificadas algunas condiciones del contrato.*

Significativamente, las concesivas presentan matices expresivos diferentes según se construyan en modo indicativo (obstáculo real) o en modo subjuntivo (obstáculo posible): *aunque me lo juráis, no lo creo; aunque me lo juréis, no lo creo.*

4.4.4.3.9. *Subordinadas causales*

Indican la causa directa, indirecta o motivación de la acción que se expresa en la oración principal: *se ha mojado porque ha llovido; ha llovido porque el suelo está mojado; ha salido del arco iris porque está lloviendo.*

Las proposiciones causales forman un grupo complejo interme-dio entre coordinación y subordinación. Muchas subordinadas causa-les presentan autonomía significativa, y, en la mayoría de los casos, enuncian un simple presupuesto con significación casi independiente de la que tiene la principal: *porque no tenía armas, huyó.*

La Real Academia y algunas gramáticas tradicionales, hacen dis-tinción entre las causales coordinadas y las causales subordinadas: según los nexos conjuntivos que llevan, según la significación de causa real o lógica que expresen, o según la utilización del verbo en indicativo o subjuntivo.

No incluimos aquí estas clasificaciones porque las consideramos ya superadas, y es casi general, entre los gramáticos actuales, incluir-las en un solo grupo de proposiciones subordinadas causales.

Los nexos que introducen estas oraciones son: *porque* (el más utilizado), *que, pues, pues que, puesto que, ya que, como, como que, a causa (de) que, en vista de que*...:

Como quiera que no ha llegado, nos iremos.
Nos vamos, porque no estamos contentos.
Como recibí tarde tu llamada, no he llegado a tiempo.
No compréis azúcar, que ya tenemos.
En vista de que no nos haces caso, nos vamos.
Porque son tus ojos, niña, verdes como el mar, te quejas...

4.5. UNIDADES SUPRAORACIONALES

En todo hecho de comunicación, en un discurso, podemos distin-guir unidades intencionadas significativas, a las que hemos llamado oraciones.

La gramática tradicional sólo se ha preocupado de estudiar los elementos oracionales y las relaciones internas entre estos elementos.

La unidad lingüística superior en los estudios gramaticales tradi-cionales ha sido siempre la oración.

Sin embargo, las oraciones se suceden en el discurso guardando entre sí una relación de coherencia representativa y expositiva que hace del discurso una unidad total de comunicación, que es sentida por los hablantes como coherente o incoherente, según se revele o no la relación de continuidad de lo expresado. Por ello, en la Lingüística Moderna se ha superado el concepto de oración como unidad lingüística superior, y son muchos los estudios de Gramática del Texto que han ido apareciendo.

En nuestra exposición, no nos detenemos en el estudio de estas unidades superiores, cuyo análisis exige un tratado completo, sino que sólo anotamos, como referencia, la existencia de dos unidades supraoracionales: *el período* y *el párrafo*.

— *El período* es una unidad textual que viene marcado en la escritura por el punto y seguido. Constituye una unidad psíquica de contenido, y puede ser simple o complejo, según esté formado por una o más oraciones gramaticales.

El período complejo coincide con el término de oración compuesta, que hemos venido analizando.

La sucesión de períodos forma una unidad superior que denominamos *párrafo*.

— *El párrafo* es cada una de las unidades significativas en que se divide el contenido de un texto, y viene marcado en la escritura por el punto y aparte.

Párrafo o parágrafo es un término de origen griego: «*paragraphon*»; en griego, es el signo (§) que se utiliza para distinguir las distintas partes de un tratado.

Aunque los distintos párrafos de un texto indican unidades de contenido, guardan entre sí, sin embargo, una interdependencia como partes de una unidad superior, la que forma la unidad temática total del discurso.

La interrelación entre los distintos párrafos se manifiesta mediante diversos recursos lingüísticos: repeticiones léxicas, nexos ilativos y continuativos (*pues, así que, por lo tanto…*) uso de formas deícticas (pronombres y adverbios) anafóricas y catafóricas, repeticiones temáticas, exposición correlativa de contenidos, organización expositiva de los párrafos, etcétera.

Así, por ejemplo, es frecuente, sobre todo en los textos didácticos, que los distintos párrafos aparezcan señalados con números o letras (1º, 2º..., A, B...) como partes de un todo temático; e, incluso, que su distribución en el texto corresponda al orden lógico de expresión temática: exposición de una tesis, luego, su argumentación, y, finalmente, su conclusión.

4.6. VALORES DE LA FORMA *QUE*

Que es una de las palabras más utilizadas en nuestro idioma, y una de las formas lingüísticas que presenta mayor variedad de usos y funciones. Por ello, anotamos los distintos valores que puede presentar, y que ya han sido analizados por separado en nuestro estudio. Puede funcionar como forma pronominal y como nexo oracional o conjunción.

a) Como forma pronominal puede ser:

— Pronombre relativo: *los niños que vimos son mis hermanos.*
— Pronombre interrogativo y exclamativo, con acento diacrítico:

¿Qué quieres? /dime qué quieres.
¡Qué bonita es tu mirada cuando me ves!

b) Como conjunción: Ha adquirido a lo largo de la historia de nuestra lengua múltiples valores; hasta llegar a ser la conjunción comodín utilizada en la mayor parte de las relaciones oracionales, o como componente de muchas de las locuciones conjuntivas utilizadas.

Entre sus valores, el nexo *que* puede ser:

— Nexo de proposiciones sustantivas: *quiero que vengas.*

— Nexo de perífrasis de infinitivo: *yo tengo que estudiar.*

— Que narrativo (enunciativo) con el que empiezan algunos

escritos: «*Que de noche le mataron al caballero/la gala de Medina, la flor de Olmedo*». Suele coincidir con el *que* sustantivo en proposiciones dependientes sin que aparezca la oración principal: *que ya os lo dije ayer, no os lo repito.*

— Nexo copulativo: frecuentemente, en frases hechas: *dale que dale; erre que erre.*

— Nexo distributivo: *que vengas, que no vengas...*

— Nexo disyuntivo: *quiera que no..., lo haré.*

— Nexo adversativo: *no corre, que vuela.*

— Nexo concesivo: *a mí, que no suelo ser muy llorón, me hizo llorar.*

— Nexo causal: *no esperes, que no iré.*

— Nexo comparativo: *tiene más deudas que tejas tiene el tejado.*

— Nexo consecutivo: *es tan furioso, que asusta.*

— ... etcétera.

4.7. VALORES DE LA FORMA *SE*

La forma *se* es plurifuncional en español; puede funcionar como *verbo* y como *forma pronominal.*

a) Como verbo; lleva acento diacrítico: *yo sé* (primera persona del presente de indicativo del verbo saber), *sé tú* (segunda persona de singular del imperativo del verbo ser).

b) Como forma pronominal, es una palabra átona, y ha adquirido a lo largo de la historia de nuestra lengua diversos usos y funciones:

• *Se pronombre personal de tercera persona en sustitución de le/les, en función de complemento indirecto:* Ello ocurre cuando aparecen juntas las formas le/les y las formas *lo-s/la-s:*

*Yo di dinero a Juan = yo le lo di = yo **se** lo di.*
*Yo di dinero a ellos = yo les lo di = yo **se** lo di.*
*Yo di caramelos a los niños = yo se los di = yo **se** los di.*

La sustitución de *le/les* por *se* está registrada en el uso lingüístico desde el siglo XIV, y procede de la especial evolución fonética de la forma pronominal latina *ILLI: lle, ge* y, finalmente, *se*.

- *Se pronombre reflexivo*: Es la forma que adquiere el pronombre personal de tercera persona cuando funciona como complemento directo o complemento indirecto en una oración reflexiva, en la que el sujeto y el objeto coinciden: *Juan peina a Juan = Juan **se** peina.*
  Puede funcionar como complemento directo: *ellos **se** lavan*, y como complemento indirecto: *ellos **se** lavan las manos.*

- *Se pronombres recíproco*: Es una variante del *se* reflexivo. Se utiliza en las oraciones recíprocas, en las que el sujeto, que se refiere el menos a dos agentes, realiza y recibe la acción mutuamente:
  *Juan pega a María/María pega a Juan = Juan y María **se** pegan.*
  Puede funcionar con complemento directo: *Juan y Alberto **se** golpean*, y como complemento indirecto: *Juan y Alberto **se** dan golpes.*

- *Se morfema verbal*: Es el pronombre que acompaña a muchos verbos que exigen en su conjugación una forma pronominal. Son los llamados verbos pronominales: *arrepentirse, alegrarse, hallarse*, etcétera.
  La forma pronominal está asociada forzosamente al verbo, y pierde propiamente su valor pronominal y funcional, aunque siga conservando el valor de indicador de la persona gramatical a la que pertenece la forma verbal

conjugada: *yo me arrepiento, tu te arrepientes, él se arrepiente.*

El *se* morfema verbal no tiene función sintáctica y es un indicador o morfema de significado y valor verbal:

Juan se aleja (verbo alejarse).
Ellos se encuentran casados (verbo encontrarse).

- *Se morfema de pasiva refleja*: La pasiva refleja es una forma muy utilizada en nuestra lengua. Se construye con la forma pronominal *se*, que se ha gramaticalizado y ha perdido su valor y función pronominal, y actúa como mero indicador de una estructura activa con significado pasivo: como indicador de pasiva refleja: *se alquilan habitaciones; se hacen fotocopias.*

- *Se morfema de impersonal refleja*: Las oraciones impersonales reflejas son estructuras secundarias derivadas de la pasiva refleja, como ya hemos estudiado.

  El *se* funciona como mero morfema o indicar de estas estructuras impersonales: *se les aviso de eso; se dice eso por ahí.*

- *Se ético o de interés*: Es *se* ético o de interés adquiere en el uso lingüístico valores que están muy próximos a algunos de los anotados con anterioridad: reflexivo, pronombre personal complemento indirecto, pronombre verbal.

  El pronombre ético carece de función sintáctica, y se utiliza en expresiones que indican que el sujeto realiza la acción para su propio provecho o interés (de aquí su nombre):

  Juan se pasea todos los días.
  La niña se comió la tarta.
  Los alumnos se temen lo peor.
  Los estudiantes se aprenden la lección.

En algunas frases, este valor expresivo aparece atenuado, y puede confundirse con otros usos. Así, por ejemplo:

*Juan **se** va a Madrid* (ético/morfema verbal).

*Juan **se** ha comprado un libro* (ético/en función de complemento indirecto).

*Juan **se** tira* (ético/reflexivo)...

5
NIVEL SEMÁNTICO

5.1. NIVEL SEMÁNTICO

En el nivel semántico se estudia el significado de los signos lingüísticos que forman el código de nuestra lengua.

En el nivel morfológico hemos estudiado la forma externa de las palabra, y, también, el significado: género, número, tiempo, modo, etcétera de los signos gramaticales. Ahora, estudiamos el significado de las palabras como signos léxicos, aunque el significado léxico y el significado gramatical no sean parcelas diferenciadas del signo lingüístico, sino, más bien, componentes asociados de la palabra. Así, por ejemplo, la alternancia de los significados *ira/enfermedad* está relacionada con la forma gramatical de género que presenta la palabra *la cólera/el cólera*.

Además, el significado de los signos está relacionado con la función sintáctica que los signos lingüísticos adquieren en el enunciado oracional. El significado de la oración *conozco la censura de la crítica*, puede significar tanto «la censura que hace la crítica» como «la crítica que se hace de la censura»; lo mismo ocurre en *el emigrante fue honrado en sus últimos años*, donde el significado depende de la función que desempeñe honrado: adjetivo o participio.

Del estudio del significado de los signos se encarga la *Semántica*, que como ciencia lingüística, está muy próxima a la *Lexicología* (ciencia lingüística que estudia el origen y formación de las palabras). Por ello, es frecuente encontrar entre los gramáticos estudios conjuntos de las palabras como unidades lexicosemánticas.

Por otra parte, en sentido amplio, la Semántica es la ciencia de la significación y comprende toda la Lingüística. Las lenguas son el vehículo de transmisión en los actos de comunicación humana, y los signos que utilizamos en esa comunicación exigen una forma de expresión y una interrelación de todas las unidades de lengua que aparezcan.

Así, el análisis semántico debe atender no sólo el significado de los signos, sino también las interrelaciones que el signo léxico guarda con las demás unidades lingüísticas que presentan los signos que forman la lengua.

Con todo, en nuestro estudio sólo podemos anotar unas nociones elementales de Semántica; pero somos conscientes de que el análisis del significado exige una mayor dedicación, que los estudiosos encontrarán en los ya numerosos trabajos dedicados al análisis semántico, si desean ampliar las nociones elementales y básicas que aparecen anotadas aquí.

5.2. EL SIGNIFICADO

El mundo del significado es el más complejo del universo de la lengua.

El término *significado* es uno de los términos más ambiguos y controvertidos en los estudios lingüísticos, y su definición constituye el problema central de todos los trabajos de Semántica.

El valor significativo de los signos léxicos es múltiple y cambiante, porque su descodificación no es más que una actividad cultural humana, que es, asimismo, multiforme, y está en evolución continua.

Ya hemos estudiado que los signos son unidades biplanas formadas por significante y significado.

Las unidades que forman el significante constituyen un sistema limitado y cerrado, pero las unidades de la significación forman un sistema mucho más complejo y de difícil sistematización.

Para confirmarlo nos servimos de algunos ejemplos: para Moisés en las orillas del mar Rojo, el significante *paso* significa «salvación» (contra esclavitud), pero cuando ha de pasar el ejército del faraón, para el propio Moisés *paso* significa «esclavitud» (contra salvación).

También, por ejemplo, *el color blanco* significa «pureza» en la cultura occidental, pero en otros mundos culturales lo asocian al significado de «muerte» y «tristeza». Asimismo, la palabra «democracia» debe significar para todos «poder del pueblo», pero el sentido de esta palabra debe de ser diferente para muchos, si nos fijamos en el uso que hacen de ella los distintos pueblos y regímenes políticos.

Con todo, el significado de los signos de una lengua responde a razones de estructuras e interrelaciones que configuran el sistema semántico de la propia lengua.

El código lingüístico determina la interpretación o interpretaciones posibles que la convención y la práctica lingüística asignan a cada una de las unidades léxicas.

5.3. LA DENOTACIÓN Y LA CONNOTACIÓN

Se entiende por *denotación* el significado de un signo cuando se corresponde con las referencias con las que el código lo hace corresponder: *perla* = «concreción nacarada que se forma en la madreperla».

La connotación, en cambio, hace referencia a los significados añadidos que los signos pueden adquirir en el uso lingüístico: *perla* = «diente; persona muy valiosa», etcétera.

Podríamos decir, de forma elemental, que la *denotación* se corresponde con el significado propio de las palabras, y la *connotación,* sería el valor semántico suplementario, el valor añadido al signo en función de las relaciones que éste mantiene con sus usuarios y los contextos sociales de su empleo.

Así, la denotación se corresponde con los valores significativos codificados y objetivos de los signos lingüísticos, y la connotación, con los valores contextuales, subjetivos o afectivos.

Por ejemplo, el significado denotativo de la palabra *paro* es el que queda recogido en los diccionarios: «situación de una persona que se encuentra sin posibilidad de trabajo para su sustento», y el significado connotativo, será el que adquiere en el uso lingüístico, según sea la situación económica, social y familiar de las personas que lo usan: «tiempo de descanso»; «ruina económica», etcétera.

5.4.   MONOSEMIA Y PLURISEMIA

En el uso lingüístico, los signos adquieren un valor determinado (el valor que interpretan los hablantes), y su significado no responde sólo a las relaciones que los signos mantienen con otros signos del código al que pertenecen, sino también, al valor contextual, o a la situación comunicativa en que aparecen.

Sin embargo, en un análisis teórico, podemos distinguir dos tipos de signos como unidades lingüísticas: los que presentan una relación monosémica entre el significante y significado que los forman, y los que presentan una relación plurisémica.

Los *signos monosémicos* son los que presentan una relación unívoca entre significante y significado: a un significante corresponde un solo significado. Son la mayoría de los que componen el código lingüístico: *silla*: silla/*tiza*: tiza.

Los *signos plurisémicos* son los que presentan una relación plural entre significante y significado. Así, el significante *hoja* puede tener varios significados: «hoja vegetal», «hoja de afeitar», «hoja de cuaderno», etc.; en cambio, el significado *burro* puede expresarse con distintos significantes: *burro, asno, pollino*...

Los signos plurisémicos, según las relaciones que presentan, pueden ser *polisémicos, homónimos* y *sinónimos*.

5.4.1.   LA SINONIMIA

En el uso lingüístico, uno de los hechos de lenguaje que con mayor fuerza se da en la intención de los hablantes, es la sustitución de unas palabras por otras equivalentes. Este fenómeno que conocemos como *sinonimia*: signos con distinto significante e igual significado, es tan general que se presenta y se ha presentado en todas sus modalidades, variedades y niveles.

Constantemente aparecen términos en alternancia: *cohecho-soborno, colindante-limítrofe, edil-concejal, calendario-almanaque, amígdala-anginas*, etcétera.

En las gramáticas, desde antiguo, se han vertido mares de tinta en los estudios teóricos sobre la sinonimia, y en ejemplos prácticos de palabras sinónimas.

Las teorías lingüísticas van desde la afirmación rotunda de la sinonimia, hasta la negación más categórica. Estas diversidades teóricas se justifican, en cada caso, por el concepto de sinonimia del que parten los autores. Para algunos lingüistas, *los sinónimos* son palabras cuyos contenidos semánticos son absolutamente idénticos; y es por ello por lo que afirman que los sinónimos no existen, que no hay palabras de significados absolutamente idénticos, como ocurriría, por ejemplo, entre *miedo/temor, anciano/viejo*...

Otros, en cambio, consideran que *los sinónimos* son palabras de significados muy próximos y, generalmente, intercambiables en el uso lingüístico: *juramento médico/juramento hipocrático*; *cólico renal/nefrítico*; *herida de cuerno de toro/de asta de toro*, etcétera.

Con todo, aunque la precisión de la identidad de significados entre dos signos sinónimos es difícil de fijar en la teoría lingüística, creemos que en la conciencia de los hablantes sí existen numerosos casos de sínonimia, de signos sinónimos con significados más o menos idénticos, que pueden alternar en un mismo hecho de comunicación: *diario/cotidiano, cura/sacerdote, jumento/burro, asno/pollino, padre/papá, marido/esposo, monje/fraile, ileso/indemne, impoluto/inmaculado, fisco/erario*, etcétera.

5.4.2. LA POLISEMIA

Si la sinonimia es un fenómeno lingüístico que permite al emisor utilizar uno u otro signo como equivalentes en un acto de comunicación, la polisemia es un recurso lingüístico que debe ser interpretado y resuelto por el receptor.

Los *signos polisémicos* son los que presentan la misma forma externa y distinto significado: un solo significante y varios significados: *gato* (animal, mecánico), *prima* (pariente, paga), *mora* (persona, fruto)...

La polisemia ha sido considerada por los gramáticos, bien como un defecto, bien como una virtud de las lenguas naturales.

Los que la consideran como un defecto de las lenguas, comentan que es un fenómeno que produce imprecisión o ambigüedad comunicativa; y los que la consideran como un recurso lingüístico positivo, comentan que no es más que la aplicación del principio de economía lingüística (hay que aprender menor número de significantes para expresar significados) y que, además, es un recurso técnico que permite establecer relaciones asociativas y deslizamientos semánticos de todo tipo, con lo que se consigue valores expresivos y de estilo, importantes en la poesía, propaganda y escritos humorísticos.

Nosotros creemos que la polisemia no es más que una de las propiedades de las lenguas, como lo son, por ejemplo, la doble articulación o la arbitrariedad del signo lingüístico.

Además, la polisemia no produce ambigüedad o confusión; en el uso lingüístico, la imprecisión no existe: *hoja* es un valor tan preciso en un contexto determinado como lo pueda ser *hipotenusa* en un texto matemático.

Las palabras aisladas (*gato, hoja, pluma…*) podrán tener uno o varios significados, pero en el uso lingüístico sólo adquieren un valor preciso; el contexto determina la fijación del significado en la situación lingüística:

Los árboles tienen hojas
He roto la hoja de mi cuaderno.

El funcionamiento de un signo como polisémico depende de la intención de los sujetos hablantes; es decir, que sólo hay polisemia a condición de que los hablantes quieran que la haya, o se sirvan de ella como recurso expresivo o lúdico. Así ocurre en los ejemplos de carácter humorístico que citamos:

a) — *Mamá, las lentejas se están pegando.*
    — *Déjalas que se maten, hija.*

b) — *¿Por qué corren tanto esos ciclistas?, pregunta un borracho.*
    — *Por ganar una copa, le contestan.*
    — *¡Jo! Yo por menos de una botella ni me muevo, dice él.*

5.4.3. LA HOMONIMIA

La homonimia es una variedad de la polisemia. Como concepto, coincide con la polisemia en cuanto que hace referencia a una serie de palabras que presentan igualdad entre los significantes y que poseen distintos significados.

Polisemia y homonimia sólo se diferencian en la práctica lingüística:

— Las palabras polisémicas pertenecen a la misma categoría gramatical y son homógrafas (tienen igual escritura): *gato* «animal»/*gato*, «mecánico».

— Las palabras homónimas pertenecen a categorías gramaticales diferentes: *vino* (sustantivo)/*vino* (verbo), o presentan distinta ortografía, aunque tengan la misma pronunciación: *vaca/baca*.

Así, podemos distinguir dos tipos de palabras homónimas:

— Homónimos que tienen igual ortografía y pronunciación, y que pertenecen a categorías gramaticales diferentes: *canto* (verbo) /*canto* (sustantivo); *honda* (sustantivo) /*honda* (adjetivo)

— Homónimos que tienen igual pronunciación, pero distinta ortografía: *honda/onda*; *ola/hola*; *vaca/baca*.

A continuación anotamos algunas palabras homónimas de uso frecuente:

HABLANDO: de hablar
ABLANDO: de ablandar

ACERBO: cruel, áspero
ACERVO: montón de cosas

BACA: portaequipajes
VACA: hembra del toro

BAQUETA: varilla
VAQUETA: cuero

BACILO: microbio
VACILO: de vacilar

BARÓN: título noble
VARÓN: hombre

BASCA: mareo, ansia
VASCA: del País Vasco

BATE: de batir
VATE: poeta

BELLO: que posee belleza
VELLO: pelo corto

BOTAR: dar botes
VOTAR: emitir el voto

GRABA: de grabar	*HAYA:* de haber/árbol
GRAVA: piedra menuda	*AYA:* criada
HAS: de haber	*HASTA:* preposición
AS: carta/campeón	*ASTA:* cuerno/palo de bandera
HATAJO: conjunto, rebaño	*HECHO:* de hacer
ATAJO: camino corto	*ECHO:* de echar
HERRAR: poner herraduras	*HOJEAR:* pasar hojas
ERRAR: equivocarse	*OJEAR:* acosar la caza/mirar con descuido
HONDA: arma/profunda	*HORA:* medida de tiempo
ONDA: ondulación	*ORA:* de orar
HUSO: herramienta de hilar	*JIRA:* pedazo de tela
USO: de usar, costumbre	*GIRA:* de girar
SABIA: que sabe	*TUBO:* cilindro hueco
SAVIA: «sangre vegetal»	*TUVO:* de tener

5.5. ASOCIACIONES SEMÁNTICAS: LOS CAMPOS SEMÁNTICOS

Ya hemos comentado que los signos no tienen valor por sí solos, sino que lo adquieren porque se relacionan (sintagmática y paradigmáticamente) con los demás signos de la lengua.

Asimismo, el valor semántico de una palabra no se hace comprensible partiendo del significado de la palabra individual, sino que el contenido significativo depende del conjunto de palabras emparentadas semánticamente: *aprobado* adquiere valor significativo junto a la palabra *suspenso*; *bajo*, junto a la palabra *alto*, etc. (si no existiera el suspenso o la posibilidad de suspender, no tendría valor el aprobado o la posibilidad de aprobar; si todos fuésemos iguales de estatura, no habría altos ni bajos).

Además, observamos que las palabras de una lengua poseen una organización estructural; no son montones de palabras sueltas, sino que guardan relación con otras palabras con las que forman unidades de contenido. Por ejemplo, las palabras *pino, abedul, fresno, tejo, acacia*, etc., se relacionan porque significan tipos de árboles.

Con todo, no es fácil demostrar que todas las palabras que forman el vocabulario de una lengua están estructuradas según principios sistemáticos de significación; los signos léxicos forman un sistema abierto: se crean palabras nuevas, y otras, acaban desapareciendo.

No pretendemos ahora, tampoco, estudiar la formación de los sistemas y subsistemas que integran los signos léxicos; pero sí queremos anotar que las palabras aparecen agrupadas en conjuntos significativos, en conjuntos nocionales, dentro de los cuales adquieren valor significativo.

Los conjuntos significativos que forman los signos léxicos se denominan *campos semánticos*. De esta forma, las palabras *padre, madre, abuelo, abuela, hermano, hermana, tío, tía, primo, prima...*, forman, por ejemplo, «el campo semántico del parentesco»; *oveja, cabra, vaca, caballo...* forman «el campo semántico del ganado»; *silla, sillón, taburete, sofá, tresillo...*, forman «el campo semántico del asiento».

5.6. HIPONIMIA, HIPERONIMIA, COHIPONIMIA. LA ANTONIMIA

Además de establecer agrupaciones de palabras en conjuntos de contenido o campos semánticos, podemos considerar otras relaciones significativas entre los contenidos de los signos léxicos.

Así, si analizamos el significado de los signos *árbol, olmo, ciprés*, podemos observar que presentan relaciones jerárquicas entre sí: la palabra árbol es un hiperónimo, ya que en ella están comprendidas, significativamente, las palabras *olmo* y *ciprés,* que, a su vez, son hipónimos de *árbol,* porque su significado está incluido en el significado *árbol.*

Asimismo, entre *olmo* y *ciprés* se establece una relación de *cohiponimia*: son signos cohipónimos en cuanto que son clases diferentes de una misma categoría significativa.

En un esquema elemental, estas relaciones se pueden determinar así:

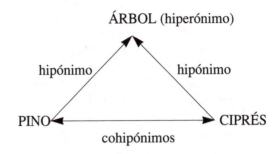

ÁRBOL (hiperónimo)

hipónimo   hipónimo

PINO   CIPRÉS

cohipónimos

Otro tipo de relación semántica que podemos establecer entre los significados de los signos léxicos de un campo significativo es la *antonimia*, o las relaciones de oposición: *nacer/morir; encendido/apagado; comprar/vender.*

5.6.1. CLASES DE ANTONIMIA

La clasificación de las oposiciones significativas no puede establecerse siempre de forma precisa. El mundo de la significación es muy complejo, y las relaciones que presentan las unidades de lengua no siempre se corresponden con las relaciones que mantienen los hechos de la realidad a los que los signos hacen referencia. Así, en la oposición binaria entre *masculino* y *femenino*, el término marcado en la lengua es el femenino, pero puede no ser el término marcado en la realidad o en la cultura de la sociedad que lo interpreta.

Además, si atendemos a las oposiciones en que intervienen los signos, debemos tener en cuenta que las oposiciones que se establecen, pueden ser distintas según los valores de ese signo, o los rasgos distintivos que presente en los paradigmas a los que pueda pertenecer. Así ocurre, por ejemplo, con la palabra *seco*:

humedad	vinos	vegetales	cabello	carácter
seco	*seco*	*seco*	*seco*	*seco*
húmedo	*dulce*	*verde*	*graso*	*agradable*
mojado	*quinado*			

Por otra parte, las relaciones de oposición significativa pueden presentar diferencias de matiz y grado. Así, comprobamos que la relación de contrariedad entre los dos pares de signos que siguen, es diferente: *encendido/apagado; blanco/negro; comprar/vender.* (Si una bombilla no está encendida, ha de estar apagada; pero si un balón no es blanco, no ha de ser necesariamente negro; asimismo, lo contrario de comprar no es vender, sino que, propiamente sería no comprar.)

Por ello, y siguiendo la terminología que es ya tradicional en los estudios semánticos, distinguimos tres tipos de antónimos o contrarios: *complementarios, antónimos propios* y *recíprocos.*

— *Complementarios:* Son los signos que se refieren a una noción conceptual referida a una realidad «dividida en dos partes», de tal forma que si no se da una, ha de darse necesariamente la otra: *encendido-apagado, lícito-ilítico, unido- desunido, masculino-femenino, singular-plural, soltero-casado...*

— *Antónimos propios:* Son los signos que se refieren a una realidad «dividida en más de dos partes», de tal forma que la ausencia de uno, no exige la presencia del otro, sino que la relación que media entre los signos antónimos admite graduación: *alto-bajo, grande-pequeño, largo-corto, joven-viejo, abúlico-voluntarioso...*

— *Recíprocos:* Son los signos que presentan una relación de implicación; para que se de uno, tiene que darse obligatoriamente el otro: *padre-hijo, profesor-alumno, marido-mujer, abuelo-nieto, recibir-entregar, vencedor-vencido...*

5.7. EL CAMBIO SEMÁNTICO

A lo largo de la historia de la lengua algunas palabras de su vocabulario han sufrido cambios de significación, e, incluso, otras han llegado a desaparecer.

Estas transformaciones en la estructura léxico-significativa de las lenguas se producen fundamentalmente por dos causas: por cambios de forma de las palabras y por cambios de sentido o acepciones significativas.

a)   Los cambios de formas que han influido en las transformaciones léxico-significativas de las palabras se han debido principalmente a:

*   *Cambios por transformación fonética del significante de las palabras, que, incluso, han llegado a desaparecer.*
    Así, la palabra latina *apis* (abeja) dio *abe* en castellano, por lo que se confundía con *ave*, del latín *avis*. Para evitar esta confusión, la palabra *apis* desapareció y fue sustituida por *apicula* (forma de diminutivo originariamente), de donde procede *abeja*.
    Otro ejemplo de confusión nos lo ofrece la palabra *oleum* que dio *ojo*, y que al coincidir con ojo, del latín *oculum*, fue sustituida por la forma árabe *aceite*.
    También la lengua actual nos ofrece otros muchos casos de confusión fonética del significante; es lo que ocurre, por ejemplo, en las zonas de ceceo, donde se producen confusiones del tipo: *coser/cocer*, por lo que una de las formas deja de utilizarse y es sustituida por otra: *coser/cocinar*.

*   *Cambios por el uso de formas analógicas.*
    Muchas palabras adoptan formas que no les corresponden, por contagio de la forma de otras palabras de la lengua.
    Por este motivo, la palabra latina *vestis,* que debió haber dado en castellano *vieste*, dio *vistes* por analogía con las otras formas castellanas de vestir: visto, viste, etcétera.
    Encontramos ejemplos de tendencias fonéticas evolutivas analógicas en otros muchos casos, sobre todo, en palabras que pertenecen a paradigmas numerosos; así, en los días de la semana: *lunes (diem Lunae)* y *miércoles (diem Mercurii)*, que adoptan la *-s* por semejanza con otros días de la semana: *martes, jueves, viernes.*
    Son también frecuentes los ejemplos de formas populares no normativas que deben su origen al contagio de otras formas: *fuistes* (por fuiste), *compremos* (por compramos), *andó* (por anduvo), *haiga* (por haya)...

Un fenómeno lingüístico parecido a la analogía se da en la llamada *etimología popular*, que se refiere a derivaciones especiales de las palabras que hace el pueblo por asociaciones particulares.

Así, *cerrojo* debió dar *ferrojo* (*verruculum* = *berrojo* = *ferrojo*), pero adquirió esta forma por el hecho de que significaba instrumento para cerrar; *vagabundum* dio *vagabundo*, pero, popularmente, *vagamundo*, por su significado; *ante ostianu* dio *antozano*, pero, por su significado de sitio alto, pasó a ser *altozano*. Asimismo, el asalariado medieval era un «*apanigado*» (de panificare), pero por la asociación con el alimento básico del criado: pan y agua, pasó a ser *apaniagua-do/paniaguado*.

Los ejemplos de etimología popular son frecuentes en las palabras de la lengua, y no es menos frecuente, además, otro fenómeno lingüístico parecido: el *de la hipercorrección* (correcciones innecesarias y equivocadas que hace el pueblo) del que tenemos muchos ejemplos no normativos en la lengua descuidada y vulgar. Así, **bacalado*, **Estanislado*, **Bilbado*, **cacado*, etc., por las formas correctas *bacalao, Estanislao, Bilbao, cacao*...

b)   Los cambios de sentido, que son los más importantes en las transformaciones léxico-significativas, están motivados fundamentalmente por:

- *Eufemismo*: Ciertas palabras han pasado a sustituir el significado de otras formas, prohibidas por los prejuicios sociales de los hablantes, o porque se consideran tabúes: *invidente* (por ciego), *disminuido* (por subnormal), *fenecer*, *pasar a mejor vida* o *no estar ya con nosotros* (por morir), etcétera.

  A este tipo pertenecen, también, las sustituciones utilizadas para nombrar ciertas partes del cuerpo humano, y necesidades fisiológicas: *partes nobles, la cosita mala, pompi, dar a luz, heces, pipí*..., y las utilizadas en las expresiones populares fuertes o tacos: *córcholis, mecachis, coñe, ondia, jobar*...

- *Generalización*: Una palabra con sentido especializado y restringido pasa a la lengua común y general con un significado más amplio. Así, *arribar* (llegar el barco a la orilla) pasa a significar *llegar* en sus distintas acepciones. Lo mismo ha ocurrido con el significado de otras palabras, que se ha generalizado: *oxigenar, oda, escaquear...*

- *Especialización*: Es el fenómeno contrario; una palabra de la lengua común pasa a tener un valor significativo restringido en un léxico especializado. Por ejemplo, el significado de *poner*, ha adquirido valores significativos en: avicultura (poner huevos), medicina (poner una inyección), etcétera.

  Son muchas las formas léxicas que han adquirido usos y valores restringidos: *pinchar* (pinchadiscos), *camello, caballo, raya...*

- *Ennoblecimiento:* Palabras con significado de poca o baja consideración social han pasado a tener una significación positiva o de privilegio. Así, *condestable* era en principio el caballerizo mayor; pero esta condición social fue adquiriendo mayor consideración hasta convertirse en un título codiciado.

  Asimismo, otras muchas palabras han perdido su significado peyorativo y han pasado a tener una valoración positiva: *huelga, carcelero, enterrador, recaudador...*

- *Envilecimiento*: Es el fenómeno contrario; palabras de significado normal o positivo han pasado a tener una significación negativa. Ello ha ocurrido, en muchos ambientes sociales, con los términos nobiliarios: *conde, duque...*, y con otras muchas formas léxicas: *bárbaro* (originariamente extranjero), *fascista, tirano...*

  Especial atención nos merece la palabra *madre*, que en parte de Hispanoamérica ha sido sustituida en su significado positivo por *mamá*.

- *Transformación de la realidad a la que se referían las palabras*:

  O bien han cambiado las cosas, o bien, el conocimiento de las cosas por parte de los hablantes. Así, *átomo* significa «sin parte», pero el átomo, por el enriquecimiento de conocimientos y por el avance científico, ha dejado de ser indivisible. Lo mismo ha ocurrido con otras muchas palabras: *coche, pluma, banco...*, que, hoy en día, se refieren a realidades muy distintas a las que en un principio hacían referencia.

• *Utilización figurada del significado de las palabras*: Este fenómeno es muy utilizado en el uso lingüístico y, especialmente, en la lengua literaria, donde este tipo de recursos se convierte en una característica propia de la creación poética y literaria.

La Retórica Clásica analiza y distingue más de cien clases de licencias o *figuras poéticas o tropos* (figuras en las que se hace tomar a una palabra un sentido que no es, precisamente, la significación propia de dicha palabra), pero en nuestro trabajo anotamos sólo, y de forma elemental, algunas de las figuras más utilizadas: *personificación, sinestesia, oxímoron, metáfora, sinécdoque y metonimia.*

— *Personificación*: Consiste en atribuir cualidades humanas a seres inanimados: *la llave abre la puerta; tiene tantas faltas de ortografía que hasta las mesas lloran; las piedras de las catedrales se reían de mí...*

— *Sinestesia:* Es la figura retórica que consiste en emitir apreciaciones o juicios en los que asociamos sensaciones de dos sentidos corporales distintos: *voz clara, color chillón, mirada dulce...*

— *Oxímoron*: Consiste en expresar juicios aparentemente exagerados o ilógicos, en los que empleamos palabras de significados enfrentados o contrarios: *música callada, soledad sonora, polvo pesado...*

— *Metáfora*: Es la figura en la que se da la comparación de un ser real (a) con un ser imaginario (b): *mariposa en cenizas desatada* (b) [leño ardiendo (a)].

Podemos distinguir dos tipos de metáforas: *pura* e *impura.*

La *metáfora pura* se da cuando en el discurso expresado sólo aparece el término imaginario (b): *La luna de pergamino/Preciosa tocando viene* (a: pandereta); *las perlas de tu boca* (a: dientes).

La *metáfora impura* se da cuando aparecen el término real y el término imaginario: *dientes como perlas, ojos como azabaches.*

— *Sinécdoque*: Es la figura que consiste en nombrar al todo con el nombre de una parte, o a una parte con el nombre del todo: *en la plaza había veinte almas* (parte por el todo); *en la plaza había veinte mortales* (todo por la parte).

— *Metonimia:* Es la figura en la que se nombra a la parte de un todo con el nombre de otra parte: *tomamos unas copas en el bar* (tomamos vinos), en *el Museo del Prado vimos un Velázquez* (un cuadro de Velázquez).

6
NIVEL LÉXICO

6.1. NIVEL LÉXICO

En el nivel léxico de la lengua estudiamos el origen y la formación de las palabras que forman su vocabulario.

Es cierto que ya anteriormente nos hemos servido de la palabra, como unidad lingüística, para el estudio fonológico (unidades de expresión), morfológico (forma y significación gramatical), sintáctico (relaciones) y semántico (significado), y que seguimos utilizando las palabras como unidades de estudio léxico. Pero, con todo, no nos preocupa en exceso el hecho de que en nuestro trabajo seamos reiterativos, ya que los estudios gramaticales están, al fin y a la postre, para facilitar a los hablantes la comprensión y el dominio de su lengua, y, si se ajustan a este propósito, casi todos los métodos pedagógicos son válidos.

Con ello queremos expresar que no siempre es fácil deslindar el campo de estudio de las ciencias auxiliares de la Lingüística: Fonología, Morfología, Sintaxis, Semántica y Lexicología.

En los capítulos anteriores ya hemos hecho referencia a la interrelación de las unidades lingüísticas. Por ello, en el nivel léxico, al estudiar el origen y la formación de las palabras de la lengua, utilizaremos aspectos fonológicos, morfológicos, semánticos y sintácticos que ya han aparecido con anterioridad, y que nos servirán, por ejemplo, para delimitar y fijar los distintos tipos de composición o derivación como recursos léxicos, aunque respondan también a valores morfosintácticos y semánticos.

Por otra parte, en muchas gramáticas se reduce el estudio semántico y léxico a un solo nivel lingüístico: el nivel léxico-semántico.

6.2.   LA PALABRA: DEFINICIÓN

El término *palabra* es una expresión que todos los hablantes utilizamos y conocemos, y que ofrece, sin embargo, dificultades teóricas cuando se trata de definirla.

Aunque las definiciones de la palabra han sido objeto de gran cantidad de estudios lingüísticos, y la mayor parte de los manuales de gramática hacen referencia a las distintas interpretaciones ofrecidas, nosotros expresamos la determinación más elemental, que nace de la experiencia habitual, o del uso de la lengua: *palabra* es «cada una de las unidades naturales en que se divide una expresión oral o escrita, que coincide con el concepto de signo lingüístico, y que en un análisis lingüístico es susceptible de divisiones más pequeñas: en monemas y fonemas».

La palabra es una unidad de lengua y como tal la utilizan y la consideran los hablantes:

— Es una unidad de contenido. La mayor o menor extensión de un texto la medimos por el número de palabras que lo forman.

— Es una unidad de significado con sentido independiente más o menos preciso: *casa*, *chupete*, *calcetín*.

— Es una unidad prosódica. En la oración *María está cansada*, lo que define a *María*, *está* y *cansada* como palabras, es la posibilidad de hacer una pausa antes o después de cada una de ellas; lo que no se puede hacer entre *es* y *tá*., por ejemplo, que no se consideran palabras.

— Es una unidad gráfica. En una secuencia escrita, las palabras aparecen separadas: *María está cansada*.

6.3.   CLASES DE PALABRAS

Los criterios de clasificación que aplicamos en la determinación de los distintos tipos de palabras no se corresponden siempre con lo que exige un estudio léxico, sino que muchos apartados responden, más bien, a criterios fonológicos, semánticos, morfológicos o sintácticos, como ya hemos indicado anteriormente.

Pero, con todo, creemos que esta clasificación agrupada puede favorecer el mejor conocimiento práctico de estas unidades lingüísticas.

6.3.1. CLASIFICACIÓN DE LA PALABRA POR EL EMPLEO GRAMATICAL: PARTES DE LA ORACIÓN

La gramática tradicional utiliza la denominación de *partes de la oración* para diferenciar los distintos tipos de palabras que pueden formar un enunciado oracional. Así, en la oración *Juan sube por la escalera*, se distinguen cuatro tipos de palabras: nombre, verbo, preposición, artículo y nombre.

Esta denominación ya tradicional de *partes de la oración,* puede ser más o menos afortunada. A lo largo de la historia de la gramática se han dado otras denominaciones: *partes del discurso, categorías lingüísticas, categorías funcionales, categorías gramaticales*, etc., con el propósito de lograr una mayor precisión terminológica, que, por otra parte, no siempre se ha logrado.

Sabemos que la denominación «partes de la oración» no es muy precisa, y así, por ejemplo, son, también, partes de la oración el sujeto y el predicado, que pueden estar formados por una o varias palabras; pero todo el que estudia gramática sabe que con esta denominación tradicional nos referimos al sustantivo, adjetivo, verbo, etcétera.

Por ello, siguiendo este criterio, y porque sabemos que a lo largo de la historia de la gramática tampoco ha habido uniformidad en el número de partes oracionales, ni en su contenido ni interpretación, seguimos, al menos en parte, la clasificación tradicional: Las partes de la oración son:

— *Nombre o sustantivo:* designa objetos: *amor, hijos.*
— *Adjetivo:* indica cualidades: *bueno, dulce.*
— *Artículo:* determina al sustantivo: *el, un.*

— *Pronombre:* sustituye al nombre: *él, nosotros.*

— *Verbo:* expresa acciones: *amar, leer.*

— *Adverbio:* indica circunstancias: *mucho, cerca.*

— *Conjunción:* une oraciones: *Pili baila y Antonio juega al fútbol.*

— *Preposición:* une palabras: *libro de lengua; pan con queso.*

— *Interjección:* expresa emociones o sentimientos: *¡Ay!, ¡Eh!*

El estudio por separado de cada una de las clases de palabras aparece en el capítulo del estudio morfológico, donde hemos seguido sólo parcialmente esta clasificación tradicional, ya que hemos suprimido la interjección, que no es una palabra, sino la expresión abreviada de una oración exclamativa más amplia, y hemos separado del adjetivo los tradicionales adjetivos determinativos (que no son tales adjetivos), que han quedado incluidos en el apartado del determinante, en el que queda también englobado el artículo.

6.3.2. CLASIFICACIÓN DE LA PALABRA POR SU FORMACIÓN: SIMPLES, COMPUESTAS, DERIVADAS, PARASINTÉTICAS Y ACRÓNIMOS.

Aunque la estructura que presentan las palabras de la lengua es muy compleja, mantenemos para su estudio la clasificación que es ya tradicional en los estudios de gramática:

a) *Palabras simples*: Están formadas por un solo lexema y expresan un solo significado léxico: *cas-a, libr-os, mes-a, tiz-as...*

b) *Palabras compuestas*: Están formadas por la unión de dos o más palabras simples: *cortacésped, tragaluz, aguardiente...*

La composición es, como la derivación, un procedimiento léxico de creación de nuevas palabras a partir de formas simples, muy utilizado en las lenguas, pero que presenta diversos problemas de forma y determinación.

Por ello, no siempre es fácil establecer los límites entre composición y derivación, porque los criterios de análisis son frecuentemente de carácter estilístico o de motivación o graduación significativa; por ejemplo, mientras que la palabra *sacacorchos* se considera forma compuesta, la palabra *televisión* es considerada como compuesta o derivada, según se considere o no la autonomía significativa de los elementos (tele-visión) que la forman.

En los manuales de gramática se suelen interpretar como derivadas las palabras que están formadas por partes que no se utilizan como independientes en el uso lingüístico, aunque tengan un significado léxico complejo: *biblioteca, biólogo, gastralgia, cefalalgia...*; y como compuestas, las que están formadas por partes que funcionan como independientes: *bocamanga, coliflor, carricoche...*

Además, el recurso de la composición presenta otros problemas de interpretación, que se manifiestan en las vacilaciones que aparecen en el uso de la lengua. Así, los hablantes conocen, por ejemplo, que el término *teoricopráctico* tiene un significado léxico complejo; pero en el uso de esta forma encontramos diferencias de expresión:

> *Es un ejemplo teórico y práctico*
> *Es un ejemplo teórico-práctico*
> *Es un ejemplo teoricopráctico.*

Estas vacilaciones en la expresión, se deben al concepto y grado de composición que se da en la conciencia de los hablantes. Otras veces, encontramos vacilaciones del tipo *guardiaciviles/guardiasciviles*, con plural en uno o en los dos elementos de la palabra, según los hablantes la consideren como unidad léxica o como compuesto de dos unidades unidas gráficamente; asimismo, es frecuente encontrar la alternancia de la expresión *guardias civiles,* junto a las formas anteriormente anotadas.

Por ello, y aunque sea un criterio elemental, podemos establecer dos tipos de composición:

a) *Composición perfecta*: La que se da en las palabras que presentan unidad significativa (ideológica), gráfica y prosódica: *pelirrojo, nochebuena, aguardiente, guardiacivil, marcapasos...*

b) *Composición imperfecta*: La que se da en las palabras que presentan unidad significativa (ideológica) y prosódica, pero que no presentan unidad gráfica, los elementos que la forman aparecen separados: *María José, guardia civil, hombre rana, mesa camilla, teórico-práctico.*

Por otra parte, las palabras compuestas presentan varias posibilidades combinatorias según la categoría gramatical de los elementos que la formen:

— Nombre + nombre: *bocamanga.*
— Nombre + adjetivo: *aguardiente.*
— Nombre + verbo: *maniatar.*
— Nombre + pronombre: *padrenuestro.*
— Verbo + nombre: *cortaplumas.*
— Adjetivo + nombre: *buenaventura.*
— Adjetivo + adjetivo: *agridulce.*
— ..., etcétera.

c) *Palabras derivadas*: Son aquellas que se forman a partir de una simple y un formante derivativo o afijo: *amor = desamor, hierro = herrero, fruta = frutal...*

La derivación es así un proceso lingüístico de creación léxica.

Las lenguas van formando muchas palabras sobre la base de las palabras que ya tienen, palabras primitivas; así, de *caballo*, tenemos *caballar, caballero, caballudo...*; y son muchas las palabras derivadas que forman parte del vocabulario lingüístico. Por ello, la forma y significación que adquieren las palabras derivadas es muy diversa, y de difícil sistematización.

Según el lugar que ocupa el afijo o formante derivativo, podemos distinguir tres tipos de palabras derivadas:

— Las que están formadas por *prefijos*: formantes colocados delante del lexema de la palabra primitiva: ***des**-amor.*
— Las que están formadas por *sufijos*: formantes colocados detrás del lexema: *libr-**ero**.*

— Las que están formadas por *infijos o interfijos*: elementos que van colocados entre el lexema y el sufijo: *polv-ar-eda*.

Los interfijos son poco frecuentes en la formación de palabras derivadas; sólo se dan en un número reducido de palabras: *humareda, polvareda, panadero, cafetería*, etc.; pero la lista de *prefijos* y *sufijos* que forman parte de las palabras derivadas de nuestra lengua, es muy extensa:

— *Los prefijos*: ·

Podemos clasificar los prefijos por su etimología en *griegos* y *latinos*. A continuación anotamos una lista de los prefijos más utilizados:

• Prefijos latinos:

a-	analfabeto	**intra-/intro-**	intramuros, introducción
ab-	abjurar, abstracción	**o-/ob(s)-**	ofender, obstruir
ad-	adoptar	**per-**	perdurable
ante-	antesala	**pos(t)-**	postergar, postdata
anti-	antisocial	**pre-**	prefijo
bi-	bilingüe	**pro-**	pronombre
circun-	circunferencia	**re-**	rellenar
con(n)-	cofradía, confabulación	**retro-**	retroceder
contra-	contraorden	**semi-**	semidesnudo
de-/des-	decrecer, destruir	**sin-**	sinsabor
di-/dis-	difundir, dislocar	**sobre-/super-**	sobresalir, supermercado
entre-/inter-	entrever, interponer	**/supra-**	supranacional
ex-/extra-	exclamar, extraordinario	**su(b)-/so-**	submarino, someter
in-/im-/i-	incoloro, imperfecto, ilegal	**trans-**	transmediterráneo
infra-	infrarrojo	**ultra-**	ultraderecha

- Prefijos de origen griego:

ana-	anacronismo	**hiper-**	hipertensión
anfi-	anfiteatro	**hipo-**	hipotenso
archi-	archiduque	**meta-**	metáfora
cata-	catarata	**para-**	paramilitar
dia-	diáfano	**peri-**	perímetro
epi-	epidermis	**(p)seudo-**	(p)seudónimo
hemi-	hemisferio	**tele-**	televisión

También podemos incluir entre los prefijos, los que proceden del árabe, aunque en la conciencia de la mayoría de los hablantes se haya perdido su significación; es lo que ocurre con muchas de las palabras que empiezan por *al-*, que era la forma del artículo árabe: *alubia*, *alcachofa*, *algodón*...

— *Los sufijos*:

Podemos estudiar los sufijos en distintos apartados; entre ellos:

a) *Según su origen*:

— Griego: *-ista: helenista*.
— Latino: *-ero: frutero*.
— Árabe: *-í: ubetí*.

b) *Según el tipo de categorías gramaticales que originan*:

— *ero:* da lugar a sustantivos: *lechero*,
— *oso:* da lugar a adjetivos: *famosos*,
— *ear:* da lugar a verbos frecuentativos: *picotear*,
— *ecer:* da lugar a verbos incoativos: *amanecer*,
— *mente:* da lugar a adverbios: *ciertamente*,
— etcétera.

c) *Según su significado gramatical*:

— *Derivativos:* Forman derivados: *pianista, carpintero*...
— *Apreciativos*: Son los que, además de indicar idea de

tamaño, pueden expresar afecto positivo o negativo: *perrazo, perrucho, perrito* [1].

d) Según el significado que aportan a la palabra derivada de la que forman parte:

— Sufijos que implican el significado de cualidad: *-ía* (*cortesía*), *-bilidad* (*amabilidad*), *-ez* (*vejez*), *-eza* (*pureza*), *-ancia* (*abundancia*), *-tad* (*lealtad*)...

— Sufijos que implican el significado de acción y efecto: *-ada* (*llegada*), *-ado* (*planchado*) *-anza* (*enseñanza*), *-miento* (*recibimiento*)...

— Sufijos que forman nombres de profesión u oficio: *-andero* (*curandero*), *-ario* (*notario*), *-dor* (*hablador*), *-sor* (*confesor*), *-ero* (*zapatero*), *-ista* (*chapista*)...

— Sufijos que forman nombres de vegetales y plantas: *-al* (*peral*), *-ero* (*limonero*)...

— Sufijos que forman nombres que indican conjuntos o colectivos: *-ado* (*arbolado*), *-aje* (*plumaje*), *-al* (*arenal*), *-edo* (*viñedo*), *-edal* (*roquedal*)...

— Sufijos que indican lugar de origen, gentilicios: *-aco* (*austriaco*), *-ano* (*soriano*), *-enco* (*ibicenco*), *-és* (*leonés*), *-í* (*ceutí*)...

— Sufijos que aportan la idea de posibilidad: *-ble* (*deseable*), *-ando* (*sumando*), *-endo* (*sustraendo*), *-dero* (*casadero*), *-ible* (*divisible*), *-izo* (*asustadizo*), *-torio* (*giratorio*)...

Anotamos, también, una lista de formas griegas y latinas que forman parte de muchas de las palabras de nuestro vocabulario, fundamentalmente, del vocabulario técnico, que, aunque tienen significado completo, se consideran generalmente derivadas:

-algia	cefalalgia	**cosmo-**	cosmonauta
-ambulo-	sonámbulo	**crono-**	cronómetro
-cida	suicida	**demo-**	demografía

---

[1] Véase *Forma o composición del sustantivo* (§ 3.3.1).

-cola	cavernícola	ego-	egolatría
-cracia	democracia	filo-	filosofía
-fagia/-fago	antropofagia,	fono-	fonógrafo
	antropófago		
-filia	anglofilia	gino-	ginecología
-fobia	hidrofobia	graf-	grafología
-fugo	ingífugo	hidro-	hidrología
-gero/-fero	flamígero,	homo-	homosexual
	plumífero		
-grafía	hidrografía	lito-	litografía
-logía/-logo	filología, filólogo	logo-	logopedia
-metro	barómetro	mega-	megafónia
-teca	biblioteca	micro-	microscopio
-tecnia	mnemotecnia	morfo-	morfología
-voro	carnívoro	multi-	multiforme
aero-	aeroplano	necro-	necrológico
arqueo-	arqueología	neo-	neologismo
auto-	automóvil	omni-	omnipresente
bio-	biología	onom-	onomástica
biblio-	bibliófilo	pato-	patológico
cardio-	cardiograma	poli-	polifacético
ciclo-	ciclomotor	(p)sico-	psicología
		semi-	semiseco

e) *Palabras parasintéticas*: Son las palabras en que se combinan en su formación los dos procedimientos: la derivación y la composición: *norteamericano, paragüero, picapedrero...*

f) *Acrónimos*: Son las palabras que aparecen formalmente expresadas de forma abreviada: *Sr. Dr., etcétera.*

Entre las abreviaturas de uso más frecuente anotamos las que siguen:

a................	*áreas (medida)*	dupdo.	*duplicado*
(a)...............	*alias*	E....................	*Este*
afmo.	*afectísimo*	entlo.	*entresuelo*
art.	*artículo*	etc.	*etcétera*

atto. .... *atento.*
B. L. M. . *besa la mano.*
cap. .... *capítulo.*
c. c. .... *centímetros cúbicos.*
cf., cfr ..... *confer = compárese.*
Cía. .... *compañía.*
cm. .... *centímetros.*
D. .... *don.*

D.ª .... *doña.*
D. m. ...... *Dios mediante.*
Dr. .... *doctor.*
J. C. .... *Jesucristo.*
Kg. kg. ... *kilogramos.*

Km. km. . *kilómetros.*
l. .... *litros.*
m .... *metros.*
M., MM. *Madre, Madres*
(religiosas).
mg .... *miligramos.*
mm, m/m *milímetros.*

N. .... *Norte.*

N. B. .... *nota bene =*
nótese bien
NE .... *Nordeste.*
NO, NW. *Noroeste.*
nº, núm. . *número.*
O .... *Oeste.*
P., PP. ..... *Padre, Padres*
(religiosos)
P. A., p. a. *por autorización*
pág., p. ... *página.*

Excmo. . *Excelentísimo*
Fr. .... *Fray.*
g. grs. ... *gramos.*
Gral. .... *General.*
Ha. .... *hectáreas.*
Hl .... *hectolitros.*
Hm ...... *hectómetros.*
ib., ibíd. *ibídem = en el*
mismo lugar.
íd. .... *ídem.*
Ilm. ...... *Ilustrísimo.*
S. .... *Sur.*
S. .... *san.*
S. A. ..... *Sociedad Anónima;*
Su Alteza.
S. A. R. *Su Alteza Real.*
s/c .... *su casa.*
Sdad. ..... *sociedad.*
SE .... *Sudeste.*

S. E. ...... *Su excelencia.*
S. en C. . *Sociedad en*
Comandita.
s. e. u. o. *salvo error u*
omisión
S. L. ...... *Sociedad Limitada.*

S. M. .... *Su Majestad.*
SO, SW . *Sudoeste.*
Sr. .... *señor.*
Sra. ...... *señora.*
Srta. ..... *señorita.*

s. s. .... *seguro servidor*
S. S. .... *Su Santidad.*

Pbro. ...... *presbítero.*	**Sto., Sta.** .... *Santo Santa*
P. D. .... *posdata.*	**Tm** .... *toneladas métricas.*
p. ej. ...... *por ejemplo.*	**V., Vd.,**
P. O. ...... *por orden.*	**Ud., VV.,**
P. P. .... *por poder.*	**Vds., Uds.** ... *usted, ustedes.*
ppdo. ...... *próximo pasado.*	**V., Vid., v.** .. *véase*
pral. ...... *principal.*	**Vda.** .... *viuda.*
P. S. .... *post scriptum =*	**V. E.** .... *Vuestra Excelencia*
posdata.	*(Vuecencia).*
ptas. .... *pesetas.*	**v. gr.** .... *verbigracia.*
q. b. s. m. *que besa su mano.*	**V. I.** .... *Vuestra Señoría*
	Ilustrísima (Usía
	Ilustrísima)
q. D. g. ... *que Dios guarde.*	**V. M.** .... *Vuestra Majestad.*
q. e. p. d... *que en paz descanse.*	**V.º B.º** .... *visto bueno.*
q. e. s. m. *que estrecha su mano.*	**V. S.** .... *Vuestra Señoría*
	(Usía)
Qm. .... *quintales métricos.*	**W** .... *Oeste*
R. .... *reverendo.*	
R. I. P. .... *requiescat in pace =*	
descanse en paz.	

Incluimos, también, entre los acrónimos las *siglas*, que están formadas originariamente por las iniciales de varias palabras que se utilizan siempre seguidas, y que suelen designar un grupo, una actividad u otros significados conjuntos:

C.O.U. (Curso de Orientación Universitaria).
O.N.U. (Organización (de) Naciones Unidas).

El recurso de utilizar siglas favorece la rapidez y brevedad comunicativa, pero dificulta el entendimiento y la comprensión, sobre todo, si el uso de las siglas es tan frecuente y repetido como ocurre en el uso lingüístico actual.

En muchos casos, las siglas han pasado a funcionar como una palabra más del vocabulario de la lengua; incluso, han llegado a adoptar morfemas gramaticales: *La Renfe, La Onu, los ovnis,* y formas derivadas: *UCD: ucedista...*

6.3.3. CLASIFICACIÓN DE LA PALABRA POR SU ORIGEN

La mayor parte de las palabras españolas proceden directamente del latín; y, según la forma en que se han incorporado a nuestra lengua, pueden ser de tres tipos: *palabras patrimoniales, cultismos* y *semicultismos.*

Hay un cuarto tipo de palabras: *los préstamos léxicos,* palabras, que procedentes de otras lenguas, han pasado al léxico español.

a) *Las palabras tradicionales:* Se las llama, también, *populares,* y son las que han seguido la evolución y transformación normal del castellano en su proceso de formación a partir del latín.

Se transmitieron a través de la lengua hablada o latín vulgar, y siguieron un proceso de transformación según una serie de leyes fonéticas más o menos regulares y estables, propias del castellano. Son las palabras más representativas y propias de nuestra lengua, y diferentes a las palabras de otras lenguas romances, que aunque derivadas, asimismo, del latín, siguieron procesos de transformación diferentes.

La mayoría de las palabras españolas son tradicionales: *mensam*: **mesa,** *filium*: **hijo,** *terram*: **tierra,** *civitatem*: **ciudad...**

b) *Cultismos:* Son las palabras que no han evolucionado según las leyes fonéticas propias de nuestra lengua, sino que conservan la forma propia latina, aunque presenten algunas alteraciones indispensables. Así, del latín *filium* deriva la palabra patrimonial *hijo,* pero conservamos, formas cultas como **filial, filiación...**

La mayor parte de las palabras cultas las tomaron los escritores del latín literario, y se han ido incorporando a nuestra lengua en épocas posteriores a los orígenes de nuestro idioma.

A veces, de un mismo étimo latino conservamos la forma transformada (patrimonial) y la forma culta; es lo que conocemos con el término de «*doblete etimológico*»: palabras procedentes del mismo étimo latino que se han incorporado al idioma con las formas diferenciadas: culta y patrimonial, conservando un significado similar, a veces, y otras, con significados total o parcialmente diferentes: *frígido/frío, acre/agrio, ínsula/isla, mácula/mancha, concilio/concejo, íntegro/entero, laico/lego, colocar/colgar, regla/reja, afiliado/ahijado, directo/derecho...*

También se consideran cultismo, las palabras que procedentes de la lengua griega han llegado al español, generalmente, a través del latín: *oftalmólogo, odontólogo, cefalalgia, gastralgia, citoplasma, cromosoma, lexema, morfema...*

En sentido general, se denominan *cultismos* las palabras que no han evolucionado según las leyes fonéticas propias de la lengua, y que proceden de las lenguas clásicas: latín y griego.

Por otra parte, el término cultismo se utiliza, a menudo, en un sentido más amplio, distinto al originario. Las formas cultas son las que mantiene su forma originaria latina (o griega) sin haber sufrido apenas modificaciones; pero, como estas palabras cultas eran usadas al principio sólo por una minoría, el término cultismo se utiliza, también, para referirse a aquellas palabras no habituales en el idioma que sólo maneja una minoría culta, sin atender a su evolución y transformación fonética.

Con todo, no podemos olvidar que el significado propio del término cultismo está relacionado con la transformación o no de la palabra según las leyes fonéticas propias de la lengua, y que, además, hay muchas palabras cultas que han ido pasando al uso común, y han dejado de ser patrimonio exclusivo de hablantes cultos o intelectuales; es lo que ocurre, por ejemplo, con: *pálido, artículo, laico, colocar, hospital, oculista...*

También se utiliza, a veces, el término tecnicismo como sinónimo de cultismo; pero la diferencia de significado es clara: *los tecnicismos* son los vocablos propios del lenguaje científico, y aunque muchas palabras técnicas se han tomado directamente del latín y del griego: *citoplasma, miosis, polígono, teorema*, etc., otras muchas proceden de las lenguas modernas: *córner, duque, batuta, láser*, etcétera.

Con todo, creemos que para el estudiante no especializado no resulta fácil distinguir los cultismos que forman parte del vocabulario de la lengua; por ello, y como criterio pedagógico, más que científico, anotamos algunos rasgos elementales, que pueden seguirse para la determinación de cultismos.

Son cultismos:

a) Muchas de las palabras que no presentan grafías típicas de la lengua:

- Consonantes agrupadas que no sean la *r* o la *l*: *pseudónimo, psicología, abstención, éxtasis.*

- Consonantes finales no castellanas (las consonantes finales propias de nuestra lengua son: *r, s, l, n, d, z*): *referéndum, álbum, tórax...*

- Grafías no normativas: *benzetacil, enzima...*

b) La mayor parte de los términos técnicos tomados del latín o del griego: *oculista, dentista, oftalmólogo, lexema, plasma, vesícula...*

c) Las palabras que no siguen las leyes fonéticas propias de nuestra lengua. Entre las leyes fonéticas castellanas, destacamos:

- Sonorización de consonantes sordas intervocálicas:
  vitam: *vida* (popular) /*vital, vitalicio* (cultismos)
  sapere: *saber* (popular) /*serpiente, sapiencia* (cultismos)
  vesicam: *vejiga* (popular) /*vesícula* (cultismo).

- Transformación de los grupos iniciales latinas *PL, KL, FL* en *ll*:
  flammam: *llama* (popular) /*flamígero, flamante* (cultismos)
  pluviam: *lluvia* (popular) /*pluviómetro, pluvioso* (cultismos)
  clamare: *llamar* (popular) /*clamar* (cultismo).

- Los grupos *K'L* y *LI* latinos dan jota /*x*/ en castellano:
  oculum: *ojo* (popular) /*oculista, ocular* (cultismos).
  filium: *hijo* (popular) /*filial, filiación* (cultismos).

- La *F-* inicial latina se tranforma en *h*:
  facere: *hacer* (popular) /*factor, fáctico* (cultismos).

- Las vocales *É* y *Ó* breves latinas diptongan en *ie*, *ue*, respectivamente:

  bene: *bien* (popular) /*benévolo* , *benefactor* (cultismos).

  ovum: *huevo* (popular) /*oval*, *ovoide* (cultismos).

- El diptongo latino *AU* dio *o* en castellano:

  auriculam: *oreja* (popular) /*aurícula*, *auricular* (cultismos).

d) *Semicultismos*: Son las palabras procedentes del latín que no han sufrido un proceso completo de transformación.

No conservan íntegramente la forma latina, pero tampoco han seguido la evolución normal del castellano.

Muchas de estas palabras son formas que adoptó la Iglesia como propias cuando aún no habían evolucionado en su totalidad, y que se introdujeron a través de la predicación y las ceremonias religiosas. Así:

> *saeculum*: *siglo* (debió dar *sejo*)
> *virginem*: *virgen* (debió dar *vergen*)
> *capitulum*: *cabildo* (debió dar *cabejo*)
> *angelum*: *ángel* (debió dar *año*/*anlo*)

e) *Préstamos léxicos o barbarismos*: Son las palabras que se han incorporado, con alteraciones mayores o menores, al sistema del español de otras lenguas que no sean el latín o al griego.

Aunque es muy diverso el origen de los préstamos léxicos, y muchas las formas de las lenguas foráneas, que han pasado al español, anotamos sólo algunas voces significativas, y las lenguas de procedencia más importantes.

- *Voces prerromanas*: Procedentes de las diversas lenguas: celta, ibera... que se hablaban en la Península antes de la romanización, y que pasaron al latín hablado en España: *berro*, *lama*, *abedul*, *garza*, *estepa*...

- *Voces vascas*: Son palabras procedentes de la lengua vasca, que han pasado al castellano desde los primeros siglos de nuestra lengua: *izquierda, chatarra, aquelarre, pizarra, cencerro, chabola, chistera...*

• *Germanismos*: Son las palabras procedentes de las lenguas germanas, que se han incorporado al castellano a través, generalmente, del latín, lengua en que se introdujeron durante la época de las invasiones bárbaras: *guerra, yelmo, dardo, espuela, esquila, espía, guardar, robar...*

También en la onomástica española, encontramos bastantes germanismos de origen visigodo: *Rodrigo, Álvaro, Fernando, Alfonso, Adolfo, Ramiro, Gonzalo...*, y el sufijo *-ez/iz* («hijo de») en muchos de los patronímicos: *Fernández, López, Sánchez, Sanchiz...*

Otros germanismos proceden directamente del alemán moderno: *búnker, feldespato, blenda, zinc, níquel, cuarzo, bismuto, potasa...*

• *Arabismos*: Son las palabras procedentes del árabe.

El elemento árabes es, después del latino, el más importante del vocabulario español, con más de cuatro mil palabras procedentes directamente del árabe o relacionadas con formas árabes.

Los árabes permanecieron varios siglos en España, y de su influencia en las distintas formas de vida y de cultura nos quedan numerosísimos ejemplos.

Las palabras de origen árabe que conservamos, hacen referencia a casi todas las actividades sociales y culturales de la sociedad medieval, momento en el que se fueron incorporando al castellano:

— De guerra: *atalaya, alcazaba, alférez...*

— De agricultura: *acequia, alberca, noria, alquería, alcachofas, berenjenas, alfalfa, aceite, alhelí, azucena, azahar...*

— De comercio y medidas: *zoco, arancel, arroba, quintal, fanega, maravedí, ceca...*

— De la construcción y vivienda: *azulejo, alcantarilla, zaguán, azotea, alcoba*...

— Del vestido: *jubón, albornoz, zaragüelles, borceguíes*...

— De organización social: *alcalde, alguacil, albacea*...

— De ciencia: *guarismo, álgebra, alquimia, alambique, alcohol, elixir, jarabe*...

— De nombres de lugares (topónimos): *Alcalá, Alcolea, Medina, Almazán, Alcira, Benicásim, Guadiana, Guadalquivir*...

— ..., etcétera.

• *Galicismos*: Son las palabras de origen francés que han pasado al español.

Los galicismos son ya frecuentes desde los primeros siglos de nuestra lengua (desde la Edad Media), pero fue, sobre todo, en el siglo XVIII, momento en que la vida española empezó a transformarse a remolque de la francesa, cuando se introdujeron con mayor frecuencia: *afán, ciprés, joya, mensaje, dama, galán, chaqueta, pantalón, corsé, chófer, garaje*...

• *Italianismos*: Son las palabras procedentes del italiano.

La mayor parte de los italianismos están relacionados con el arte y la música: *terracota, novela, soneto, terceto, partitura, libreto, batuta*...

• *Anglicismos*: Son las palabras procedentes del inglés.

Empezaron a aparecer en nuestra lengua a partir de los siglos XVI y XVII, debido a la influencia de los literatos y pensadores ingleses en la cultura española; pero ha sido más tarde cuando mayor número de anglicismos se han introducido, como consecuencia del prestigio y dominio social, económico y político de los países de habla inglesa. Algunos nos han llegado a través del francés, y otros, la mayor parte, directamente del inglés: *vagón, tranvía, túnel, yate, mitin, líder, revólver, turista, fútbol, tenis, suéter, jersey, claxon, cárter, stop, filme, tráiler, esnobismo, rock...*

- *Catalanismos*: Son voces procedentes del catalán: *nao, seo, faena, capicúa, grúa...*

- *Indigenismos (americanismos)*: Son las palabras que han pasado al español procedentes de las lenguas indígenas de Hispanoamérica: *café, cacao, barbacoa, chocolate, cacique, maíz, caoba, chicle, ocelote, coca, tiburón, tabaco, patata...*

- ..., etcétera.

En la lengua, además de los préstamos léxicos, existen estructuras y formas de expresión que hemos adoptado de otras lenguas.

Este fenómeno se denomina *calco semántico*: cuando no se toma una palabra de otro idioma, sino que se imita su estructura, el procedimiento de expresión.

Así, en francés, de *miroir* se deriva *mirage*, y en español, de la palabra *espejo* se deriva el calco semántico *espejismo* (tomado del francés).

Otros calcos semánticos son, por ejemplo: *guerra fría, telón de acero, alto nivel...*, derivados del inglés; *voluntad de poder, unidad de destino...*, derivados del alemán.

6.3.4. CLASIFICACIÓN DE LA PALABRA POR EL ACENTO

Por el acento, las palabras se dividen en *acentuadas* e *inacentuadas*.

Casi todas las palabras en español son acentuadas: llevan acento prosódico en una de las sílabas que las forman: [*cása*], [*papél*], [*lámpara*], [*carácter*], [*país*]...

Sólo un número reducido de palabras son inacentuadas: No son portadoras de sílabas acentuadas. Las enumeramos a continuación:

— El artículo determinado: *el, la, lo, los, las.*
— La preposición: *a, de, por...*
— La conjunción: *mas, aunque, si...*

— El primer elemento de los numerales compuestos: [*dos míl*], [*ocho míl*]…

— Los pronombres personales átonos: *me, te, se, le, la, lo*…

— Los determinantes posesivos apocopados: [*mi líbro*], [*tu lápiz*], [*su cartéra*], aunque en algunas zonas de la Península, en Asturias y Castilla y León, fundamentalmente, se consideran formas acentuadas [*mí mádre*], [*mí hermáno*]

— Algunas formas de tratamiento: *don, fray, señor, señora*…: [*don Juán*], [*Fray Jerónimo*]…

Las palabras inacentuadas no tienen autonomía prosódica, y necesitan apoyarse para su pronunciación en la palabra anterior o posterior. Por ello, podemos distinguir dos tipos de palabras inacentuadas: *proclíticas* y *enclíticas*.

• Las *formas proclíticas* son las que van colocadas delante de la palabra en la que se apoyan: [*el líbro*], [*tu mésa*], [*se lo dí*].

• Las *formas enclíticas* van colocadas detrás de la palabra en que se apoyan prosódica y gráficamente: [*dámelo*], [*díle*]…

Hay un grupo de palabras acentuadas, el formado por los llamados adverbios en -*mente*, que poseen dos sílabas acentuadas, frente al principio general del acento único: [*buénaménte*], [*cortésménte*], [*ágilménte*]… (Uno de los acentos recae sobre la terminación -mente, y el otro sobre la forma adjetiva: [*buénaménte*].

6.4. USOS LÉXICOS: LOCUCIONES

Con el término genérico de *usos léxicos* nos referimos a una serie de formas agrupadas que, aunque no son propiamente palabras, suelen desempeñar en el uso lingüístico los valores propios de éstas. Un grupo de estas formas agrupadas lo constituyen las locuciones.

• *Locuciones*: Llamamos *locución* a la combinación de dos o más términos que funcionan como elemento oracional y tienen significado unitario: *noche toledana*.

Podemos distinguir distintos tipos de locuciones según la equivalencia de categoría que representan:

— *Nominales*: Equivalen a un sustantivo: *el huevo de Colón, tocino de cielo, noche toledana...*

— *Adjetivales*: Equivalen a un adjetivo: *de pacotilla, de tres al cuarto, rompe y rasga, de órdago...*

— *Verbales*: Tienen estructura oracional, e indican acciones o comportamientos: *ser harina de otro costal, repicar y andar en la procesión, pedir peras al olmo...*

— *Adverbiales:* Son frases adverbiales que funcionan como adverbios: *a ciegas, a pies juntillas, a hurtadillas...*

— *Conjuntivas:* Funcionan como conjunciones: *como quiera que, el hecho de que, a pesar de que, con motivo de que...*

— *Prepositivas:* Funcionan como preposiciones: *por encima de, al lado de, junto a ...*

También podemos incluir en este apartado, los llamados *modismos*, *refranes* y las *frases proverbiales*, que son formas agrupadas que adquieren valores significativos unitarios, distintos a los que en un uso normal deberían significar, según la forma lingüística que presentan, ya que son formas peculiares de expresión que encierran pautas de comportamiento humano o vivencias históricas conocidas por los hablantes:

• *Frases proverbiales*: Son grupos de palabras que expresan algo ejemplificador (por eso son proverbiales) relacionado con algún acontecimiento o hecho histórico famoso: *no se ganó Zamora en una hora; lo dijo Blas, punto redondo; al buen callar llaman Sancho; contigo pan y cebolla...*

• *Refranes*: Son frases, generalmente, sentenciosas y ejemplificadoras, que han surgido como expresión de la sabiduría colectiva popular: *no por mucho madrugar amanece más temprano; donde fueres, haz lo que vieres; año de nieves, año de bienes...*

• *Modismos*: Son formas de expresión muy próximas a las frases proverbiales, aunque se diferencian por su uso. Son más propias del lenguaje coloquial por su valor significativo, que es mucho más variable y menos referencial: *echar leña al fuego*; *como pez en el agua*; *como cada hijo de vecino*; *como no dejan dueñas...*

BIBLIOGRAFÍA

ABAD, F., Y GARCÍA BERRIO, A. (1981), *Introducción a la Lingüística*, Alhambra, Madrid

ACADEMIA ESPAÑOLA (1986), *Esbozo de una nueva gramática de la lengua española*, Espasa Calpe, Madrid.

ALCINA, J., y BLECUA, J. M. (1975), *Gramática española*, Ariel, Barcelona.

ALARCOS LLORACH, E. (1964), *Fonología española*, Gredos, Madrid.

— (1974), *Gramática Estructural*, Gredos, Madrid.

ALONSO, A., y HENRÍQUEZ UREÑA, P. (1938), *Gramática Castellana*, Losada, Buenos Aires.

ALONSO, A. (1961), *Estudios Lingüísticos*, Temas Españoles, Gredos, Madrid.

ALVAR EZQUERRA, M. (1983), *Lexicología y Lexicografía*, Almar, Salamanca.

ÁLVAREZ MARTÍNEZ, M. A. (1986), *El artículo como entidad funcional en el español de hoy*, Gredos, Madrid.

ÁLVAREZ MÉNDEZ, J. M. (1987), *Teoría lingüística y enseñanza de la lengua*, Akal, Madrid.

ALZUGARAY, J. J. (1979), *Voces extranjeras en el lenguaje tecnológico*, Alhambra, Madrid.

BALDINGER, K. (1970), *Teoría Semántica (hacia una semántica moderna)*, Alcalá, Madrid.

BELLO, A. (1981), *Gramática de la Lengua Castellana*, ed. crítica de Ramón Trujillo, ACT, Tenerife.

BENNET, W. A. (1975), *Las lenguas y su enseñanza*, Cátedra, Madrid.

BOSQUE, I. (1976), *Estudios de Gramática Generativa*, Labor, Barcelona.

— (1980), *Sobre la negación*, Cátedra, Madrid.

BRUCART, J. M. (1987), *La elisión sintáctica en español*, Universidad Autónoma de Barcelona.

CALERO VAQUERO, M. L. (1986), *Historia de la gramática española* (1847-1920), Gredos, Madrid.

CANO AGUILAR, R. (1981), *Estructuras Transitivas en el español actual*, Gredos, Madrid.

CANELLADA, Mª J., y KUHLMANN, J. (1987), *Pronunciación del español*, Castalia, Madrid.

CASARES, J. (1950), *Introducción a la Lexicografía moderna*, R. E., Anejo LI, Madrid.

CONTRERAS, H. (1978), *El orden de palabras en español*, Cátedra, Madrid.

COSERIU, E. (1962), *Teoría del lenguaje y lingüística general*, Gredos, Madrid.

— (1970), *Principios de Semántica Estructural*, Gredos, Madrid.

CRYSTAL, D. (1983), *Patología del lenguaje*, Madrid.

CHOMSKY, N. (1974), *Estructuras Sintácticas*, Siglo XXI, México.

DUBOIS, J. *et al.* (1979), *Diccionario de Lingüística*, Alianza, Madrid.

ECO, U. (1976), *Signo*, Labor, Barcelona.

EGEA, E. (1979), *Los adverbios terminados en -mente en el español contemporáneo*, Instituto Caro y Cuervo, Bogotá.

FERNÁNDEZ SEVILLA, J. (1974), *Problemas de Lexicografía actual*, Pub, Inst. «Caro y Cuervo», Bogotá.

FISHMAN, J. (1979), *Sociología del Lenguaje*, Cátedra, Madrid.

GARCÍA, C. (1960), *Contribución a la historia de los conceptos gramaticales. La aportación del Brocense*, CSIC, Madrid.

GARRIDO MEDINA, J. (1988), *Lógica y Lingüística*, Síntesis, Madrid.

GECKELER, H. (1976), *Semántica estructural y teoría del campo léxico*, Gredos, Madrid.

GILI y GAYA, S. (1941), *Curso Superior de Sintaxis Española*, Bibliograf, Madrid.

— (1947), *Tesoro lexicográfico*, Madrid.

— (1961), *Elementos de fonética general*, Gredos, Madrid.

GRANDA (DE), G. (1966), *La estructura silábica*, CSIC, Madrid.

GREIMAS, A. J. (1971), *Semántica Estructural*, Gredos, Madrid.

GUTIÉRREZ-ORDÓÑEZ, S. (1986), *Variaciones sobre la atribución*, Universidad de León, León.

HERNÁNDEZ ALONSO, C. (1970), *Sintaxis española*, Valladolid.

HERNANZ, M.L. (1982), *El infinitivo en español*, Universidad Autónoma de Barcelona.

HJELMSLEV (1972), *Ensayos lingüísticos, I*, Gredos, Madrid.

— (1987), *Ensayos lingüísticos, II*, Gredos, Madrid.

HOCKETT, L. (1971), *Curso de Lingüística moderna*, Eudeba, Buenos Aires.

HUDSON, R.A. (1981), *La Sociolingüística*, Anagrama, Barcelona.

LAPESA, R. (1968), *Historia de la lengua española*, Escelicer, Madrid.

LÁZARO CARRETER, F. (1971), *Diccionario de términos filológicos*, Gredos, Madrid.

— (1972), *Estudios de Lingüística*, Crítica, Barcelona.

LUJÁN, M. (1980), *Sintaxis y semántica del adjetivo*, Cátedra, Madrid.

LYONS, J. (1981), *Lenguaje, significado y contexto*, Paidós Comunicación, Barcelona-Buenos Aires.

MALMBERG, B. (1965), *Estudios de fonética hispánica*, CSIC, Madrid.

— (1967), *Los nuevos caminos de la Lingüística*, Siglo XXI, Madrid.

MARCOS MARÍN, F. (1977), *El comentario lingüístico (Metodología y práctica)*, Cátedra, Madrid

— (1978), *Estudios sobre el pronombre*, Gredos, Madrid.

— (1980), *Curso de Gramática Española*, Cincel, Madrid.

— (1986), *Aproximación a la Gramática Española*, Cincel, Madrid.

MARTÍNEZ CELDRÁN, E. (1986), *Fonética*, Teide, Barcelona.

MARTÍNEZ A. (1985), *Sintaxis General*, Gredos, Madrid.

MATRÁS, J. J. (1986), *El sonido*, Orbis, Barcelona.

MENÉNDEZ PIDAL, R. (1956), *Orígenes del Español*, Espasa Calpe, Madrid.

MILLER, G. A. (1989), *Lenguaje y habla*, Alianza, Madrid.

MIRANDA PODADERA (1991), *Ortografía práctica*, Hernando, Madrid.

MOLINER, M., *Diccionario del uso del español*, 2 vols., Gredos, Madrid.

MORENO CABRERA, J. C. (1987), *Fundamentos de Sintaxis General*, Síntesis, Madrid.

MONROY CASAS, R. (1980), *Aspectos fonéticos de las vocales españolas*, SGEL, Madrid.

MOUNIN, G. (1974), *Claves para la Semántica*, Anagrama, Barcelona.

NAVARRO TOMÁS, T. (1971), *Manual de pronunciación española*, CSIC, Madrid.

— (1974), *Manual de entonación española*, Guadarrama, Madrid.

NEBRIJA, A. (1495), *Gramática de la lengua castellana*, Ed. de Á. Quilis, Madrid (1980).

OGDEN, C. K. —RICHARDS, I. A. (1984), *El significado del significado*, Paidós Studio, Barcelona.

PILLEUX, M. (1983), *Formación de palabras en español*, Alborada, Santiago de Chile.

PORTO DAPENA (1980), *Elementos de Lexicografía*, Pub. Inst. Caro y Cuervo, Bogotá.

POTTIER, B. (1976), *Lingüística General*, Gredos, Madrid.

QUILIS, A. (1981), *Fonética acústica de la lengua española*, Gredos, Madrid.

— (1984), *Bibliografía de fonética y fonología española*, CSIC, Madrid.

RAMAJO CAMO, A. (1987), *Los gramáticos de la lengua castellana desde Nebrija a Correas*, Universidad de Salamanca.

RODRÍGUEZ ADRADOS, F. (1975), *Estudios de semántica y sintaxis*, Planeta, Barcelona.

ROTAETXE, K. (1988), *Sociolingüística*, Síntesis, Madrid.

SALVADOR, G. (1967), *Semántica y Lexicología del español*, Paraninfo, Madrid.

SEARLE, J. (1990), *Actos de habla*, Cátedra, Madrid.

SECO, M. (1973), *Diccionario de dudas y dificultades de la lengua española*, Aguilar, Madrid.

SUAZO, G. (1991), *Ortografía práctica*, Edaf, Madrid.

TRUJILLO, R. (1976), *Elementos de Semántica Lingüística*, Cátedra, Madrid.

ULLMANN, S. (1972), *Semántica (introducción a la ciencia del significado)*, Aguilar, Madrid.

VEGA (DE), M. (1984), *Introducción a la Psicología Cognitiva*, Alianza, Madrid.

ZAMORA VICENTE, A., *Dialectología Española*, Gredos, Madrid.

WOTJAK, G. (1979), *Investigaciones sobre la estructura del significado*, Gredos, Madrid.

ÍNDICE TEMÁTICO

Acento, 61
  acento prosódico, 62
  acento ortográfico, 63
  acento diacrítico, 66
Aditamento, 218
Adjetivo, 109
  adjetivos predicativos, 109
  adjetivos atributivos, 109
  adjetivos explicativos, 110
  adjetivos especificativos, 110
Adverbialización, 115, 182
  adverbialización formal, 116, 182
  adverbialización sintáctica, 116,
  182
Adverbio,179
  adverbios calificativos, 180
  adverbios determinativos, 180
  adverbios relativos, 180
Afijos, 86
Anáfora, 118
Analogía, 290
Anglicismo, 314
Anticadencia, 74
Antónimos, 288
  antónimos propios, 289

antónimos complementarios, 289
antónimos recíprocos, 289
Archifonema, 52
Apódosis, 264
Aposición, 216
  aposición especificativa, 216
  aposición explicativa, 217
Arabismos, 313
Artículo, 99
  artículo determinado, 100
  artículo indeterminado, 100
  artículo presentador, 101
  artículo reconocedor, 101
  artículo contracto, 102
Aspecto, 161
  aspecto perfectivo, 162
  aspecto imperfectivo, 162
Atribución, 225
Atributo, 208
Cadencia, 73
Calco semántico, 315
Canal, 27
Cambios semánticos, 289
Campo semántico, 286
Catáfora, 118

Código, 27
Complemento, 203, 218
  complemento agente, 219
  complemento directo, 208
  complemento indirecto, 214
  complemento circunstancial, 215
  complemento del nombre, 215
  complemento predicativo, 219
Conjunción, 189
  conjunciones propias, 189
  conjunciones impropias, 189
  conjunciones coordinantes, 189
  conjunciones subordinantes, 190
Connotación, 281
Consonantes, 47
  consonantes oclusivas, 49
  consonantes fricativas, 49
  consonantes africadas, 49
  consonantes laterales, 49
  consonantes vibrantes, 49
  consonantes nasales, 49
  consonantes bilabiales, 50
  consonantes labiodentales, 50
  consonantes interdentales, 50
  consonantes dentales, 50
  consonantes alveolares, 50
  consonantes palatales, 50
  consonantes velares, 50
  consonantes sordas, 51
  consonantes sonoras, 51
Contexto, 27
Corrección, 37
Cultismo, 309
Deixis, 118
Denotación, 281
Dequeísmo, 34, 168
Determinantes, 87
  determinantes posesivos, 103
  determinantes demostrativos, 105
  determinantes numerales, 106

determinantes indefinidos, 107
Diptongo, 57
  diptongo creciente, 57
  diptongo decreciente, 57
Discordancia, 199
  discordancia *ad sensum*, 199
  discordancia de sustantivos
    colectivos, 200
  discordancia deliberada, 200
Doble articulación, 31
El significado, 280
Emisor, 27
Enclíticas, 316
Entonación, 69
Estilo directo, 255
Estilo indirecto, 256
Etimología popular, 291
Eufemismo, 291
Fonema, 44
Fonética, 45
Fonología, 45
Formantes constitutivos, 85
Formantes facultativos, 86
Formas no flexivas, 166
Fórmulas de tratamiento, 122
Fórmulas reverenciales, 125
Frase atributiva, 208
Frases proverbiales, 317
Futuro, 151, 159
  futuro exhortativo, 160
  futuro de cortesía, 160
  futuro de probabilidad, 160
  futuro de sorpresa, 160
  futuro histórico, 160
Galicismo, 314
Género, 87
Germanismos, 313
Gerundio, 168
  gerundio con de, 168
  gerundio de posterioridad, 169

(El) grado, 112
  grado positivo, 112
  grado comparativo, 112
  grado superlativo, 113
Grafía, 44, 52
Gramática, 22
  Gramática Normativa, 23
  Gramática Descriptiva, 23
  Gramática Diacrónica, 23
  Gramática Comparada, 23
  Gramática Tradicional, 23
  Gramática Estructural, 24
  Gramática Generativa, 24
  Gramática de los Errores, 24
Grupo fónico, 71
Hiato, 57
Hipercorrección, 291
Hiperonimia, 287
Hiponimia, 287
Homonimia, 285
Implemento, 218
Incorrección, 37
Infinitivo, 166
Interfijo, 303
Interjección, 190
  interjecciones propias, 191
  interjecciones impropias, 191
Jerga, 32
Laísmo, 213
Leísmo, 212
Lengua común, 32
Lexema, 31
Locuciones, 316
Locuciones interjectivas,191
Loísmo, 213
Margen silábico, 55
Mensaje, 27
Metábasis, 115
Metáfora, 293
Metonimia, 294

Modismos, 317
Modo, 149
  modo indicativo, 149
  modo subjuntivo, 149
Monosemia, 282
Monema, 31
Morfema, 31
Morfología, 83
Nivel lingüístico, 38
  nivel fónico, 38, 43
  nivel morfológico, 38, 83
  nivel sintáctico, 39, 195
  nivel semántico, 39, 297
  nivel léxico, 39, 297
Nivel culto, 33
Nivel familiar, 33
Nivel vulgar, 33
Núcleo silábico, 55
Número, 92
Numerales, 106
  numerales cardinales, 106
  numerales ordinales, 106
  numerales partitivos, 107
  numerales múltiplos, 107
  numerales distributivos, 107
Oración, 196
Oración simple, 224, 244
Oraciones atributivas, 227
Oraciones predicativas, 230
Oraciones activas, 231
Oraciones transitivas, 231
Oraciones intransitivas, 231
Oraciones reflexivas, 231
Oraciones recíprocas, 233
Oraciones impersonales, 233
  impersonales de fenómeno meteorológico, 233
  impersonales gramaticalizadas, 234
  impersonales ocasionales, 236

impersonales reflejas, 235
Oraciones pasivas, 231 236
  pasivas propias, 236
  pasivas impropias (pasivas reflejas), 237
Oraciones enunciativas, 238
Oraciones interrogativas, 239
  interrogativas directas, 239
  interrogativas indirectas, 240
  interrogativas totales, 240
  interrogativas parciales, 240
Oraciones exclamativas, 241
Oraciones imperativas, 242
Oraciones desiderativas, 243
Oraciones dubitativas, 243
Oración compuesta, 224, 244
Oraciones yuxtapuestas, 248
Oraciones coordinadas, 249
  coordinadas copulativas, 249
  coordinadas adversativas, 250
  coordinadas disyuntivas, 251
  coordinadas distributivas, 252
Ortografía, 58
Oxímoron, 293
Palabra, 298
  palabras simples, 300
  palabras compuestas, 300
  palabras derivadas, 302
  palabras parasintéticas, 306
  palabras acrónimas, 306
Palabras acentuadas, 315
Palabras inacentuadas, 315
Palabras agudas, 62
Palabras llanas, 62
Palabras esdrújulas, 62
Palabras sobreesdrújulas, 62
Palabras heterónimas, 91
Participio, 169
  participio regular, 172
  participio irregular, 172 ·

  participio de presente,170
  participio de futuro, 170
  participio de pasado, 171
Pasiva refleja, 237
Pausas, 72
  pausa absoluta, 72
  pausa enumerativa, 72
  pausa explicativa, 72
  pausa potencial, 172
Párrafo, 270
Perífrasis, 173
  perífrasis de infinitivo, 174
  perífrasis de gerundio, 178
  perífrasis de participio, 178
Persona, 148
Plural asociativo, 200
Plural de modestia, 201
Plural mayestático, 201
Plurisemia, 282
Polisemia, 283
Predicación, 226
  predicación completa, 226
  predicación incompleta, 227
Predicado, 197, 201
  predicado nominal, 201, 202
  predicado verbal, 202
Prefijo, 86, 302
Preposición, 183
  preposición propia, 183
  preposición impropia, 183
Presente, 156, 157
  presente puntual, 157
  presente histórico, 157
  presente por futuro, 157
  presente ingresivo, 158
  presente imperativo, 157
  presente actual, 157
  presente habitual, 157
  presente persistente, 157
Préstamo léxico, 309, 312

Pretérito imperfecto, 156, 159
pretérito de opinión, 159
pretérito imaginativo, 159
pretérito de cortesía, 159
pretérito hipotético, 159
Pretérito débil, 145
Pretérito fuerte, 145
Proceso onomasiológico, 287
Proceso semasiológico, 287
proclítica, 316
Pronombre, 117
pronombres personales, 118
pronombres demostrativos, 125
pronombres posesivos, 126
pronombres relativos, 127
pronombres interrogativos, 128
pronombres exclamativos, 128
pronombres numerales, 129
pronombres indefinidos, 129
Propiedad lingüística, 37
Proposición, 246, 253
Proposición inordinada, 253
Proposición inordinada sustantiva, 254
Proposición inordinada adjetiva, 111, 258
proposición adjetiva especificativa, 112
proposición adjetiva explicativa, 112
Proposición subordinada, 258
subordinadas de lugar, 259
subordinadas de tiempo, 260
subordinadas de modo, 260
subordinadas comparativas, 261
subordinadas consecutivas, 262
subordinadas condicionales, 264
subordinadas finales, 267
subordinadas concesivas, 268
subordinadas causales, 268

Prótasis, 264
Receptor, 27
Refrán, 317
Relaciones paradigmáticas, 30
Relaciones sintagmáticas, 30
Semianticadencia, 74
Semicadencia, 73
Semicultismo, 312
Siglas, 308
Significante, 28
Significado, 28, 280
Signo, 27
Signo monosémico, 29, 282
Signo plurisémico, 29, 282
Signos de puntuación, 75
coma, 76
punto y coma, 77
dos puntos, 77
punto, 77
puntos suspensivos, 78
interrogación, 78
exclamación, 78
paréntesis, 78
diéresis, 79
comillas, 79
guión, 79
raya, 79
Sílaba, 54
sílaba abierta, 55
sílaba cerrada, 55
Sinécdoque, 294.
Sinestesia, 293
Sinonimia, 282
Sintagma preposicional, 220
Sintaxis, 195
Sistema fonológico, 46
Sonido, 44
Sufijo, 86, 302
Sufijos apreciativos, 86, 304
aumentativos, 86

despectivos, 87
diminutivos, 87
Sufijos derivativos, 86
Sujeto, 197, 204
    sujeto gramatical, 206
    sujeto lógico, 206
    sujeto agente, 207
    sujeto paciente, 207
    sujeto pseudoagente, 207
    sujeto causativo, 207
    sujeto simple, 207
    sujeto complejo, 207
    sujeto múltiple, 207
Sustantivación, 97, 115
Sustantivo, 85
Sustantivo actual, 98
Sustantivo virtual, 98
Sustantivo epiceno, 92
Sustantivo concreto, 96
Sustantivo común, 96
Sustantivo genérico, 97
Sustantivo de materia, 97
Sustantivo individual, 97
Sustantivo colectivo, 97
Sustantivo propio, 96
Sustantivo antropónimo, 96
Sustantivo topónimo, 96
Sustantivo abstracto, 97
Sustantivo numeral, 97
Sustantivo indefinido, 97
Sustantivo de cualidad, 97
Sustantivo de fenómeno, 97
Suplemento, 210, 218
Tabú, 291
Término marcado, 30
Término no marcado, 30
Tiempo, 150
    tiempos absolutos, 153
    tiempos relativos primarios, 153
    tiempos relativos secundarios, 154

Tonema, 73
    descendente, 73
    horizontal, 74
    ascendente, 74
Tono, 69
Triptongo, 57
Variedades diastráticas, 32
Variedades diatópicas, 32
Variedades diafásicas, 32
Verbo, 130
    verbos atributivos, 201, 225
    verbos transitivos, 130
    verbos intransitivos, 130
    verbos reflexivos, 132
    verbos recíprocos, 133
    verbos impersonales, 133
    verbos nucleares, 133
    verbos auxiliares, 133
    verbos modales, 133
    verbos perfectivos, 134
    verbos predicativos, 202, 226
    verbos imperfectivos, 134
    verbos incoativos, 134
    verbos frecuentativos, 134
    verbos iterativos, 134
    verbos regulares, 134
    verbos irregulares, 138
    verbos defectivos, 146
Vocales, 47
    vocales cerradas, 49
    vocales medias, 49
    vocales abiertas, 49
    vocales anteriores, 49
    vocales posteriores, 49
    vocales centrales, 49
Vocativo, 217
Voseo, 124
Voz, 164
    voz activa, 164
    voz pasiva, 164

COLECCIÓN AUTOAPRENDIZAJE

1 ORTOGRAFÍA PRÁCTICA, *por Guillermo Suazo Pascual.*

2 GRAMÁTICA PRÁCTICA, *por Antonio Benito Mozas.*

3 ESCRITURA CREATIVA, *por Louis Timbal-Duclaux.*

4 DICCIONARIO DE DUDAS, *por Carmen de Lucas.*

5 EJERCICIOS DE SINTAXIS, *por Antonio Benito Mozas.*

6 EL LENGUAJE LITERARIO, *por Fernando Gómez Redondo.*

7 CONJUGACIÓN DE LOS VERBOS, *por Guillermo Suazo Pascual.*

11 CÓMO LEER TEXTOS LITERARIOS, *por Julián Moreiro.*

12 LA CRÍTICA LITERARIA DEL SIGLO XX, *por Fernando Gómez Redondo.*

19 ABECEDARIO DE DICHOS Y FRASES HECHAS, *por Guillermo Suazo Pascual.*